T0104173

CRIAR HUMANOS EN UN ENTORNO DIGITAL

DIANA GRABER

CRIAR HUMANOS EN UN ENTORNO DIGITAL

Cómo ayudar a los niños a tener una relación sana con la tecnología

HarperEnfoque

Harper*Enfoque*

© Harper*Enfoque*
Publicado en Nashville, Tennessee, Estados Unidos de América
HarperEnfoque es una marca registrada
de HarperCollins Christian Publishing, Inc.

Criar humanos en un entorno digital. Cómo ayudar a los niños a tener una relación sana con la tecnología.

Título original: *Raising Humans in a Digital World. Helping Kids Building a Healthy Relationship with Technology.*

Copyright © 2019, by Diana Graber. All rights reserved. No part of this book may be used or reproduced in any manner whatsoever without written permission except in the case of brief quotations embodied in critical articles and reviews.

Copyright © 2019, HarperCollins Leadership, an imprint of HarperCollins.
Bob Dylan "The Times They Are a Changin" Copyright © 1963, 1964 por Warner Bros. Inc.; renovado en 1991, 1992 por Special Rider Music. Todos los derechos reservados. Copyright internacional asegurado. Reproducido con autorización.
All rights reserved.

Todos los derechos reservados. Ninguna porción de este libro podrá ser reproducida, almacenada en ningún sistema de recuperación, o transmitida en cualquier forma o por cualquier medio —mecánicos, fotocopias, grabación u otro—, excepto por citas breves en revistas impresas, sin la autorización previa por escrito de la editorial.

Todos los comentarios, ideas, descripciones y expresiones que aparecen en esta obra corresponden a la autora y no son responsabilidad de la editorial ni representan necesariamente su punto de vista.

Traducción: Pilar Obón.
Diseño de forros: Maika Tovar / @PerfectMatchMX.
Diseño de interiores: Ana Paula Dávila.

Fotografía de autora por: Graber Productions.

ISBN: 978-1-4003-4330-0
ISBN: 978-1-4003-4331-7 (eBook)
Primera edición: abril 2020.

Para Michael, Elizabeth y Piper,
los humanos que están en el centro de mi mundo

CONTENIDO

PRÓLOGO

¿Qué clase de niños quieres criar?

Después de escribir más de veinticuatro libros sobre crianza y hablar con más de un millón de padres y madres en seis continentes, he descubierto que casi todos ellos quieren lo mismo: criar niños que crezcan para convertirse en seres humanos que sean buenos y bondadosos.

Pero en un mundo donde el tiempo de pantalla es más común que el tiempo cara a cara y donde las conexiones digitales a menudo reemplazan a las conexiones personales, este es un auténtico reto. Por suerte para ti, el secreto de criar humanos en un mundo digital está en tus manos.

Aunque puedes encontrar otros libros de crianza digital allá afuera, lo que es diferente con respecto a este libro es su autora. Conozco a Diana en un nivel tanto personal como profesional —nos hemos codeado en congresos en ambas costas, compartido historias y nos hemos preguntado una a la otra: *"¿Qué es lo que más necesitan los niños?"* Puedo asegurarte que ella es una autoridad confiable para responder a esta pregunta esencial sobre la crianza en una manera simple y directa. He aquí por qué:

> Diana tiene su historia en este tema. Educadora de alfabetismo digital por casi una década (una rara longevidad en estos días), ha intentado y probado todo lo que estás por leer, y lo ha hecho con los mejores conejillos de Indias del mundo… niños reales.

> A través de Cyberwise y CyberCivics, sus dos sitios de alfabetismo digital, ha proporcionado recursos e interactuado con cientos de miles de padres y madres así como con sus hijos en el transcurso de los años.

> Está en el circuito de conferencias, hablando a las comunidades en todo Estados Unidos y escuchando sus preocupaciones.

> Diana ha hecho su tarea, obteniendo uno de los primeros grados universitarios en un nuevo, oportuno campo de estudio llamado "psicología de los medios y cambio social".

> Y, lo más importante, es una madre que se preocupa profundamente por los niños.

Los medios también saben sobre Diana. El programa *Today Show* de la NBC visitó su salón de clases en Journey School en el Sur de California para presentar a Diana y a sus alumnos participando en algunas de las mismas actividades acerca de las cuales leerás en este libro.

Adoro la forma en que compara el criar a un humano hoy con la construcción de una casa, diciéndote que comiences con un fuerte cimiento de habilidades sociales como la empatía, y construir a partir de ahí. Te da las herramientas que necesitarás —y también el plan de construcción. Este libro contiene un tesoro sin par de "cómos" y de actividades sencillas, así como una profunda sabiduría y percepción nacidas de las entrevistas con más de cuarenta expertos en el campo.

¿Mi consejo? Lee este libro, consérvalo en tu mesa de noche, o incluso pásalo a otros padres y madres. Pero lo más importante, *aplica* lo que estás por aprender. Recuerda, tus hijos no necesitan la más reciente *app* o *gadget*: ¡te necesitan a ti! Tu tiempo y tu atención, junto con lo que aprenderás en este libro, son los ingredientes secretos para criar humanos en nuestro mundo digital.

DRA. MICHELE BORBA

Educadora y conferencista internacionalmente reconocida, y exitosa autora de *Unselfie: Why Empathetic Kids Succeed in Our All-About-Me World*.

PALM SPRINGS, 6 DE AGOSTO DE 2018

Come mothers and fathers
Throughout the land
And don't criticize
What you can't understand
Your sons and your daughters
Are beyond your command
Your old road is rapidly agin'
Please get out of the new one if you can't lend
your hand
For the times they are a-changin'
            [BOB DYLAN], "The Times They Are A-Changin'"

[Vengan, madres y padres
de toda la tierra
y no critiquen
lo que no pueden entender.
Sus hijos y sus hijas
están más allá de su dominio
su viejo camino envejece con rapidez
Por favor sálganse del nuevo si no pueden echar
una mano
porque los tiempos, están cambiando.]

INTRODUCCIÓN

Abandonados a sus propios medios

> Cuando abandonamos a las personas con sus aparatos, obtendrán una de dos cosas: no mucho y nada bueno.
>
> LIONEL SHRIVER[1]

Una luminosa mañana de septiembre, me paré en la puerta del gran auditorio que hace las veces de mi salón de clases de los lunes y les dije adiós a unos treinta niños del séptimo año mientras salían en fila al brillante sol del sur de California. Wes, un niño delgado de grandes ojos azules que era nuevo en la clase ese año, se detuvo abruptamente frente a mí para hacerme una pregunta.[2]

—¿Por qué nos estás enseñando esas cosas?

Eso me sorprendió. Yo pensaba que era obvio. Nuestra clase, llamada "Cibercivismo", se reunía semanalmente a través de todos sus años de secundaria —sexto, séptimo y octavo grado— para que yo pudiera enseñar a los alumnos las habilidades para la vida digital que necesitarían para usar la tecnología de manera inteligente y segura. Y eso fue lo que le dije.

—¿Pero no es ese el trabajo de nuestros padres? —preguntó.

Ahí me agarró. Supongo que, fundamentalmente, este es un trabajo para padres y madres. Pero en defensa de los padres de todas partes, yo incluida, nosotros no crecimos con estas cosas. La mayoría de nosotros todavía estamos tratando de descubrir cómo usar la nueva tecnología de manera inteligente y segura, y a veces no hacemos un buen trabajo en eso.

Pero nosotros crecimos en un mundo enteramente distinto. Cuando éramos niños, podíamos participar en actividades tontas, vergonzosas —y quizás hasta bordeando lo ilegal—, sin tener que preocuparnos de que nuestras payasadas fueran grabadas y subidas en línea. Nuestras redes sociales eran el centro comercial o una esquina del barrio. La aprobación de los pares no dependía de los "me gusta" ni de las solicitudes de amistad, sino más de una sonrisa, asentimiento, risa y "choca esos cinco" que eran reales. Aprendimos cómo leer un mapa, usar un directorio telefónico, e incluso el significado de "contra las manecillas del reloj". Teníamos una cámara. Si la práctica de futbol o de la banda terminaba temprano, teníamos que esperar pacientemente a que vinieran a recogernos o utilizar un teléfono de paga convenientemente ubicado y esperar que tuviéramos una moneda en el bolsillo para llamar a casa.

En términos de acceso a la información, el mundo es casi irreconocible en relación con lo que era hace unas pocas décadas. Considera la tarea de realizar una investigación para un proyecto escolar. ¡Benditos sean esos veintiséis tomos de la *Enciclopedia Británica* en la repisa! De otra forma, teníamos que hacer un viaje a la biblioteca para navegar a través del catálogo de tarjetas, después ubicar y *leer* el libro completo para encontrar la información que necesitábamos.

Esos días ya se fueron. Hoy, los niños van por ahí con la información de todas las bibliotecas del mundo accesible a través de los dispositivos en sus bolsillos, con Google y Siri para echarles una mano. ¿Y la parte más sorprendente? La gente joven ni siquiera piensa que esto es sorprendente. ¿Por qué lo harían? Si quieren sorprenderse, se pueden embutir en un casco de realidad virtual (RV) y ser transportados a otro mundo.

Hasta ahora, este siglo ha estado plagado de innovaciones digitales que han alterado la infancia en una forma radical. Aquellos de nosotros que tenemos la tarea de criar niños y adolescentes durante este periodo hemos sido tomados muy desprevenidos. Los nuevos dispositivos y lo que podemos hacer con ellos —enviar mensajes de texto, hablar por Skype, publicar en línea, tuitear, etiquetar, chatear y así sucesivamente— a menudo nos distraen del trabajo de crianza. ¿Quién no le ha dado sin pensar una tableta, un teléfono inteligente, un lector electrónico o lo que sea a un niño para tener un momento para revisar el correo electrónico o subir fotos a Facebook? ¿Quién puede culpar a los padres por no notar que nuestros hijos pueden estar creciendo tan adictos a sus dispositivos como nosotros somos a los nuestros? ¿O que ellos pueden estar expuestos a contenido inapropiado, que su información personal puede estar en riesgo, o que sus reputaciones digitales están siendo construidas? Flamantes términos nuevos nos dejan rascándonos la cabeza también: *sexteo*, piratería, *phishing, trolling, grooming, memes, GIFs*, hackeo, pornografía de venganza, ciberacoso, predadores, finstagramas, secuestro digital y más. Todos nosotros —los niños incluidos— hemos sido abandonados a nuestros propios medios tratando de encontrarle un sentido a un mundo enteramente nuevo.

¡TÚ PUEDES ENSEÑAR A TUS HIJOS!

Wes tiene razón. Los padres pueden, y deben, enseñar habilidades para la vida digital a sus hijos, y este libro te dirá cómo hacerlo. Pero primero, respira profundo, porque los lados oscuros y los peligros de esta nueva era digital —muchos de los cuales acabo de mencionar para llamar tu atención— constituyen sólo una fracción de lo que ocurre en línea. Te lo juro. Además, mientras nosotros nos preocupamos de que los niños digitales puedan estar conectándose con aterradores desconocidos, o subiendo fotografías que pueden evitar que sean aceptados en la universidad, ellos ven su mundo en línea a través de una lente enteramente diferente. Un estudio realizado por la UNICEF en 2017, que involucró a niños y jóvenes de veintiséis países descubrió que estos jóvenes son abrumadoramente positivos acerca del papel que la tecnología digital puede jugar en sus vidas. Están entusiasmados con las oportunidades de comunicación, conexión, compartición y sí, *prepárate:* incluso aprendizaje.[3] Resulta que cuando los jóvenes se reúnen en línea, buenas cosas pueden y *están* sucediendo.

COSAS BUENAS ESTÁN SUCEDIENDO EN LÍNEA

Si bien las investigaciones de las últimas dos décadas han destacado con abundancia los peligros del uso de la tecnología, que pueden ser tan graves e importantes como para que los padres estén conscientes de ellos, hay una gran cantidad de cosas buenas que están ocurriendo en línea:

> Los medios sociales ayudan a la gente joven a fortalecer sus amistades existentes. Más de 90% de los adolescentes reporta que usan las redes sociales para conectarse con personas que conocen en la vida real.[4] Lo mismo es verdad para quienes juegan en línea: 78% de los jugadores dicen que jugar les hace sentirse más conectados con amigos que conocen fuera de línea.[5]

> El aprendizaje es posible en cualquier momento y en cualquier lugar. Los expertos están en la punta de los dedos de nuestros niños, y muchos jóvenes están recurriendo a comunidades en línea para conectarse con otros que comparten sus intereses y pasatiempos.[6]

> Cada vez más, los adolescentes utilizan los medios sociales para mantenerse en contacto con los miembros de su familia, fortaleciendo así los lazos familiares y los sentimientos de conexión.[7]

> Internet crea oportunidades para que los jóvenes en situación de riesgo o marginados busquen apoyo social, aboguen por sí mismos e investiguen recursos que les provean resiliencia.[8]

> Los medios sociales dan a los adolescentes la oportunidad de presentar lo mejor de sí mismos, y los reclutadores de las universidades se han dado cuenta de esto; 35% de los funcionarios

de admisiones de las universidades dicen que revisan las redes sociales durante el proceso de admisión, y la mayoría reporta que la revisión benefició al solicitante.[9]

> Los jóvenes están creando aplicaciones que pueden mejorar el mundo. Por ejemplo, Natalie Hampton, una niña de 16 años de Sherman Oaks, California, creó una app llamada "Sit With Us" ["Siéntate con nosotros"], para que ningún niño tenga que almorzar solo en el recreo.[10]

> La actividad en las redes sociales puede promover el compromiso cívico de los jóvenes.[11] Esto incluye un amplio rango de actividades como voluntariado, votación y despertar consciencia sobre problemas importantes para los jóvenes.

> Las herramientas digitales, tanto gratuitas como de bajo costo, permiten que los jóvenes expresen su creatividad en numerosas formas nuevas: pueden escribir en blogs, tomar y compartir fotografías, hacer videos, colaborar en proyectos escolares y mucho más.

> Los jóvenes de todo el mundo pueden contribuir a lograr un cambio cultural significativo. En 2009, una niña paquistaní de 12 años llamada Malala Yousafzai comenzó a escribir en su blog acerca del derecho de las niñas a la educación. Su valiente defensa, incluso viviendo bajo el restrictivo régimen Talibán, capturó la admiración del mundo y la hizo merecedora del Premio Nobel de la Paz en 2014.

Aunque todas estas son noticias geniales, hay un pelo en la sopa. Las experiencias positivas en línea como esas no ocurren mágicamente cuando le das a tu hijo un dispositivo conectado. Toma tiempo y esfuerzo convertir a un pequeño de tres años adepto a deslizar su dedo por una tableta en un adolescente que usa la tecnología con seguridad, inteligencia, ética y productividad. Está en nosotros, los padres, ayudar a los jóvenes a descubrir cómo minimizar los riesgos y maximizar los beneficios que ofrece la tecnología.

Hasta la fecha, cuando se enseña a los niños acerca de la tecnología, la educación se ha enfocado principalmente en advertirles sobre las experiencias negativas que *podrían* ocurrir más que en prepararlos para las experiencias positivas que pueden suceder. De acuerdo con la UNICEF, "los discursos disponibles para los niños actualmente se enfocan casi exclusivamente en el riesgo y la protección, y esto está minando potencialmente su capacidad para imaginar, y articular, los beneficios que les ofrecen los medios digitales".[12] Ya es tiempo de hacer a un lado nuestros miedos y darnos a la tarea de empoderar a los jóvenes para que usen bien la tecnología.

La buena noticia es que enseñar a tus hijos cómo maximizar los beneficios de la tecnología no sólo es posible, sino que también puede ser una forma valiosa y disfrutable de conectarte con ellos. En las páginas que siguen, aprenderás lo que los adultos pueden y deben hacer para ayudar a los jóvenes a tener una relación segura, saludable y productiva con sus dispositivos.

CRIAR A LA GENERACIÓN DE LOS DISPOSITIVOS

No podría sobrevivir sin mi teléfono.
—ESTUDIANTE DE SECUNDARIA

Los niños que están creciendo hoy pasan más tiempo con las pantallas —teléfonos inteligentes, computadoras, tabletas, etcétera— que en la escuela, con sus familias o incluso a veces durmiendo. Un estudio realizado por la organización sin fines de lucro Common Sense Media encontró que, en cualquier día dado, los adolescentes estadounidenses pasan cerca de nueve horas diarias usando las pantallas para entretenimiento. Para los preadolescentes —niños y niñas entre los ocho y los doce años de edad— el tiempo pasado con las pantallas es de aproximadamente seis horas diarias. Esto ni siquiera incluye el tiempo que los niños pasan en las pantallas en la escuela o haciendo tareas escolares.[13] Le pregunté a Kelly Mendoza, directora general de programas educativos de Common Sense Media, si pensaba que estos números eran sorprendentes. "Lo que los hace sorprendentes es la capacidad de hacer muchas cosas a la vez", dijo. "Un niño puede pensar: 'Oye, estoy haciendo mi tarea', pero en realidad está en los medios sociales, o escuchando música. Esto es lo que hace que esos números parezcan inmensos."[14]

Levanta la vista de tus propias pantallas por un momento, y verás a niños y adolescentes por todas partes ya sea mirando los teléfonos que ahora los acompañan a todas partes, o bien ocupados tecleando con sus pulgares un mensaje de texto más. Los mensajes de texto son la forma más común en que los adolescentes se comunican unos con otros; 88% de ellos le envía mensajes a sus amigos al menos ocasionalmente, y más de la mitad se mensajea con ellos todos los días.[15]

Es difícil creer que comenzamos a enviarnos mensajes de texto unos a otros en Estados Unidos hace tan sólo dos décadas. Jack McArtney fue quien me recordó este hecho sorprendente; Jack era el director de mensajes en Verizon cuando introdujo el SMS (*Short Message Service*), más comúnmente conocido como mensajes de texto, en el mercado estadounidense en 1999. Le gusta bromear: "si eres un padre o una madre, lo siento. Y si eres un niño o una niña, ¡bienvenido!"[16]

Los adolescentes se lanzaron a mensajearse como patos al agua. En un mes, el adolescente promedio de hoy procesa 3 700 mensajes de texto, y eso ni siquiera incluye todo el chateo privado que ocurre entre los niños en aplicaciones como Snapchat.[17] Le pregunté a McArtney si tuvo alguna intuición de que los mensajes de texto se volverían tan populares entre los jóvenes. "No", respondió. "Y lo que realmente me impacta es cuánto tiempo pasan *todos* con las cabezas agachadas, mirando fijamente pequeñas pantallas sin interactuar con los demás, y es lo mismo con los jóvenes que con los viejos. Eso para nada es lo que esperábamos."

Pero si te detienes a considerar todo lo que nuestros teléfonos pueden hacer hoy en día —acceder a internet, tomar fotografías, reproducir música y juegos atractivos, dar la hora, dar direcciones, ordenar una pizza y, más importante aún, ofrecer una conectividad social sin paralelo—, no debería impactarnos en absoluto. En poco tiempo, esos artilugios realmente evolucionaron en teléfonos "inteligentes".

"Todas esas cosas se unen en formas que nadie pudo haber predicho", dice McArtney. "¿Cómo puede alguien, especialmente un niño, resistirse a lo que un teléfono inteligente puede ofrecer?"

La respuesta es que no pueden.

EL TELÉFONO INTELIGENTE HA CAMBIADO LA INFANCIA

La psicóloga y autora Dra. Jean Twenge, una académica que estudia las tendencias generacionales, ha escrito numerosos artículos científicos y tres libros basados en su extensa investigación. Su libro más reciente, *iGen: Why Today's Super-Connected Kids Are Growing Up Less Rebellious, More Tolerant, Less Happy—and Completely Unprepared for Adulthood [iGen: por qué los niños súper conectados de hoy están creciendo menos rebeldes, más tolerantes y menos felices —y absolutamente incompetentes para la adultez]*, examina a fondo la generación que ella llama niños "iGen", nacidos entre 1995 y 2012, los primeros en entrar a la adolescencia con teléfonos inteligentes en las manos.[18] Twenge afirma que estos "iGen", un grupo que incluye no sólo a mis dos hijas sino también a quienes enseño, están al borde de la peor crisis de salud mental en décadas. ¿La causa? Adivinaste: sus teléfonos inteligentes.

A finales de 2017, Twenge escribió un artículo para la revista *The Atlantic* con el provocativo título "¿Los teléfonos inteligentes han destruido a una generación?", en donde destila los hallazgos que presenta en su libro, y escribe: "el advenimiento del teléfono inteligente ha cambiado radicalmente cada aspecto de las vidas de los adolescentes, desde la naturaleza de sus interacciones sociales hasta su salud mental".[19]

Cuando su artículo fue publicado, yo estaba ocupada visitando escuelas y grupos de padres por todo Estados Unidos de Norte América, dando pláticas sobre los niños, la tecnología y la importancia de la educación en alfabetismo digital. En casi todos los sitios que visité, los padres habían leído o escuchado acerca de los hallazgos de Twenge y estaban ansiosos por hablar de ellos. Aunque muchos estaban de acuerdo enérgicamente en que el teléfono inteligente es el culpable de cada problema adolescente (depresión, ansiedad y privación de sueño, sólo para empezar), otros pensaban que las afirmaciones de Twenge (p.ej., "el surgimiento paralelo del teléfono inteligente y los medios sociales ha causado un terremoto de una magnitud como no habíamos visto en mucho tiempo, o nunca"), eran exageradas y alarmistas.[20] Pero sin importar de qué lado de la cerca estuvieran, los padres estaban unidos en una sola preocupación: ¿qué hacemos?

Verás, todo el mundo sabe que el genio está fuera de la botella y que no va a volver a ella. Los niños aman demasiado sus pantallas y caray, nosotros también. Además, es claro que las necesitarán para la escuela y para el trabajo. Así que, si bien es importante estar consciente de *cómo* estos dispositivos están remodelando la infancia, debemos preparar a los jóvenes para una adultez que inevitablemente incluirá dispositivos, o cualquiera que sea la tecnología que venga después.

¿TU HIJO ESTÁ LISTO?

Cuándo darle a tu hija el regalo más preciado de hoy —su primer teléfono inteligente (o un dispositivo "conectado" de cualquier tipo)— es una de las decisiones más grandes que un padre o madre deberá tomar. Recuerda, un "dispositivo conectado" es cualquier dispositivo que se conecte con internet. Además de los teléfonos inteligentes, esto incluye tabletas, computadoras, consolas de juegos, lectores electrónicos, relojes de pulsera inteligentes, e incluso juguetes y asistentes habilitados con Bluetooth. Todos ellos tienen la capacidad de conectar a tus hijos con toda la información y la gente del mundo, todo el tiempo. Cualquier paso en falso que den en un dispositivo conectado puede quedar grabado permanentemente, para que todo el mundo pueda verlo. Esta es una responsabilidad muy pesada, y los niños están penosamente mal preparados sin una guía.

Cuando los padres me preguntan: "¿Cuál es la edad correcta para darles a mis hijos (inserta aquí el tipo de dispositivo conectado)?", respondo a su pregunta con una propia. Bueno, con siete preguntas, para ser exacta. Pienso que cualquier padre o madre primero debería responder estas preguntas antes de determinar si sus hijos están listos para tener un dispositivo conectado:

> ¿Tus hijos han desarrollado las **habilidades sociales y emocionales necesarias para usar sus dispositivos sabiamente?** ¿Han aprendido a mostrar empatía, bondad, respeto y civismo? Estas capacidades evolucionan con el tiempo. Tienen una alta demanda en línea, y cuando se expresan ahí, pueden convertirlo en el entorno más seguro y amable con el que sueñan los adultos.

> ¿Tus hijos saben cómo manejar sus reputaciones en línea? Cada vez más, las universidades y empleadores (y otros) están buscando en internet para saber más sobre nuestros hijos. Así que, ¿tus hijos saben que todo lo que publican, y todo lo que los demás publican acerca de ellos, contribuye a una reputación en línea que dice toneladas de cosas acerca de su carácter?

> ¿Saben tus hijos cómo desconectarse? Por su cuenta, los adolescentes dicen que se sienten "adictos" a sus dispositivos.[21] ¿Los has equipado con estrategias (y razones) para desconectarse de sus mundos virtuales y conectarse a la vida "real" de vez en cuando?

> ¿Saben tus hijos cómo hacer y mantener relaciones seguras y saludables? ¿Pueden mantenerse a sí mismos a salvo del ciberacoso, los depredadores, los mensajes sexuales, la pornografía de venganza, la sextorsión y otros peligros en línea? ¿Saben qué hacer si encuentran (y probablemente lo harán) relaciones peligrosas o no saludables en línea?

> ¿Saben tus hijos cómo proteger su privacidad y su información personal? En el entusiasmo de registrarse para recibir nuevos servicios y compartir con sus amigos, muchos niños inadvertidamente revelan demasiada información personal, especialmente cuando son demasiado jóvenes como para usar bien los medios sociales. (Tres cuartas partes de los niños entre los diez y los doce años tienen cuentas en redes sociales, a pesar de que están por debajo del límite de edad permitido.[22])

> ¿Saben tus hijos cómo pensar en forma crítica acerca de la información que encuentran en línea? ¿Son capaces de evaluar los mensajes de los medios de acuerdo con su exactitud, autoridad, actualidad y tendencia? No saber cómo hacerlo los deja vulnerables a la desinformación, noticias falsas (*fake news*) y mucho más.

> ¿Tus hijos están equipados para ser líderes digitales? ¿Saben cómo ser honorables? Internet necesita desesperadamente niños que puedan defenderse de los acosadores, crear contenido inspirador, hacer videos conmovedores, compartir historias alentadoras e inventar nuevas tecnologías que mejoren nuestro mundo. ¿Tus hijos están equipados para hacer que su mundo digital sea mejor y más seguro?

Si respondiste "no" a cualquiera de estas preguntas, entonces tus hijos no están listos para la gigantesca responsabilidad de ser dueños de un dispositivo conectado. Las apuestas son demasiado altas. Sin embargo, puedes enseñarles todas esas habilidades de vida, sin importar cuánto, o cuán poco, sepas personalmente acerca de la tecnología. Te advierto: *estas habilidades no pueden enseñarse de la noche a la mañana.* Tomará tiempo y paciencia enseñar a tus niños cómo manejar, en vez de evitar, las complejidades del mundo digital.

A mí me tomó un rato descubrir esto por mí y mis propias hijas. Francamente, hubo mucha prueba y error (lo siento por mis niñas). Espero que al compartir lo que he aprendido a lo largo de mi viaje, que comenzó hace casi dos décadas, el tuyo fluya más suavemente.

COMIENZA MI PROPIO VIAJE

En una fría mañana de otoño, en septiembre de 2000, traía de la mano a mi hija de casi cinco años mientras nos aproximábamos a la pequeña estructura portátil que sería su aula en el jardín de niños. Como muchas madres que van a dejar a sus hijos a la escuela por primera vez, estaba nerviosa. Pero mis nervios tenían menos que ver con el día uno del jardín de niños, y más que ver con la "escuela" que habíamos elegido para ella. Mirando alrededor a la media docena de destartaladas estructuras portátiles apiñadas entre una iglesia y unas instalaciones educativas para adultos, comencé a arrepentirme.

Nuestra hija era una de tan sólo noventa alumnos en entrar en la primera escuela iniciada por padres y subvencionada por el gobierno en Orange County, California. Su nombre era Journey School y era la primera escuela experimental semiautónoma (chárter) subvencionada por el gobierno en el Distrito Escolar Unificado de Capistrano (CUSD, por sus siglas en inglés), el octavo distrito escolar más grande del estado y hogar de cuarenta Escuelas Distinguidas de California e incluso once Escuelas Nacionales clasificadas como Blue Ribbon. CUSD era, y sigue siendo, uno de los distritos de más alto desempeño en California, y tiene una tasa de graduados de 97.1%, mucho más alta que el promedio estatal, que es de 85.1%. [23] Cada secundaria CUSD ocupa un puesto entre las mil mejores secundarias de Estados Unidos según el *News & World Report*.[24] Las escuelas son limpias, seguras y tienen buena reputación. La decisión lógica hubiera sido mandarla a una de estas escuelas, que estaban perfectamente bien —después de todo, las escuelas experimentales "chárter", privadas pero subvencionadas por el gobierno, eran un concepto relativamente desconocido y no probado en ese tiempo. Los legisladores habían aprobado la *Charter Schools Act* de 1992, y California era el segundo estado en el país, además de Minnesota, en implementar la legislación para este tipo de escuelas. Sólo 1.7% de todas las escuelas públicas de Estados Unidos eran chárters.

Además de ser una escuela experimental, Journey School daba un giro a la educación tradicional en otra forma también: era una escuela Waldorf. Lo poco que mi esposo y yo sabíamos acerca de las escuelas Waldorf provenía enteramente de un artículo con el que nos habíamos topado en *The Atlantic*: "Schooling the Imagination" ["Educar la imaginación"]. Su autor, Todd Oppenheimer, ofrecía un brillante relato de las escuelas que alentaban el juego, la curiosidad y la imaginación, y una reverencia por la infancia. El autor escribió:

> Esta noción, de que la imaginación es el corazón del aprendizaje, anima todo el arco de la enseñanza Waldorf. Cuando ese concepto se conjuga con la otra meta fundamental de la escuela, que es dar a los jóvenes un sentido de la ética, el resultado es una pedagogía que está en una posición aún más apartada del sistema de educación actual, con su creciente énfasis en los estándares nacionales de desempeño en materias tales como matemáticas, ciencias y lectura, y su también creciente rigor en los exámenes estandarizados, por no hablar de la campaña para llenar los salones de clases con computadoras.[25]

Oppenheimer continuaba describiendo cómo las escuelas Waldorf llenaban sus aulas con objetos naturales hechos a mano y alentaban a los niños a interactuar con ellos, y entre sí, antes que con las pantallas. El concepto sonaba mágico y lo compramos fácilmente. Lo que no sabíamos entonces era cuán populares eran —y siguen siendo— las escuelas Waldorf entre los padres que trabajan en la industria tecnológica, especialmente porque dichos planteles creen que "la tecnología puede esperar".[26]

¡NO HAY MEDIOS EN ESTA ESCUELA!

Poco después de dejar a nuestra hija, asistimos a la orientación para padres de la escuela, donde nos pasaron varias formas para que leyéramos, firmáramos y las devolviéramos al director. Una de estas era el contrato de medios de la escuela.

Contrato de medios

Como usted sabe, la filosofía de Journey School incluye la exclusión de los medios durante la semana, de la noche del domingo hasta la mañana del viernes. Esto incluye a todos los medios electrónicos: radio, CD, casetes, karaoke, juguetes electrónicos, videos y televisión. Nuestro interés es que los niños estén conectados al calor de una voz humana y no a una voz que se transmite electrónicamente.

Mi esposo y yo nos lanzamos una mirada de reojo antes de firmar esto. En ese momento, estábamos trabajando en una serie para televisión por cable para el Outdoor Life Channel llamada *To the Edge*. Eran programas televisivos que presentaban a atletas profesionales que participaban en varias actividades traicioneras en riscos, grandes olas y vertiginosos rápidos. El éxito del programa, y por lo tanto nuestro sustento, dependía de que la gente se quedara en casa viendo televisión en vez de salir y participar ellos mismos en estas actividades. Así que sí, firmar este contrato de medios era un poco hipócrita. Pero la idea de criar niños sin el estruendo o distracción de la televisión en el trasfondo de nuestras vidas diarias era atractiva. Nos gustaba la idea de tener conversaciones en la mesa, y tiempo para hacer manualidades, jugar y hornear galletas. Nos imaginábamos que criaríamos niñas que pudieran participar en conversaciones interesantes y hacer contacto visual. Con esto en mente, firmamos en la línea punteada.

LAS COSAS ERAN MÁS FÁCILES EN ESE ENTONCES

Pensando hacia atrás en el tiempo, a menudo me pregunto si hubiéramos accedido tan rápidamente a restringir nuestro consumo de los medios si hubiesen existido medios digitales con los cuales lidiar. Pero el entorno mediático era enteramente diferente en el año 2000:

> Sólo había 361 millones usuarios de internet en todo el mundo. Para tener una perspectiva, eso es escasamente dos terceras partes del tamaño actual de Facebook.[27]
> Google sólo tenía dos años de edad.
> Ni Friendster ni MySpace (¿los recuerdas?) se habían inventado o habían quebrado.
> No existían Facebook, LinkedIn, Wikipedia, YouTube, Twitter, Flickr ni Instagram.
> Evan Spiegel, el fundador de Snapchat, sólo tenía 10 años de edad.
> No había iPods, iTunes ni iPhones. Y estábamos a toda una década de distancia del primer iPad.

La única exposición a los medios de la que teníamos que preocuparnos por limitar era la televisión. E incluso eso no era gran cosa. Relegamos nuestro único televisor al estudio de arriba, donde no podía tentarnos, y continuamos con nuestras vidas diarias.

Y entonces, *todo* cambió.

A medida que nuestra hija, y su hermana tres años menor que ella, se aproximaban a la educación media, la simplicidad de nuestro mundo no digital comenzó a evaporarse en un recuerdo distante. Los "medios" se convirtieron en algo más que sólo televisión. Se volvieron digitales y sociales y móviles. Los niños los adoraron y los padres no estaban listos para ello. Incluyéndome.

PSICOLOGÍA DE LOS MEDIOS AL RESCATE

En 2006, mientras revisaba distraídamente mi correo electrónico, que había comenzado a consumir demasiadas horas de mi día, algo llamó mi atención. Era un correo de mi alma máter anunciando un campo de estudio enteramente nuevo: psicología de los medios y cambio social. UCLA estaba ofreciendo cuatro cursos que conducirían a una maestría a través de la Fielding Graduate University. Me inscribí pensando que esta sería una gran forma de entender la transformación de los medios —y al mismo tiempo ayudarme a mí y a mis hijas a navegar por el nuevo mundo digital— y por los siguientes cuatro años me sumergí en el estudio de los efectos de los medios sobre el comportamiento humano.

A medida que recorría el camino de la maestría, los avances tecnológicos parecían suceder cada semana. El iPhone apareció en 2007, seguido de cerca por el iPad. En 2010, la Kaiser Family Foundation reportó que la cantidad de tiempo que la gente joven estaba pasando con los medios de entretenimiento se había elevado radicalmente. Descubrieron que los niños de ocho a dieciocho años dedicaban un promedio de siete horas y treinta y ocho minutos a usar los medios de entretenimiento en un día típico (más de cincuenta y tres horas a la semana). Y como los jóvenes estaban pasando mucho de ese tiempo "realizando multitareas mediáticas" (usando más de un dispositivo a la vez), estaban acumulando un total de diez horas y cuarenta y cinco minutos de contenido mediático en esas siete horas.[28]

"Caray, son muchos medios", pensé. Los niños estaban pasando más tiempo con los medios que haciendo casi cualquier otra cosa: yendo a la escuela, haciendo deporte, conviviendo con sus familias, a veces incluso durmiendo. ¿Cómo, me pregunté, estaban navegando con estos nuevos cambios?

Pronto descubriría que no lo estaban haciendo muy bien.

EL DRAMA DIGITAL NOS GOLPEA DE LLENO

Las nuevas tecnologías digitales también estaban abriéndose camino en las vidas de los niños de la Journey School, a pesar del contrato de medios de la escuela. En 2010, cuando mi hija mayor estaba en octavo grado, la escuela experimentó su primer "incidente" de redes sociales.

En aquella época, había un furor por Facebook (recuerda, esto fue antes de Instagram o Snapchat, así que la gente joven estaba usando Facebook para publicar fotografías y comunicar los eventos cotidianos de sus vidas). Una nueva niña, Arial, se unió a la clase de mi hija ese año, e introdujo a sus compañeros de clase, incluyendo a mi hija, a esta plataforma de red social. Arial era una "facebookera" prolífica. Todos los días publicaba fotografías de sí misma y de su pequeño grupo de amigas, seleccionando cuidadosamente cada foto para asegurarse de que se veía perfecta (el cabello en su lugar, bonita sonrisa, etcétera). Por desgracia, no ponía el mismo nivel de cuidado en las imágenes de sus amigas. En las mismas fotografías, ellas por lo general tenían expresiones chistosas, el cabello despeinado o peor. Sus amigas descubrieron rápidamente esta falta de consideración. Yo lo escuché de mi hija, a quien le parecía cómico. Pero otra niña, Reece, no le encontró ninguna gracia.

Reece era una vloggera, es decir, mantenía un video blog de sus eventos cotidianos, una especie de diario virtual que estaba en línea y era público. En uno de estos blogs, se quejó acerca de las publicaciones en Facebook y de la niña que las hacía, diciendo que sentía que la "habían apuñalado por la espalda". Incluso repitió los movimientos de manos de alguien que está siendo apuñalado. Los padres escucharon el rumor de este video, e incluso aquellos que no lo vieron escucharon acerca de la parte del apuñalamiento y pensaron que era perturbador. De manera casi inmediata, los padres reportaron este incidente de "ciberacoso" a la escuela, y Reece se encontró de pronto en la oficina del director.

Hagamos una pausa momentánea. Haciendo a un lado la reacción exagerada de los padres, lo que ocurrió fue un incidente menor, especialmente si lo juzgamos con los estándares actuales. Era un comportamiento adolescente normal que sólo *parecía* diferente porque estaba desarrollándose en un nuevo entorno. Arial, la facebookera, estaba incursionando en una nueva y excitante herramienta, probablemente sin ninguna guía adulta. Además, estaba participando de una forma de "construcción de identidad": cuando los y las adolescentes tratan de descubrir quiénes son y cómo mostrarse a sí mismos al mundo. Reece, la vloggera, estaba también aprendiendo cómo usar nuevas herramientas, grabando y publicando videos, sin contar tampoco con una guía. ¡Estas son nuevas habilidades mediáticas maravillosas! Estaba, asimismo, expresando fuertes opiniones e ideas, lo cual es un comportamiento adolescente normal. Nada de lo que estas niñas hicieron era tan malo y ni siquiera equivocado, pero *era* la primera vez que el uso de la tecnología había alterado nuestra escuela, y tomó al nuevo director, Shaheer Faltas, con la guardia completamente baja.

"Como era un nuevo terreno", me dijo Faltas años después, "había miedo en todos los niveles: entre los padres, los maestros e incluso los estudiantes. Yo sólo había estado en Journey por algunos meses y de pronto tenía este enorme problema en las manos y un montón de preguntas. ¿Qué es el ciberacoso escolar, conocido también como *cyberbullying*? ¿Es problema de los padres o de la escuela? ¿Por qué los alumnos están usando Facebook siquiera? Y lo más importante: ¿qué hacemos para evitar que esto, o un incidente aún peor, suceda de nuevo? Todas estas eran preguntas que todavía teníamos que responder".[29]

Cuando esto salió a la luz, yo acababa de terminar mis estudios. La Dra. Pamela Rutledge, una profesora de la Fielding Graduate University que había sido mi mentora y que más tarde se convirtió en una querida amiga, me alentó a someter mi trabajo final del curso para su publicación en el *Journal of Media Literacy Education*, lo cual hice. Mi artículo: "New Media Literacy Education (NMLE): A Developmental Approach" [La nueva educación de alfabetismo mediático (NMLE): un enfoque de desarrollo][30] salió publicado más o menos al mismo tiempo de que este drama digital estaba ocurriendo entre las amigas de mi hija. El artículo defendía el enseñar a los niños los lineamientos morales, éticos y sociales necesarios para ser buenos ciudadanos en línea. Era evidente que tal educación era necesaria en la escuela de mi propia hija, y yo estaba entusiasmada.

CONVERTIR UN PROBLEMA
EN UNA OPORTUNIDAD

Después de una semana de observar el tráfico de alumnas llorosas, padres airados y maestros confundidos entrar y salir de la oficina de Faltas mientras él intentaba navegar por el primer ciberincidente de Journey School, le pregunté si yo podría enseñar "ciudadanía digital" a la clase de sexto grado de mi hija menor. Esto, le aseguré (con la secreta esperanza de estar en lo cierto), mantendría a los futuros problemas fuera de su oficina. El director consideró mi propuesta por unos tres segundos. "¿Cuándo puedes comenzar?", preguntó.

"En ese tiempo yo no tenía idea de lo que era 'ciudadanía digital'", dijo Faltas, "pero supe que no hacer nada no era una opción. Estaba claro que los problemas relacionados con los medios digitales volverían a surgir, y teníamos que ser proactivos más que reactivos. Supe que necesitaba ayuda".[31]

NACE EL CIBERCIVISMO

Faltas me permitió apropiarme de la clase semanal de civismo de la escuela y convertirla en "Cibercivismo", un curso que he estado dando a los estudiantes de educación media desde entonces. Hoy es una serie de tres años de actividades semanales que cubre todo el espectro del alfabetismo digital —ciudadanía digital (el uso seguro y responsable de las herramientas digitales), alfabetismo de la información (cómo encontrar, recuperar, analizar y usar la información en línea) y alfabetismo de los medios para una participación positiva (usando el pensamiento crítico para analizar los mensajes de los medios, incluyendo las *fake news*). Faltas me animó a subir todo el currículo en línea, para que otras escuelas también pudieran usarlo. Al momento de escribir esto, escuelas en más de cuarenta estados de la Unión Americana (y otros cuatro países) enseñan Cibercivismo a sus alumnos, y el programa sigue creciendo. Espero que con este libro, algunas de estas actividades cívicas se abran camino hasta los hogares también.

CIVISMO PARA LA ERA DIGITAL

El civismo, el estudio de la ciudadanía, tiene hoy un significado enteramente nuevo. Vivimos en una era en la que somos tan ciudadanos del mundo en línea como lo somos de nuestra ciudad, estado o país. En una cautivante Plática TED, Eric Lui, fundador de la Citizen University y director ejecutivo del Aspen Institute Citizenship and American Identity Program, define al civismo como "el arte de ser un contribuyente pro-social y solucionador de problemas en una comunidad autogobernada" [32].

Adoro esta definición, y no puedo pensar en comunidades más "autogobernadas" que las que están en línea. ¿Tú sí? Considera las comunidades de los medios sociales donde los jóvenes se encuentran, comparten información y pasan la mayor parte de su tiempo —como Snapchat, Instagram, YouTube y así sucesivamente. Estas comunidades están en su mayor parte vacías de padres, policía cibernética, guardias escolares o incluso reglas que mantengan a sus usuarios alineados o a salvo. Los niños son dejados a sus propios medios para descubrir cómo ser buenos ciudadanos en lugares como estos.

Lui explica también el civismo citando a Bill Gates Sr., padre del fundador de Microsoft, quien dice que el civismo es simplemente "aparecerse para vivir".[33] También me encanta esa descripción, y especialmente las tres cosas que abarca, según Lui:

> Una base de valores.
> Una comprensión de los sistemas que hacen girar al mundo.
> Un conjunto de habilidades que te permiten perseguir tus metas, y que otros se unan en esa búsqueda.

Estas eran tres cosas que yo esperaba lograr a través del Cibercivismo. Al guiar a los niños a través de una serie de discusiones y actividades en torno a un rango de temas relacionados con la tecnología, pensé que, con el tiempo, podríamos lograr esos mismos objetivos. Este enfoque holístico en el "alfabetismo digital" —posiblemente la habilidad más importante que los niños necesitan hoy, dado el tiempo que pasan con la tecnología— consigue un fin importante. Equipa a los niños con superpoderes para mantenerse a salvo y ser increíbles tanto en línea como fuera de ella.

> Alfabetismo digital es más que un conocimiento tecnológico. Incluye una amplia variedad de prácticas éticas, sociales y reflexivas que están contenidas en el trabajo, el aprendizaje, el ocio y la vida diaria.[34]

¡El experimento funciona!

Para mi alivio, a los pocos años de implementar el Cibercivismo en Journey School, lo que le aseguré a Faltas quedó validado. Él me dijo que muy pocos problemas de tecnología llegaban a su oficina, "lo cual es raro para una escuela del siglo XXI". Además de eso, las puntuaciones estandarizadas de las pruebas para estos estudiantes de secundaria estaban al alza, a pesar de las advertencias de que sacrificar tiempo académico valioso para estas clases era un riesgo. En 2015, un artículo en la *District Administration Magazine*, basado en una entrevista con Faltas, señalaba: "En los primeros dos años después de la implementación del Cibercivismo, el Índice de Desempeño Académico de la escuela creció de 766 a 878, el más alto en la historia del plantel". El artículo agregaba: "Sólo se han reportado tres incidentes de mal comportamiento digital o acoso escolar en línea desde 2011, y ninguno ha ocurrido en los últimos dos años".[35]

"No dar a sus hijos estas lecciones es un albur", ha dicho Faltas.

TODOS LOS NIÑOS NECESITAN ESTAS LECCIONES

Enseñar a los niños cómo ser usuarios seguros, considerados y éticos de la tecnología no tiene que —ni puede— ocurrir sólo en un salón de clases, y esa es la razón de este libro. Los padres y cuidadores pueden lograr los mismos fines con sus propios hijos en casa. Es un poco como construir una casa. Primero tienes que poner un cimiento fuerte antes de ayudar a tu hijo o hija a construir una estructura que los mantenga seguros. Entonces pueden disfrutar los beneficios de interactuar con una comunidad más grande. Encontrarás que este libro está organizado de la siguiente manera:

> Parte uno: un cimiento sólido. La casa de tus hijos debe construirse sobre un cimiento sólido, y la parte uno te mostrará dónde comenzar. Las habilidades que cultives mientras tus hijos son jóvenes darán sus frutos conforme crecen.

> Parte dos: una estructura fuerte. El siguiente paso es ayudar a tus hijos a construir una estructura fuerte, compuesta de cuatro sólidos pilares, que resistirán cualquier tormenta que pueda surgir en su camino. Será tan durable y segura como el esfuerzo que ambos pongan en él.

> Parte tres: una comunidad vibrante. Esta es la parte divertida. Con un cimiento sólido y una estructura fuerte en su lugar, la parte tres te mostrará cómo ayudar a tus hijos a conectarse y participar —en forma crítica y confiada— con nuevas comunidades y oportunidades en línea. La meta es que usen las tecnologías digitales para aprender, inspirar, ser inspirados y compartir sus talentos únicos con el mundo.

Para ayudarte con este proyecto de construcción, este libro contiene muchas actividades para realizar con tus hijos, llamadas "Momentos cibercívicos", que ayudarán a tus hijos y a tu familia a construir una relación segura, feliz y saludable con la tecnología.

¿Por dónde comenzar? Por el principio, como yo.

MOMENTOS CIBERCÍVICOS

Cada otoño saludo a una nueva cosecha de niños de sexto grado ansiosos por embarcarse en nuestras lecciones de Cibercivismo. Después de todo, saben que en esta clase van a hablar de lo que ya consume mucho de su tiempo e interés: la tecnología. El primer día comienzo planteando una simple pregunta: cuando piensan en "tecnología", ¿qué pasa por su mente? Los estudiantes responden con entusiasmo nombrando todas las tecnologías que adoran: teléfonos inteligentes, tabletas, consolas de juego, computadoras, laptops, relojes de pulsera inteligentes, etcétera. Rara vez mencionan alguna tecnología inventada antes de la computadora.

Pero las nuevas tecnologías son tan viejas como la humanidad y muchas de ellas alteraron y preocuparon significativamente a las sociedades donde fueron introducidas. Considera una simple pluma. Cuando se inventó este instrumento de escritura, muchos temieron que marcaría el fin de la tradición oral. El gran filósofo Sócrates advirtió que "crearía olvido en las almas de los aprendices, porque no usarían sus memorias".[36]

Muchos siglos después, otra nueva tecnología, la imprenta, causó un revuelo similar. De repente, era posible compartir grandes cantidades de información en forma rápida y económica, y mucha gente pensó que esto era perturbador. El respetado científico suizo Conrad Gessner incluso se preocupó de que este flujo de información sería "confuso y dañino" para la mente.[37]

Eventualmente, los humanos se acostumbraron a escribir y a leer, gracias a Dios, aun cuando las innovaciones tecnológicas que hicieron posibles estas actividades fueron recibidas con aprehensión, resistencia y miedo. Los estudiantes hacen fácilmente la conexión a las tecnologías actuales cuando escuchan estas historias. Sus padres, dicen, tampoco están tan locos por los teléfonos inteligentes.

Ayudar a los niños a entender el impacto social de la tecnología es un importante punto de partida. En un increíble libro que les recomiendo a los padres, titulado *Digital Community, Digital Citizen*

[*Comunidad digital, ciudadano digital*], escrito por Jason Ohler, profesor emérito de tecnología educativa y aprendizaje virtual en la Universidad de Alaska, así como profesor del programa de doctorado en psicología de los medios en la Fielding University, Ohler sugiere retar a los estudiantes a convertirse en lo que él llama "de-tecno-tives" (ver la actividad más abajo). Como estudiante en la Universidad de Toronto, Ohler estudió con el afamado teórico de los medios Marshall McLuhan, quien acuñó la frase "el medio es el mensaje". Ohler recuerda que McLuhan explicaba cómo cada tecnología que fue introducida a lo largo de la historia conecta y desconecta a los humanos entre sí. Aunque las conexiones hacen que las nuevas herramientas sean excitantes (piensa en el teléfono, que finalmente permitió a los usuarios hablar con familiares y amigo lejanos), las desconexiones son aquello acerca de lo cual no nos preocupamos o reconocemos al principio (el teléfono también desplazó a la comunicación cara a cara). Recuerdo a mis propios padres estar molestos con las desconexiones inducidas por nuestro teléfono. No les gustaba cuando mis hermanos y yo hablábamos con los amigos durante la cena, o cuando se suponía que estuviéramos ayudando con las tareas en casa. Como los padres actuales, los míos pensaban que la tecnología estaba desconectando a sus hijos de las cosas importantes.

He realizado la actividad de Ohler cientos de veces, con niños y con adultos. Aunque siempre es divertida con los niños, esta lección es buena para los adultos también, especialmente con los que tienen mayor aversión a la tecnología. Si tú eres uno de ellos, e incluso si no lo eres, pasa algunos momentos realizando con tus hijos la siguiente actividad.

Convierte en un "de-tecno-tive"

Tú y tus hijos pueden usar los siguientes pasos para investigar el impacto de la tecnología en el transcurso de la historia:

1. Piensa en tres nuevas tecnologías, o "herramientas", introducidas en el curso de la historia: el lápiz, el arco y la flecha, el horno de microondas, la radio, la televisión, el automóvil o cualquier otra tecnología.

2. Con tus hijos, piensen en formas en que estas herramientas transformaron a la sociedad, para bien o para mal. Más específicamente, hablen acerca de cómo cada herramienta conectó a las personas entre sí, y cómo las desconectó. Por ejemplo, cuando he desafiado a mis alumnos con esta actividad (usando el arco y la flecha como su "herramienta"), esto es lo que dedujeron: el arco y la flecha conectaron a las personas entre sí porque podían obtener fácilmente más alimento para cocinar y comer juntos. (¡Un estudiante me dijo que cuando Cupido dispara una flecha, hace una conexión amorosa!). Por otra parte, el arco y la flecha desconectaron a las personas porque ahora podían cazar solas. Ya no tenían que formar grupos para atrapar y matar a un gran animal. También, si son usados como arma, el arco y la flecha se convierten en una enorme desconexión.

3. Finalmente, discutan cómo la tecnología actual —específicamente el teléfono inteligente— conecta y desconecta a los usuarios. Tengan una discusión honesta sobre los pros y los contras de esta nueva herramienta.

¿Cómo era la vida antes del teléfono celular?

Esta parece ser una pregunta ridícula, pero la mayoría de los niños de hoy no recuerda un mundo sin teléfonos celulares o dispositivos conectados, pero tú sí. Así que anímalos a usar sus habilidades "de-tecno-tivescas" para descubrir cómo sobreviviste sin lo que hoy parece ser una herramienta indispensable.

Cuando realizo esta actividad con mis estudiantes, adoran compartir los resultados de sus investigaciones. Se sorprenden al descubrir que sus padres cargaban cambio en sus bolsillos para usar un teléfono de paga, o que jugaban con sus amigos después de la escuela en la vida real, sin necesidad de medios sociales. Algunos alumnos vienen a clase con un viejo teléfono plegable, o incluso un teléfono de tabique, que un padre encontró olvidado en un cajón en casa. Sus compañeros de clase se entusiasman tanto al ver estas reliquias que podrías pensar que han excavado un hueso de dinosaurio en el patio de la escuela.

También puedes hacer esto en casa

1. Pide a tu hijo o hija que te entreviste (o a un abuelo o un familiar mayor) para descubrir cómo era la vida antes del teléfono celular. Asegúrate de responder estas preguntas:

> ¿Cómo te iba sin él?
> ¿Tuviste una de las primeras versiones de un teléfono celular? Si así fue, ¿cómo era?
> ¿Piensas que tener un teléfono celular hace tu vida mejor o peor?

2. Habla con tu hijo o hija acerca de las innovaciones digitales de las que has sido testigo en tu tiempo de vida, y cómo pueden haber cambiado tu vida, para bien o para mal.

Entender la ciudadanía

Hoy en día, cada niño usará tecnología para conectarse con los demás en todo tipo de nuevas formas, convirtiéndose en un "ciudadano" de comunidades en línea de las que tú puedes o no saber. Entender cómo ser un buen miembro de la comunidad fuera de línea es bastante fácil, porque el mundo real está gobernado por reglas, leyes y normas establecidas con el tiempo, pero ese no es el caso en línea. Muchas comunidades en línea carecen de reglas, leyes y normas, y si las hay, a veces son difíciles de entender para los niños (piensa en las restricciones de edad enterradas en los "términos de uso" de la mayoría de los juegos o los sitios de redes sociales). Además, ¿a quién le importa que se rompan las reglas en línea?

Por eso es importante introducir a la gente joven a los cinco "temas de ciudadanía".[38] Diles que todo buen ciudadano —en línea y fuera de ella— debe demostrar los siguientes rasgos:

> Honestidad. Sé auténtico y justo. Los buenos ciudadanos deben ser honestos con los demás y consigo mismos.
> Compasión. Demuestra que la gente te importa, y muestra reverencia por los seres vivos. La compasión dota a los ciudadanos con un vínculo emocional con su mundo.
> Respeto. Muestra respeto o consideración por los demás, e incluso hacia las cosas inanimadas o las ideas. Los buenos ciudadanos deben tener respeto por las leyes y reverencia por todos los seres vivientes.
> Responsabilidad. Sé una persona que responde y con la que se puede contar. Los ciudadanos deben reconocer que sus acciones tienen efectos, positivos o negativos, en los demás.
> Valentía. Haz lo correcto aun cuando sea poco popular, difícil o peligroso. A lo largo de la historia, mucha gente ha demostrado una gran valentía, como Martin Luther King Jr., Susan B. Anthony y Mahatma Gandhi.

A muchos niños nunca se les ocurre que estos principios de ciudadanía deben aplicarse en línea y eso está muy mal, porque ayudarían a que internet fuera un lugar más seguro y amable. Tal como jugar un juego de futbol soccer sin reglas ni árbitro no sería divertido para nadie, un mundo en línea que carece de las reglas o principios básicos termina siendo un engorro para casi todo el mundo también.

Muchos buenos niños piensan que pueden actuar totalmente distinto cuando están en línea que en la vida real. Aquí hay un ejemplo: si yo estuviera en tu casa y le preguntara su edad a tu hija de nueve años, probablemente obtendría la verdad. Eso probablemente se deba a que tu hija sabe que tiene la responsabilidad de ser honesta y respetuosa. Esa es la forma en que la gente actúa en la vida real; es lo que tú y otros adultos ejemplifican y lo que la mayoría de los niños han aprendido.

Considera este mismo escenario, pero en línea. Digamos que tu hijo quiere abrir una cuenta en Snapchat. A lo mejor "todos sus amigos" tienen una cuenta, y él sólo quiere una. Aunque Snapchat, como la mayoría de las redes sociales, requiere que los usuarios tengan al menos trece años de edad, todo lo que los niños tienen que hacer es ingresar una fecha de nacimiento falsa, y *presto*, ya tienen una cuenta. La mayoría no lo piensa dos veces en ignorar el primer tema de la ciudadanía, la honestidad, cuando está en línea. Si yo tuviera diez centavos por cada vez que un joven alumno me ha dicho: "A nadie le importa si mientes acerca de tu edad en línea", sería dueña de una isla en el Caribe. Pero a mí me importa, les digo, y aventúrate a decirlo tú también. No creo que la honestidad (o la compasión, el respeto, la responsabilidad y la valentía) sean principios que cualquiera desee lanzar por la ventana.

Esta actividad puede ayudar a tus hijos a descubrir cómo ser los mismos buenos ciudadanos en línea que esperas que sean fuera de línea. Haz lo siguiente:

1. Explícales los principios de la ciudadanía. Diles que, en el mundo fuera de línea, estos rasgos suelen esperarse de los buenos ciudadanos. Son normas que las civilizaciones han establecido con el tiempo.

2. Habla con tus hijos acerca de las comunidades fuera de línea a las que pertenecen: equipos deportivos, salón de clases, ciudad, estado, país, incluso familia. Pídeles que te digan cómo podrían demostrar estos principios de ciudadanía en una de estas comunidades. Asegúrate de discutir cómo serían las cosas si estas comunidades *no* siguieran estos principios.

3. Habla con tus hijos sobre las comunidades en línea a las que ellos, o tú, pertenecen: una red social o una comunidad de

juegos, por ejemplo. Pregúntales cómo podrían demostrarse los principios de ciudadanía en una de estas comunidades. Asegúrate de pedirles que te digan cómo sería si estas comunidades no siguieran (o no siguen) estos mismos principios.

Cada año, pido a los estudiantes que escriban una oración, o hagan un dibujo, describiendo cómo se ejemplifica cada rasgo de ciudadanía en una comunidad fuera de línea a la que pertenecen. El año pasado, un estudiante de sexto grado, Blake Hirst, irrumpió en el salón blandiendo todo un ensayo que había escrito, ansioso de compartirlo con la clase. Esto es lo que escribió:

Me dijeron que tenía que reportar cómo demuestra ciudadanía una comunidad a la que pertenezca, así que elegí la comunidad de mi salón de clases. ¡Espero que lo disfruten!

> Honestidad: supón que hay dos exámenes de matemáticas distintos y no tienen escritos los nombres. Tu maestra te pregunta cuál de los dos es tuyo. Uno tiene una mejor calificación y el otro no. El que tiene mala calificación es el tuyo. Así que, ¿dices que el que tiene la buena calificación es tuyo, o no? Muy probablemente serás honesto y admitirás que sacaste la nota más baja. Eso es honestidad.

> Compasión: esto puede significar ayudar a alguien cuando está en un momento de necesidad. A veces en mi escuela tenemos un "Campus compasivo", en donde hacemos algo como limpiar o escribir cartas amables a nuestros maestros. Esto es una pequeña muestra de lo que es la compasión.

> Respeto: el respeto es un valor que todo el mundo *debería* tener. Respeto, por ejemplo, es no hablar cuando no te toque en clase, o no decir cosas malas de una persona cuando ella no está. Creo que todo el mundo se beneficiaría de mostrar más respeto uno por el otro.

> Responsabilidad: digamos que llegas tarde a clase en la escuela, y fue tu culpa porque estabas ahí afuera jugando

basquetbol. Eso es irresponsable, ¿correcto? Responsabilidad significaría que dejaras de jugar basquetbol y regresaras a clase cuando suena la campana.

> Valentía: a lo mejor estás en la escuela y alguien está fastidiando a uno de tus amigos o a alguien que no es muy popular así que tú los defiendes. Ese es un ejemplo de valentía. Aun si eres tú de quien se están burlando, muestra valentía no regresarles la burla. La valentía es una de las cosas más esenciales que un ciudadano debe tener.

Bueno, este es mi reporte sobre ciudadanía, y espero que hayas aprendido algo de él y te hayas divertido leyéndolo.

UN CIMIENTO SÓLIDO

CAPÍTULO UNO

El comienzo de un viaje digital

> Lo que más necesitamos es una app que recuerde
> a los padres que deben hacer a un lado sus propias
> pantallas en casa y pasar tiempo real y cara a cara
> con sus hijos.
>
> —MARY AIKEN, *The Cyber Effect*[1]

Cuando un precioso recién nacido entra en el mundo, puede ser que haya un teléfono inteligente en la sala de partos para capturar la primera foto. Esa imagen puede terminar en Facebook o Instagram, o ser enviada como mensaje de texto a una tía, tío o abuelo, quien puede compartirla en sus redes sociales. Así, ese pequeño infante se convierte en ciudadano de un mundo digital.

El trabajo de ayudar a ese pequeño ciudadano digital a construir un cimiento sólido que resistirá los tiempos inciertos y las arenas movedizas de la era digital comienza en forma temprana. La familia y los amigos están construyendo las vidas digitales de los niños y estos tienen un acceso sin precedentes a los dispositivos móviles, a edades cada vez más jóvenes. En Estados Unidos, casi todos los niños de ocho años y menores (98%) viven en un hogar en donde hay algún tipo de dispositivo móvil y casi la mitad (42%) tiene su propia tableta. El uso de los dispositivos móviles para los niños de ese rango de edad se triplicó entre 2011 y 2017 —de sólo cinco minutos al día a cuarenta y ocho minutos diarios— y una tercera parte de su tiempo de pantalla total se pasa usando dispositivos móviles.[2] Aún más impactante es que 44% de los niños menores a un año usan dispositivos móviles *todos los días*. Para cuando llegan a los dos años, ese porcentaje salta a 77%.[3]

Puedes ver evidencia de esto dondequiera que mires —niños pequeños en autos, restaurantes y otros lugares públicos con sus diminutas cabezas inclinadas sobre la pantalla resplandeciente de un teléfono inteligente o una tableta. Incluso hay un nombre para esta postura. El quiropráctico Dean Fisham acuñó el término "cuello de texto" en 2008, mientras examinaba a un joven paciente que se quejaba de dolores en el cuello y en la cabeza.[4] El "cuello de texto" es el resultado de inclinar la cabeza sobre un dispositivo móvil. El jalón gravitacional en la cabeza, que puede pesar entre 4.5 y 5.4 kilogramos, y el estrés que esto aplica en el cuello, pueden conducir a una pérdida progresiva de la curvatura de la columna vertebral.

Veo a niños pequeños con el "cuello de texto" todo el tiempo. Recientemente, mientras andaba en bicicleta por la costa de California en una deslumbrante mañana de invierno, conté a cinco niños en sus carriolas, todos inclinados sobre un dispositivo electrónico y completamente indiferentes a las gaviotas que peleaban ruidosamente por un trozo de basura, los surfistas vigilando las olas, el camión rojo brillante del salvavidas que pasaba, y los pelícanos volando al ras de la superficie del agua. Cinco niños se perdieron todo esto y más porque su atención estaba encerrada en sus pantallas.

LA MEJOR NIÑERA DEL MUNDO

Las herramientas móviles *son* excelentes niñeras. Pueden calmar a un niño agitado o mantener ocupados a los que son muy inquietos, para que un padre o madre ocupados puedan hacer la cena, revisar su correo electrónico o incluso salir a dar esa corrida que tanto necesitan. Un estudio de 2014 en niños de seis meses a cuatro años en una comunidad urbana de minorías de bajos ingresos en Filadelfia reveló que casi todos tenían acceso a dispositivos que sus padres usaban liberalmente como "niñeras" —cuando los padres hacían las tareas en casa (70%), para mantener a los niños calmados en público (65%), haciendo mandados (58%) y a la hora de dormir (28%).[5] La crianza es un trabajo implacable y, para muchos, tener a alguien que cuide a los niños es un lujo que no pueden costear. Además, con más de ochenta mil aplicaciones y juegos clasificados como "basados en la educación y el aprendizaje", se puede razonar que estos chiquillos deben de estar aprendiendo algo.[6] La categoría prescolar/niños pequeños en la App Store de Apple es la más popular, al representar 72% de las principales aplicaciones pagadas.[7] ¿Qué daño pueden hacer?

Esa es la cosa. No lo sabemos. Después de todo, el iPad ni siquiera tiene diez años de edad; es un bebé en términos de investigación científica. Incluso los niños que lo usaron cuando tenían dos o tres años son apenas jóvenes adolescentes hoy en día, así que los datos definitivos sobre el impacto del iPad sobre los jóvenes siguen pendientes.[8]

Como lo expresa una extensa revisión de la literatura publicada por UNICEF a finales de 2017: "la investigación en esta área sigue sufriendo de debilidad teórica y metodológica, que hace que la evidencia recolectada hasta ahora sea poco confiable y no concluyente".[9] El impacto a largo plazo del fenómeno de corto plazo de las tabletas, los teléfonos inteligentes y otros dispositivos móviles que han surgido en el pasado reciente es desconocido. Eso hace que los niños sean los conejillos de Indias de nuestro gran experimento.

Le pregunté sobre esto a la Dra. Pamela Hurst-Della Pietra. Ella es fundadora y presidenta de Children and Screens: Institute of Digital Media and Child Development, una organización sin fines de lucro que trabaja para estimular el diálogo acerca del impacto de los medios digitales, en los niños muy pequeños, los niños más grandes y los adolescentes. Esta organización nacional de investigación interdisciplinaria reúne expertos en medicina, ciencias sociales, neurociencia, educación y otros campos para abordar tres preguntas vitales sobre los niños y la tecnología:

1. ¿En qué forma la tecnología está mejorando o dificultando la habilidad de los niños para llevar vidas felices, saludables y productivas?
2. ¿En qué forma los años de interacciones mediadas electrónicamente están moldeando el desarrollo físico, cognitivo, emocional y social de los niños?
3. ¿Qué debemos hacer respecto a eso?

"Los padres deben entender que todo esto es muy nuevo y todavía no contamos con muchos estudios definitivos", me dijo Hurst Della-Pietra. "Mientras tanto, ha habido un inmenso cambio en la accesibilidad; ahora puedes llevar esos dispositivos a cualquier lugar. Aunque hay algunos beneficios increíbles —hablar por Skype con nuestros seres queridos, por ejemplo—, también hay riesgos y no los entendemos completamente. Pero sí sabemos que hay hitos en el desarrollo a los cuales los niños pequeños deben llegar para alcanzar sus plenas potencialidades".[10]

AYUDAR A LOS NIÑOS A ALCANZAR TODO SU POTENCIAL EN UN MUNDO LLENO DE PANTALLAS

En todo el mundo, los niños y adolescentes representan aproximadamente uno de cada tres usuarios de internet, pero la tecnología que usan no fue diseñada teniendo en mente sus necesidades de desarrollo.[11] Aunque poco se sabe acerca del impacto a largo plazo de los dispositivos actuales en un niño pequeño, se sabe mucho acerca del desarrollo saludable en la infancia.

Los niños requieren ricas experiencias multidimensionales en un mundo real y tridimensional. Necesitan oportunidades de exploración física e interacción humana con adultos amorosos.[12] Progresan cuando se les lee, se les habla, se juega con ellos y cuando juegan con otros niños en la vida real.[13] Se benefician de estar en contacto con la naturaleza.[14] Una pantalla —sin importar si es un televisor, una tableta, un teléfono inteligente, una consola de juegos, una computadora o incluso un juguete conectado a internet— no puede dar las mismas experiencias que el mundo real.

Un rápido vistazo a la cuestión explica *por qué* los bebés necesitan estas experiencias con el mundo real. Un recién nacido tiene trillones de células cerebrales, o neuronas, esperando a ser llamadas a la acción. Cada una de estas minúsculas células cerebrales cuenta con unas 2 500 sinapsis —conexiones que pasan las señales entre estas neuronas. Cuando las señales eléctricas pasan entre las neuronas, estas sinapsis se estimulan. Como los senderos que unen a pueblos remotos, cada vez que son usadas o estimuladas, mejoran y los pueblos remotos cobran vida. Cada experiencia que tiene un bebé, a partir del nacimiento, estimula estas conexiones y las experiencias repetidas las fortalecen, moldeando el comportamiento del niño durante los años por venir.

Igual de importante que las experiencias de la vida real que tienen los niños pequeños son las que *no* tienen, porque estas también influyen en el desarrollo del cerebro. Las neuronas que no se usan —o las conexiones sinápticas que no se repiten— son "podadas", mientras que las conexiones restantes se fortalecen.[15] Entonces las sinapsis estimuladas se entrelazan y forman el cimiento permanente sobre el cual se construyen las futuras funciones cognitivas del niño.

Aunque los cerebros infantiles continúan formando estas conexiones o "el intrincado tapiz de la mente", hasta mediados de sus veinte años, gran parte del trabajo crítico ocurre entre el nacimiento y los tres años.[16] Este es un periodo de desarrollo extremadamente sensible, cuando los niños necesitan experiencias específicas y tienden el fundamento para todas sus futuras relaciones —en línea y fuera de ella.

TODO LO QUE NECESITAN ES AMOR

Un tipo específico de estimulación que los bebés necesitan es la mirada amorosa de sus padres o del cuidador. La ausencia de estímulos transmitidos a través de las expresiones faciales y el contacto visual puede tener consecuencias desastrosas. En *The Cyber Effect* [*El ciberefecto*], la autora y ciberpsicóloga Dra. Mary Aiken escribe: "Muchos experimentos durante el siglo pasado han demostrado los efectos catastróficos de la deprivación sensorial o social durante este periodo crítico de la infancia temprana, y los subsecuentes efectos en el desarrollo tardío".[17]

¿Qué le ocurre a un infante cuyos padres pasan más tiempo mirando amorosamente a sus teléfonos inteligentes que a él? Aiken sugiere que, con el tiempo, estos bebés son menos capaces de interactuar cara a cara, menos propensos a formar vínculos profundos y menos capaces de sentir o dar amor.

Aun cuando los estudiantes de secundaria que son mis alumnos están a años de distancia de ser bebés, parecen seguir anhelando la mirada atenta de un padre, una madre o un cuidador. A menudo se quejan de qué horrible se siente estar jugando basquetbol o estar a la mitad de un recital de danza, sólo para ver a su padre o madre mirando su teléfono. "Apesta", me ha dicho más de un preadolescente. Aunque esto es triste, la idea de que un infante no obtenga la atención adecuada es todavía peor. Las implicaciones a largo plazo de una generación entera de niños que no están recibiendo el tiempo real, cara a cara que necesitan por parte de amorosos cuidadores todavía están por verse.

Las pantallas también les roban a los niños tiempo para hablar, jugar, interactuar con sus padres y sus amigos, participar en actividades creativas, y así sucesivamente. Obviamente, cuando están mirando sus teléfonos y computadoras, los padres hablan y juegan menos con sus hijos. Y si los niños están con sus propios dispositivos, lo que parece ser cada vez más frecuente, entonces no están hablando ni conviviendo con sus padres o con otros niños.

La Dra. Jenny Radesky, una pediatra de desarrollo conductual y madre de dos niños pequeños, quería encontrar qué tan común era que los adultos usaran dispositivos móviles cuando estaban con los niños, así que realizó lo que desde entonces se convirtió en un estudio ampliamente citado.[18] Ella y sus investigadores observaron subrepticiamente a cincuenta y cinco cuidadores, usualmente uno de los padres, con uno o más niños, en restaurantes de comida rápida en los alrededores del área de Boston. De los cincuenta y cinco adultos que observaron, cuarenta usaron un dispositivo móvil durante la comida. Dieciséis usaron su dispositivo móvil todo el tiempo que duró la comida. Los investigadores notaron que sus hijos, menores a diez años, trataban de llamar la atención de los adultos que usaban el teléfono en formas que iban escalando; aunque los adultos solían ignorar al principio las acciones de los niños, eventualmente respondían en tono de regaño, al parecer insensibles a las necesidades de sus hijos. A la fecha, ningún estudio extenso y meticuloso ha medido el impacto a largo plazo de los niños que son ignorados por cuidadores tan intensamente absortos en sus dispositivos.

Pero considera el "experimento de la cara inmóvil" realizado por el psicólogo del desarrollo Dr. Edward Tronick en 1975, mucho antes de que los dispositivos móviles distrajeran a los padres de sus hijos.[19] Este experimento era simple: se pidió a las madres y a sus bebés de seis meses de edad que participaran en un juego normal y animado que incluía imitar las expresiones faciales del otro. Entonces se instruyó a las madres que de pronto hicieran que sus expresiones faciales se quedaran completamente "inmóviles" o inexpresivas durante tres minutos. Al principio, los bebés trataron ansiosamente de reconectarse con sus madres, pero si la madre seguía inmóvil, el bebé mostraba signos de confusión y ansiedad aún más intensos y finalmente se alejaba, con un aspecto triste y desesperanzado.

Este hallazgo que se replicaba comúnmente en la psicología del desarrollo demostró que los infantes encuentran que la falta de contacto cara a cara es más perturbadora que otras violaciones a las interacciones sociales normales. Incluso los adultos cuyas parejas adquieren una "cara inmóvil" mientras se vuelven hacia sus teléfonos en vez de a sus peticiones de conexión emocional sienten que esto es angustiante. Michele Weiner-Davis, de una organización llamada Divorce Busting, escribe: "Cada vez que tú te alejas de tu cónyuge o él o ella se alejan de ti, sea que lo demuestres o no, tu respuesta no es muy diferente a la del bebé".[20]

En resumen, los niños pequeños —y resulta también que las personas casadas— anhelan la auténtica interacción humana. Así que, si tú o tus hijos pequeños están pasando más tiempo mirando los dispositivos que mirándose uno al otro, es probable que haya rutas neurales críticas que no están siendo adecuadamente estimuladas, lo cual pone en riesgo el desarrollo de importantes cualidades humanas de establecimiento de relaciones. Como lo expresa Aiken:

> Las necesidades de un bebé no son de alta tecnología... se ha demostrado que la tecnología es menos que benéfica para el desarrollo saludable [de los bebés]. Hasta ahora, ninguna aplicación o dispositivo electrónico puede reemplazar el abrazar, hablar, reír, jugar un juego tonto, tomarse de las manos o leerle un libro a tu hijo. No dudo de que algún día los desarrolladores y diseñadores tecnológicos crearán aplicaciones que realmente mejoren el aprendizaje de los bebés y los niños pequeños, y entonces cambiará el valor educativo de las pantallas. Hasta entonces, lo que más necesitamos es una aplicación que les recuerde a los padres que tienen que hacer a un lado sus propias pantallas en casa y pasar tiempo real y cara a cara con sus hijos.[21]

¡PERO LAS PANTALLAS SON EMOCIONANTES!

Aunque darle una pantalla a un niño que llora puede tener efectos calmantes inmediatos, el impacto a largo plazo para ti y para el niño puede ser lo opuesto de aquello por lo que apostaste.

La Dra. Pamela Hurst-Della-Pietra se preocupa de que los dispositivos móviles estén siendo usados como "pacificadores digitales", como ella los llama. "Cuando los padres hacen esto", dice, "los bebés y los niños pequeños no están aprendiendo cómo calmarse a sí mismos, y eso es realmente, realmente importante". Ella sugiere dar a los niños "actividades que promuevan el descubrimiento y el asombro. Los juguetes tradicionales, como los cubos, han sido probados con el tiempo, y sabemos que tienen múltiples beneficios para los niños pequeños. Tampoco es malo dar a los niños la oportunidad de aburrirse".[22]

Permitir que los niños experimenten el aburrimiento se está volviendo cada vez más difícil en un mundo digital que compite arrojadamente por su atención. ¡Después de todo, mucho de lo que los niños ven y hacen en las pantallas es emocionante! Los rápidos cambios de escena y las historias fantásticas hacen que la vida real parezca opaca y aburrida en comparación. La desventaja de capitular a las solicitudes de tus hijos por entretenimiento digital es que su habilidad para prestar atención y concentrarse puede ser afectada adversamente por la sobre-estimulación durante importantes ventanas de desarrollo, en especial en la infancia temprana.[23]

En 2015, asistí a una de las reuniones de Hurst-Della Pietra con investigadores y científicos en UC Irvine. Durante una convincente presentación acerca de su investigación sobre el impacto de la tecnología en los niños pequeños, el Dr. Dimitri Christakis, director del *Center for Child Health, Behavior, and Development* en el *Seattle Children's Hospital*, compartió esto: mientras más televisión vea un niño entre las edades de uno y tres años, mayor es la probabilidad de que ese niño desarrolle problemas de atención para cuando cumpla siete. Por cada hora de televisión vista por día, el riesgo de problemas de atención aumentó en casi 10%. Y al contrario, mientras más estimulación cognitiva reciba un niño antes de los tres años (p. ej., que un cuidador le lea o le hable), menores serán las probabilidades de que desarrolle problemas de atención.[24]

Los sensibles cerebros jóvenes muestran efectos inmediatos de la sobreestimulación por la televisión, también. Los investigadores de la Universidad de Virginia descubrieron que los prescolares que veían tan sólo nueve minutos de una caricatura de ritmo rápido se desempeñaron significativamente peor en tareas que requerían atención que los niños que pasaban veinte minutos dibujando.[25]

Aunque ambos estudios involucraron a la televisión y no a las tecnologías interactivas actuales, los estudios sobre la televisión y el video siguen siendo lo mejor que tenemos para continuar tratando de descubrir lo que las nuevas pantallas pueden estarle haciendo a las jóvenes mentes.

LO QUE SÍ SE SABE ACERCA DE LA TV, EL VIDEO Y LOS NIÑOS PEQUEÑOS

Para los niños que tienen dos años o menos, los efectos de las pantallas han sido negativos en su mayoría, particularmente con respecto a dos importantes componentes del desarrollo saludable: el desarrollo del lenguaje y la función ejecutiva.[26]

Veamos primero el desarrollo del lenguaje. Numerosos estudios han demostrado que los videos y la televisión son ineficaces para ayudar a los niños menores de dos años a obtener esas habilidades. Un estudio de niños entre doce y dieciocho meses fue diseñado para determinar si podían aprender veinticinco nuevas palabras más efectivamente a través de una pantalla o de la interacción con un humano en vivo. Un grupo vio un DVD que contenía las nuevas palabras varias veces por semana durante cuatro semanas; el otro grupo fue introducido a las palabras por padres que las usaron en sus interacciones diarias. ¿El resultado? Los niños que aprendieron más palabras fueron aquellos que las escucharon de sus padres.[27] Este estudio, y muchos estudios similares más, demuestran que la mejor forma en que un bebé aprenda a hablar es a través de la interacción en vivo con seres humanos.

El lenguaje no es la única cosa que les cuesta a los niños pequeños aprender de una pantalla. En otro estudio, se mostró a un grupo de niños de doce a dieciocho meses una secuencia de movimientos de varios pasos en una pantalla, mientras que un adulto enseñó los mismos movimientos a un segundo grupo de pequeños. Los niños enseñados por el adulto aprendieron mejor la rutina. Desde entonces, este fenómeno se ha conocido como el "déficit de transferencia".[28] Los científicos piensan que la raíz del déficit de transferencia es que los niños menores a dos años no tienen las habilidades de pensamiento simbólico necesarias para entender que lo que está en la pantalla es un símbolo de lo real.[29]

Pero está emergiendo un cuerpo de investigación sobre las nuevas tecnologías interactivas, que sugiere que su impacto en los niños pequeños puede ser distinto al de la TV y el video. Recientemente, los investigadores descubrieron que los niños entre los doce y los veinticuatro meses de edad que participaron en un videochat diario (piensa en Skype) con el mismo compañero en el transcurso de una semana no solamente aprendieron nuevas palabras a través de estos intercambios interactivos, sino que también crearon y mantuvieron vínculos sociales.[30] Aunque este estudio no incluyó un grupo de interacción en vivo para fines de comparación, es importante tener en mente que, para muchas familias, las interacciones en vivo con abuelos u otros familiares distantes es imposible. Es maravilloso tener evidencia de que usar las pantallas para conectar a los seres queridos tiene beneficios positivos, aun para niños muy pequeños.

PREPARAR A LOS NIÑOS PARA LA ESCUELA

De todos los posibles efectos que las pantallas pueden tener en las jóvenes mentes, pienso que la que pide un escrutinio más minucioso es cualquier efecto que pudieran tener en la función ejecutiva.

En caso de que no estés familiarizado con el término, la función ejecutiva se considera comúnmente como el director general del cerebro. Está a cargo de asegurarse de que podamos concentrarnos en retener y trabajar con la información en nuestras mentes, filtrar las distracciones y cambiar de velocidad.[31] Cuando los niños tienen problemas con la función ejecutiva, cualquier tarea que requiera planeación, memoria, organización o gestión del tiempo se convierte en un reto. La función ejecutiva se vuelve cada vez más importante a medida que los niños se abren camino en la escuela y tienen que poner atención en clase, rastrear su trabajo, completar la tarea y aplicar material previamente aprendido a sus estudios actuales.

La función ejecutiva es una capacidad esencial que los niños deben desarrollar. De acuerdo con un informe de la Universidad de Harvard: "Adquirir los primeros bloques de estas habilidades es una de las tareas más importantes y desafiantes de los primeros años de la infancia. La fortaleza [de la función ejecutiva] es crucial para el desarrollo saludable a través de la infancia, la adolescencia y la adultez temprana".[32]

Aunque hay una considerable preocupación de que la exposición a las pantallas pueda tener una influencia negativa en el desarrollo de la función ejecutiva, la investigación de esta cuestión ha producido resultados mixtos.[33] Pero sí sabemos esto: el Trastorno de Déficit de Atención e Hiperactividad (TDAH) —que algunos investigadores piensan que es un déficit de la función ejecutiva— está a la alza.[34] De acuerdo con los Centros de Control y Prevención de Enfermedades (CDC), tan sólo en Estados Unidos:

> Uno de cada diez niños entre los cuatro y los diecisiete años de edad ha sido diagnosticado con TDAH.
> El número de niños pequeños (edades de dos a cinco años) con TDAH aumentó en más de 50% entre 2007 y 2012.
> El porcentaje de niños con un diagnóstico de TDAH siguió aumentando, de 7.8% en 2003 a 9.5% en 2007, y a 11.1% en 2011-2012.[35]

No existe un consenso sobre lo que está causando este alarmante incremento del TDAH. ¿Hay más consciencia sobre el trastorno? ¿El diagnóstico es más temprano? ¿Un aumento en el tiempo de pantalla? Muchos le echan la culpa al tiempo de pantalla, señalando estudios que muestran una correlación (aunque no necesariamente una causalidad). Lesley Alderman, que reportó sobre este problema en *Everyday Health*, escribió: "Un estudio reciente evaluó los hábitos de consumo audiovisual de 1 323 niños de tercero, cuarto y quinto grados durante trece meses, y descubrió que lo niños que pasaban más de dos horas diarias frente a una pantalla, ya fuera con videojuegos o viendo TV, eran 1.6 a 2.1 veces más propensos a tener problemas de atención".[36]

A medida que se propaga el acalorado debate de si demasiado tiempo de pantalla está causando falta de atención en la escuela o en cualquier otra parte, el Dr. Nicholas Kardaras, uno de los principales expertos en adicción en Estados Unidos, escribe en *Glow Kids: How Screen Addiction Is Hijacking Our Kids-And How to Break the Trance* [*Niños resplandecientes: cómo la adicción a las pantallas está secuestrando a nuestros niños y cómo romper el trance*], que él "tendría varios argumentos para inclinar la balanza hacia la causalidad más que a la correlación —lo cual significa que las pantallas realmente están causando trastornos de atención".[37]

¿LAS PANTALLAS DIFICULTAN QUE LOS NIÑOS SE CONCENTREN EN LA ESCUELA?

He convertido en un hábito el preguntar a los educadores si piensan que la tecnología contribuye a la falta de atención en el salón de clases. Shelley Glaze-Kelley, directora educativa de Journey School, es una de ellos. Durante las últimas dos décadas, ha sido maestra o directora y, por lo tanto, ha pasado mucho tiempo en diversos salones de clase. Glaze-Kelley y yo hemos enseñado juntas el Cibercivismo, así que he tenido la oportunidad de ver cómo se iluminan los niños cuando ella entra al salón; saben que ella está por entretenerlos con una historia divertida o con un baile improvisado. Es difícil imaginar que ella a veces tiene que luchar por mantener la atención de un aula llena de niños, y sin embargo me dice: "La diferencia más grande que he visto en los estudiantes es una falta de concentración y la cantidad de tiempo en que un alumno puede permanecer concentrado. Hace diez años, cuando era maestra de cuarto grado, solía tener clases que duraban cuarenta y cinco minutos. Pero hoy, cuando trabajo con los niños de cuarto grado, encuentro que sólo pueden prestar atención durante, digamos, quince a veinte minutos antes de necesitar hacer una transición a un juego, una conversación marginal u otra actividad. Sus periodos de atención simplemente no son los mismos".[38]

Ella piensa que este es el mayor reto que la educación enfrenta hoy en día. "Estamos lidiando con niños que están tan estimulados, y tan acostumbrados a ver algo por cinco minutos y después algo más por cinco minutos y después 'bueno, si eso no me gusta, puedo cambiar y obtener algo más'. Los educadores no pueden competir con esas experiencias. Así que los estudiantes pierden interés principalmente debido a sus periodos de atención, lo cual es extremadamente desafortunado y difícil de arreglar para un maestro. Se ha convertido en un reto mayor en los salones de clases de hoy."[39]

A mí también me parece desafiante. Hoy en día, un pequeño *latte* de Peet's Coffee ya no me sostiene durante las cuatro clases seguidas que doy los lunes en Journey School. Se necesita un gran expreso con un *shot* extra y, a veces, ni siquiera esa cantidad de cafeína resulta suficiente para catapultar mis niveles de energía a la misma estratósfera que mis alumnos. ¿Qué los tiene tan amplificados? Juzgando por sus charlas, son los videojuegos que están jugando, los códigos que están aprendiendo, los videos de YouTube que están mirando, las fotografías que están tomando y publicando, y el chat de grupo en el que están participando. Mientras que los adultos se preocupan de que los niños no puedan concentrarse en clase, esos mismos niños parecen ser bastante condenadamente capaces de concentrar su atención en las cosas que hacen en línea.

Y es lo mismo en cada escuela que visito, grandes y pequeñas, públicas y privadas, las que tienen las políticas de medios más estrictas y las que tienen una actitud de *laissez-faire* [dejar hacer] con respecto al uso de la tecnología. En todas partes, los niños están entusiasmados con la tecnología y ansiosos de hablar de ella. Incluso las familias que hacen lo posible para mantener a sus niños pequeños libres de tecnología los están criando en un mundo donde la tecnología domina nuestros espacios y conversaciones, y eso no va a cambiar. Pero Glaze-Kelley tiene razón: este cambio cultural *está* haciendo más difícil para todo el mundo sobrevivir en la escuela. De alguna forma, tenemos que ayudar a que los niños obtengan las habilidades que necesitan para tener éxito en línea y fuera de ella.

Este trabajo debe comenzar cuando tienes pequeños en casa y puedes ejercer una forma de control sobre su día. Ten en cuenta el impacto potencial de las pantallas sobre sus habilidades sociales, el desarrollo de su lenguaje y sus capacidades para prestar atención. Este es el trabajo fundamental que debes hacer mientras tienes oportunidad. Te será retribuido en abundancia a medida que crezcan y su entusiasmo por todas las cosas tecnológicas pegue de lleno.

Como lo expresa la Dra. Pamela Hurst-Della Petra: "No estoy diciendo que no haya lugar para la tecnología. Puede ser enormemente benéfica, pero también plantea inmensos retos. Depende de nosotros entender cuáles son esos riesgos y mitigarlos".[40]

MAXIMIZAR EL BENEFICIO, MITIGAR EL RIESGO

A menos que planees criar a tus hijos en bolsas de papel seguramente amarradas sobre sus jóvenes cabezas, es inevitable que se topen con pantallas —probablemente interactivas— a medida que crecen. Y tan determinado como puedas estar a proteger a tus hijos menores contra ellas, esta es una tarea imposible hoy en día.

"Soy muy pragmático en estas cosas", dice David Kleeman. "Las familias hacen lo que tienen que hacer para que sus vidas funcionen."[41] Kleeman, quien se describe a sí mismo como un experto itinerante en los medios para niños, es el vicepresidente sénior de tendencias globales en Dubit, una consultoría en estrategia e investigación y estudio digital ubicado en el Reino Unido. Ha liderado la industria de medios en el desarrollo de prácticas sustentables y amigables para los niños por más de tres décadas, y por lo tanto ha observado a las familias luchar con este problema durante mucho tiempo.

"Entre las edades cero y dos, un niño no necesita dispositivos; simplemente no va a obtener nada de ellos que vaya a ser crucial más tarde en su vida." Sin embargo, Kleeman me dijo que le preocupa que se haga sentir culpables a los padres por exponer a sus hijos pequeños a las pantallas.

Mientras hablábamos, recordé una presentación que di en una escuela que era estrictamente libre de tecnología. Una joven madre levantó su mano para preguntar si yo creía que estaba bien que dejara que su hija de dos años viera un programa para niños en su iPad mientras ella hacía la cena. "Yo estoy con mi hija todo el día, y para las cinco de la tarde estoy exhausta. A veces tan sólo necesito algunos minutos para hacer algo." Aunque yo estaba ahí para apoyar la política de "cero pantallas para los ojos infantiles" de la escuela, en este caso no pude hacerlo. Recordé todas las veces en que estuve completamente exhausta también, con un marido fuera de la ciudad y dos pequeñas niñas rogando ser entretenidas mientras yo trataba de cocinar la cena. Gracias a Dios por Steve Burns, el atractivo anfitrión de *Blue's Clues*, el programa infantil. Sin su ayuda, seguramente mis pequeñas hijas habrían muerto de hambre, y eso es lo que le respondí a la joven madre. Hacemos lo mejor que podemos hacer.

"No digo que las prohíban; no digo que todo está bien. Digo que debemos empoderar a las familias con el conocimiento que necesitan para hacer que sus vidas funcionen", dice Kleeman.[42] Si las primeras sociedades pudieron descubrir cómo vivir con sus nuevas herramientas, ciertamente nosotros podemos descubrir también cómo vivir exitosamente con las nuestras.

INTRODUCCIÓN DE LA TECNOLOGÍA EN FORMAS APROPIADAS PARA EL DESARROLLO

En 2012, la National Association for the Education of Young Children (NAEYC) y el Fred Rogers Center (FRC) dieron a conocer una declaración de posición conjunta para ayudar a los educadores de la infancia temprana a entender cómo usar la tecnología en formas apropiadas para el desarrollo de sus alumnos.[43] Aunque se publicó en 2012, hace eones en años tecnológicos, de acuerdo con el Dr. Chip Donohue, director del Technology in Early Childhood (TEC) Center en el Instituto Erikson y uno de los autores de la declaración, ésta "ha pasado la prueba del tiempo".[44] Sus recomendaciones siguen siendo relevantes, tanto para los educadores como para los padres:

> Cuando se usan intencional y apropiadamente, la tecnología y los medios interactivos son herramientas efectivas para apoyar el aprendizaje y el desarrollo.

> El uso intencional requiere que los educadores de la infancia temprana tengan información y recursos respecto a la naturaleza de estas herramientas y las implicaciones de su utilización.

> Las limitaciones en el uso de los medios y la tecnología son importantes.

> Debe darse especial consideración al uso de la tecnología con los bebés y los niños pequeños.[45]

Las recomendaciones actuales para el tiempo de pantalla de los infantes y los niños pequeños son:

> Para niños menores a dieciocho meses, evite el uso de medios a través de pantallas distintos al video chat.

> Los padres de niños de dieciocho a veinticuatro meses de edad que quieren introducir los medios digitales deben elegir programación de alta calidad y verla con sus hijos.

> Para niños entre los dos y los cinco años, limitar el uso de pantallas a una hora por día de programas de alta calidad.[46]

"Estamos viendo una gran promesa cuando la tecnología se utiliza de manera intencional y apropiada y en el contexto de las relaciones", dice Donohue. "Hemos pasado de preocuparnos por la tecnología a tener conversaciones más profundas acerca de su uso apropiado e intencional y mucho más."[47]

USO INTENCIONAL DE LA TECNOLOGÍA

Parece adecuado que el Fred Rogers Center siga brindando orientación acerca de cómo usar la tecnología con sentido. La mayoría de los adultos en Estados Unidos recuerda con cariño las series televisivas de *Mister Rogers' Neighborhood* de su propia infancia. Yo sí. Aun cuando mis padres odiaban cuando mis cuatro hermanos y yo nos apoltronábamos frente al televisor, porque estaban seguros de que estaba pudriendo nuestros cerebros, nunca se quejaron de Mister Rogers. Puedo escuchar su dulce voz melodiosa saliendo de la TV en la sala familiar de mi casa mientras cantaba su canción: "Won't You Be My Neighbor?", mientras se cambiaba para ponerse sus tenis y su suéter de cárdigan de marca. ¿Quién puede olvidar ser transportado a su "Vecindario imaginario" para visitar al Rey Friday, a Lady Aberlin y a Henrietta Pussycat, antes de regresar a la pacífica comodidad de la casa de Mister Rogers a bordo del adorable tranvía del castillo? Rogers utilizó hábilmente la tecnología de su tiempo —la televisión— para introducir a los niños con cuidado y propósito en rasgos de carácter positivos. Mis hermanos y yo recordamos las lecciones que aprendimos de este bondadoso y amable modelo. Aun hoy en día, Mister Rogers brinda un poderoso ejemplo de cómo puede usarse la tecnología —sea un televisor, una tableta o un teléfono inteligente— para entregar contenido positivo a los niños en formas apropiadas para el desarrollo.

Enfrentémoslo: no vamos a ganar la batalla contra las pantallas en las vidas diarias de nuestros niños y jóvenes. Mis padres no pudieron hacerlo con la TV y es aún más difícil ahora que las pantallas van con nosotros a todas partes. Pero *podemos* y *debemos* usarlas de manera intencional, en especial con los niños pequeños. Esto incluye elegir contenido similar al de Mister Rogers (como la serie de PBS *Daniel Tiger's Neighborhood*, el programa animado construido con base en la comprensión socioemocional de Rogers), limitar el tiempo de pantalla, ver el contenido con ellos, explicar y, básicamente, estar presentes. Lo siento, gente, pero tienen que hacer a un lado sus propios dispositivos para hacer todo lo anterior.

Como padres, cuidadores y educadores que luchamos con la cotidiana, continua invasión de tabletas, teléfonos inteligentes, bocinas domésticas activadas por la voz (como Echo de Amazon), juguetes interactivos y otros dispositivos, Fred Rogers nos recuerda que podemos encontrar una senda sensata que nos lleve hacia delante.

En un informe de seguimiento de un artículo original, los autores Katie Paciga y Donohue siguen nutriéndose del enfoque de Rogers para el desarrollo completo del niño. Escriben: "Como también enfatizó Rogers, argumentamos que las interacciones del niño con otras personas siguen siendo increíblemente importantes; la pantalla jamás podrá reemplazar el impacto e influencia de un adulto amoroso".[48]

"Los medios de pantalla en las herramientas de tecnología deben usarse siempre en el contexto de (o con el potencial para) la interacción social", dice Donohue. Aconseja a los padres que "entiendan la forma en que la tecnología puede ser una herramienta para propiciar las interacciones y fortalecer las relaciones, no sólo interrumpirlas o evitarlas".[49] En palabras del mismo Rogers: "Nunca nada tomará el lugar de una persona que realmente está con otra persona. Puede haber muchas cosas maravillosas como la TV y la radio y los teléfonos e internet, pero nada puede tomar el lugar de las personas interactuando cara a cara".[50]

CONSEJOS PARA CRIAR A LOS NIÑOS PEQUEÑOS EN UN MUNDO DE PANTALLAS

Si bien no puedes cambiar el hecho de que las pantallas han llegado para quedarse, sí puedes cambiar la forma en que crías a tus pequeños en un mundo lleno de ellas. Sé consciente de lo que más necesitan los niños pequeños: interacción cara a cara con seres humanos amorosos. Así es como los niños obtienen las habilidades sociales, el autocontrol emocional, la creatividad, la resiliencia y, sobre todo, la habilidad de llevarse bien con otras personas y de ver las cosas desde otras perspectivas.[51] Estas también son las semillas del alfabetismo digital. Las pantallas evitan que estas semillas enraícen y crezcan.

El trabajo que hagas hoy pondrá los cimientos de todas las futuras interacciones de tu hijo o tu hija, con la gente y con las pantallas. Será un esfuerzo que valdrá la pena. Aplica estas cuatro directrices de "Los niños y las pantallas":

1. Establece límites. Limita la exposición para los niños más pequeños, apaga los dispositivos durante las comidas o una a dos horas antes de irse a la cama, y haz que el dormitorio de los niños esté libre de medios.

2. Vigila el uso, el comportamiento y el contenido. Bloquea el contenido inapropiado, ve y juega los videojuegos que tus niños están jugando, mantén los medios electrónicos en lugares públicos, y habla con los padres de los amigos de tus hijos acerca de lo que tus niños hacen en las casas de ellos.

3. Sé claro acerca de lo que es aceptable. Establece y aplica reglas de casa para el tiempo de pantalla, y no permitas que los medios interfieran con las relaciones familiares.

4. Participa y predica con el ejemplo. Obedece tus propias reglas de casa y recuerda que tus hijos están observando.[52]

Si decides usar tecnologías interactivas con tus hijos pequeños (por favor, acepta el consejo de la Academia Americana de Pediatría y evita el uso de pantallas antes de los dieciocho meses de edad), considera los "Diez consejos principales para usar la tecnología y los medios interactivos con los niños pequeños" que Donohue compartió recientemente con Imagine Magazine:

1. Recuerda que las relaciones son lo que más importa. El uso de la tecnología con los niños pequeños comienza con oportunidades de baja tecnología y alto contacto para las

interacciones, las experiencias compartidas, los descubrimientos y el disfrute conjunto con los medios.

2. Integra el uso de la tecnología en el aprendizaje social y emocional. La tecnología debe usarse en formas que apoyen las interacciones sociales positivas, la consciencia, la creatividad y un sentido de iniciativa.

3. Usa la tecnología como herramienta. La tecnología es una importante herramienta adicional para explorar, aprender y crear que puedes poner en manos de los niños. No es más o menos importante que otras herramientas que los niños usan para aprender en sus primeros años.

4. Confía en tu instinto. Enfócate menos en cuántos minutos participa un niño con los medios de pantalla y más en la calidad del contenido, el contexto en que se usan los medios y el nivel de participación. Pon más atención a lo que el niño está haciendo, no simplemente a cuántos minutos lo hace.

5. Empodera a los niños para usar la tecnología como herramienta para el aprendizaje del siglo XXI. Elige tecnología que fomente el cuestionamiento, la exploración, el descubrimiento, la documentación y la demostración de lo que saben.

6. Proporciona experiencias tecnológicas benéficas. Ofrece experiencias mediáticas que sean atractivas e interactivas; incluye interacciones positivas con los demás; dale el control al niño; enfatiza las interacciones, el uso del lenguaje y las relaciones; y propicia el ver y disfrutar juntos de los medios.

7. Haz del uso de los medios una experiencia que enriquezca el lenguaje. Narra tu propio uso de la tecnología, y cuando los niños estén usando medios de pantalla, habla acerca de lo que están haciendo, haz preguntas, comentarios y sugerencias acerca de lo que pueden hacer una vez que la pantalla se apague.

8. Ayuda a los niños a progresar de sólo consumir medios a crearlos. Las herramientas simples como una cámara digital son poderosas herramientas de creación de medios cuando se juntan con la curiosidad y la creatividad de un niño.

9. Pon atención a tu propio uso de la tecnología frente a los niños. Los niños aprenden los hábitos con los medios y cómo y cuándo usar la tecnología observando a los adultos que son importantes en sus vidas.

10. Sé un mentor de medios. Los niños pequeños necesitan adultos confiables que sean mentores de medios activos e intencionales, y modelos para guiarlos con seguridad en la era digital.[53]

MOMENTOS CIBERCÍVICOS
Hablar por Skype con los seres queridos

Mi querida amiga Patti Connolly es una especialista en desarrollo escolar que ha asesorado y trabajado con escuelas, principalmente Waldorf, por casi treinta años. Hoy las aconseja sobre cómo introducir lentamente la tecnología en formas apropiadas para el desarrollo. "Así como nunca le darías un cuchillo de cocina a un niño de dos años, no debes darles tampoco un dispositivo digital", me dijo Connolly. Ella sugiere "satisfacer la curiosidad natural de un niño pequeño enseñándole de qué se tratan esas pantallas y después a usarlas en formas intencionales".[54] Ahí está la palabra otra vez. Intencional. Le pedí a Connolly que me diera un ejemplo de uso intencional y apropiado para el desarrollo de la tecnología con los niños pequeños.

El trabajo de Connolly la ha llevado a ella y a su esposo, Tim, también por muchos años maestro y administrador Waldorf, a lejanos lugares alrededor del mundo para trabajar con varias escuelas. También son los dedicados abuelos de dos nietos gemelos, y usan Skype con regularidad para mantenerse en contacto. "Los niños no sólo quieren chatear", me dijo Connolly. "Quieren que te muevas y les muestres cosas, así que eso hacemos. Es una gran forma de demostrar algunos de los beneficios positivos de las nuevas tecnologías a los niños pequeños. Les muestra que pueden ser usadas para comunicarse y conectarse. La gente siente que las pantallas nos alejan, y esto demuestra exactamente lo contrario. Las pantallas nos conectan con aquellos a quienes amamos."[55]

Esto es lo que puedes hacer:

1. ¿Tienes familiares y amigos distantes? Muestra a tus pequeños cómo usar las pantallas para mantenerse en contacto. Si todavía no tienes una, crea una cuenta de Skype (o en una de las muchas herramientas gratuitas de comunicación disponibles en internet, como Google Hangouts o Apple FaceTime). Si nunca has usado Skype, u otro software de videoconferencia, entra a Google o a YouTube y teclea: "cómo usar Skype" (o la herramienta que usas). Aparecerán docenas de textos y videos instructivos que te guiarán a través del proceso de instalación y uso. Permite que tus niños pequeños te vean usando la tecnología para aprender este nuevo software.

2. Cuando uses Skype (u otra herramienta de videoconferencia) para conectarte con tus seres queridos, pídeles que usen sus pantallas para mostrarte a ti y a tus niños dónde están, con quién están o que están haciendo. Tú y tus niños harán lo mismo. Explica a tus niños pequeños que, aunque los seres queridos aparecen en la pantalla, viven en otra casa que está muy lejos. La etapa de desarrollo en la que estén tus hijos determinará cuánta de esta información comprenderán o no.

Explicar, explicar, explicar

Satisface la curiosidad natural de tus hijos pequeños *explicándoles* la tecnología cada vez que la uses. Recuerda, los niños son imitadores. Observan y notan cada movimiento de los adultos que los rodean para aprender cómo ser humanos ellos mismos. Piensa en lo que ven: adultos agarrando compulsivamente sus teléfonos para checar sus mensajes de texto, correo electrónico, el tiempo, recetas en Pinterest, y sabe Dios qué más. ¿Y nos asombra que muchos niños pequeños se conviertan en adolescentes que no pueden soltar sus teléfonos?

Romper este ciclo comienza con dos pasos:

1. Sé consciente de cuántas veces usas tu teléfono frente a tus hijos pequeños.
2. Cuando tengas que usar tu teléfono u otro dispositivo conectado, *explica* lo que estás haciendo e invita a tu hijo a que lo haga contigo. Puedes decir:
   > La abuela está llamando, y voy a encender el teléfono para ver cómo está. ¿Quieres hablar tú con ella, también?
   > No estoy segura de qué hacer para cenar hoy, así que busquemos juntos una deliciosa receta.
   > Mañana vamos al zoológico, así que voy a buscar en el mapa para saber cómo llegar. ¿Quieres buscarlo conmigo?
   > ¡El zoológico es muy divertido! ¿Te puedo tomar una foto para que podamos verla después para recordar qué buenos momentos pasamos juntos?

Este ejercicio tiene un motivo ulterior. Explicar la tecnología a tus hijos cada vez que la usas te recuerda que puedes estarla usando más de lo necesario. Por ejemplo, trata de explicarle esto a tu hijo o hija: "Mamá está checando su correo electrónico del trabajo por quinta vez en media hora". A menos que realmente estés esperando encontrar algo urgente, ¿no te suena un poco ridículo?

Explorar intereses

Cuando los niños pequeños observan a los adultos viendo esos maratones de doce episodios de una serie de televisión, el mensaje que reciben es que las herramientas digitales sólo sirven para el entretenimiento. Puede ser que tus pequeños imitadores hagan lo mismo, ver y ver programas sin sentido, cuándo y si son dejados solos con la tecnología. Así que haz tiempo, especialmente cuando tus hijos son niños, para demostrarles cómo usar la tecnología para aprender y explorar intereses.

1. ¿Tienes un niño pequeño con una fijación con los camiones, los insectos o la cocina? Usa tus pantallas para explorar esos temas juntos. YouTube Kids puede ser extremadamente útil con esto. Pero va una advertencia: lo que sea que estés planeando ver con tu hijo o tu hija, asegúrate de verlo tú primero. En 2015, YouTube, propiedad de Google, lanzó YouTube Kids con la mejor de las intenciones. La idea era ofrecer una versión amigable de su plataforma amigable para los niños, que estaría llena de videos apropiados para los niños, muchos de ellos proporcionados por Disney y Nickelodeon. Se suponía que el sitio filtraría automáticamente el contenido. Pero a finales de 2017, el *New York Times* reportó que había videos no tan amigables para los niños que lograban pasar los filtros de YouTube, y los niños pequeños estaban siendo expuestos a imágenes inapropiadas o, incluso, perturbadoras. Uno de estos videos mostraba a un Hombre Araña de plastilina animado orinando encima de Elsa, de *Frozen*.[56] No es exactamente el tipo de cosa que quieres que vea tu hijo de cuatro años. Aunque YouTube sostiene que desde entonces ya le ha puesto remedio al problema, mejor vete a lo seguro y ve antes lo que sea que estés planeando ver con tus hijos.

2. Limita ver la programación a un máximo de incrementos de quince minutos, y ten en mente las limitaciones de tiempo de pantalla. Recuerda que la Academia Americana de Pediatría recomienda *cero* tiempo de pantalla para niños menores a dieciocho meses de edad (que no sea tener una videoconferencia con seres queridos), tiempo de pantalla supervisada entre los dieciocho y los veinticuatro meses de edad y no más de una hora, máximo, para niños hasta los cinco años. Nunca dejes a tu hijo sin supervisión, y asegúrate de ver las cosas con él y explicarle lo que están viendo. Recuerda, los niños pequeños no pueden hacer conexiones entre lo que ven en la pantalla y la vida real. ¡Tu trabajo es hacerlo por ellos!

CAPÍTULO 2

Aprender a ser humano

> Una computadora te puede ayudar a deletrear la palabra *abrazo*, pero nunca podrá ayudarte a saber el riesgo o la alegría de realmente dar o recibir uno.
>
> —FRED ROGERS[1]

Cuando tus hijos se van a la escuela y pasan menos tiempo bajo tu mirada vigilante, ayudarles a construir un cimiento fuerte será cada vez más difícil. Conforme sus amigos comienzan a obtener sus propios dispositivos móviles, comenzarás a escuchar sobre eso. "Pero es que *todos* tiene uno" probablemente se volverá una cantaleta recurrente dirigida a vencer tus defensas. Su escuela puede requerir que usen la tecnología para varios propósitos y a medida que comienzan a explorar el mundo que está más allá de su casa y su escuela, lo encontrarán lleno de excitantes nuevas tecnologías: dispositivos de juego siempre nuevos, audífonos inalámbricos, relojes de pulsera inteligentes, juguetes robóticos humanoides, campos de juego de realidad virtual, aplicaciones de realidad aumentada y otros artilugios. Ayudar a tus hijos a desarrollar una relación saludable con la tecnología parecerá una empresa 24/7, ¡así que sean fuertes, amigos míos! El trabajo de cimentación que hagan ahora rendirá sus frutos en sólo unos pocos años.

LA ESCUELA ES DIFERENTE HOY EN DÍA

Nuestra hija mayor pasó la mayor parte de su tiempo de jardín de niños a la intemperie. Gracias al clima idílico de la costa sur de California, estar al aire libre ofreció a su maestra una alternativa preferible a su "salón de clase", una ruinosa estructura portátil con tejas en el techo que arruinaban la acústica y luces fluorescentes que zumbaban. Opciones que no son comunes para las escuelas chárter, que suelen rentar cualquier espacio que haya disponible en el distrito que las patrocina. Después de un breve "tiempo en círculo" de cantos, seguido por una narración de cuentos dramatizada que se realizaba en un espacio de iluminación suave y adornado con cortinas de seda que camuflajeaban la oscuridad del aula, salían a la intemperie. Siguiendo una ciclopista, andaban más o menos un kilómetro atravesando el histórico San Juan Capistrano: treinta niños saltando felices, deteniéndose para recoger palitos y ramitas, observando una rana en la orilla del río, maravillándose ante una oruga monarca verde y amarilla, o lanzando piedras en el arroyo San Juan. Al llegar a su destino final, un parque lleno de césped y de árboles, jugaban a placer antes de emprender el viaje final de regreso a la escuela, llegando justo a tiempo para que los recogieran a las 12:30 p. m.

Estas despreocupadas mañanas del jardín de niños son una novedad hoy en día. Es más común que los prescolares estén adentro, trabajando duro para aprender a leer y escribir o resolviendo problemas de matemáticas. Según los *Common Core State Standards* (CCSS) para el jardín de niños, los alumnos deben estar escribiendo palabras, oraciones y párrafos, y comenzando a construir ecuaciones matemáticas. Estos criterios para los alumnos de las escuelas públicas, que se usan en más de cuarenta estados de la Unión Americana, incluyen más de noventa estándares para los jardines de niños, y muchas escuelas introducen la tecnología en forma temprana para asegurarse de que sus alumnos no se atrasen.

NINGÚN PRESCOLAR SERÁ DEJADO ATRÁS

Hace un par de veranos, asistí a un congreso de tecnología educativa en Los Ángeles, donde me encontré compartiendo el almuerzo con tres maestras de prescolar. Sorprendida de encontrarlas en ese evento, les pregunté por qué era relevante aprender sobre tecnología en el aula para sus alumnos de tres y cuatro años de edad.

—Usamos pantallas blancas interactivas e iPads —me dijeron—. Nuestros estudiantes deben estar listos para la tecnología.

Con gran entusiasmo, explicaron cómo usaban la tecnología para mostrar videos y enseñar lenguaje básico y habilidades de matemáticas.

—Incluso pudimos deshacernos de nuestros "manipuladores" —me dijo una de ellas.

Yo estaba bastante segura de que los "manipuladores" era el código de las maestras para "juguetes". Hubiera preguntado, pero estaba demasiado ocupada tratando de levantar mi quijada del piso. Entonces terminó el almuerzo, y tomamos caminos separados.

Para la mañana del lunes siguiente al congreso, ya me había recuperado lo suficiente, pero sentí curiosidad acerca del uso de iPads en un aula prescolar. Así que recurrí a Google para ver qué tan común era esta práctica. Aparecieron docenas de sitios web y de artículos, desde "Los iPads funcionan bien para los niños pequeños en prescolar", hasta "15 aplicaciones para iPad imprescindibles para los maestros de prescolar", e incluso "Guías metodológicas sobre tecnología para prescolar".

En todo Estados Unidos, los líderes de los distritos escolares, los directores y los maestros han estado bajo una presión creciente para asegurarse de que todos los alumnos, aun los más pequeños, estén "listos para la tecnología". Para finales de 2016, más de la mitad de los alumnos de prescolar en Estados Unidos tenían acceso a un dispositivo de computación personal vendido por la escuela. Globalmente, el mercado para los dispositivos prescolares también se ha incrementado. Futuresource Consulting Ltd., una firma británica de investigación que rastrea las tendencias tecnológicas en cuarenta y seis países, reporta que la mayor parte de las naciones está invirtiendo cada vez más en tecnología escolar para mejorar las habilidades de sus fuerzas de trabajo.[2] En Estados Unidos, muchos distritos escolares están comprando la idea de iniciativas "uno-a-uno". Esto significa que proporcionan un dispositivo, usualmente un Chromebook o iPad, a cada alumno.

El distrito escolar de Bloomington, en Minnesota, está en el proceso de hacer que todas sus escuelas adopten el "uno-a-uno". En una entrevista por televisión, Doug Paulson, del Departamento de Educación de Minnesota, explicó que era importante dar un dispositivo a cada niño, porque "las computadoras son el presente y el futuro".[3] Cuando le preguntaron cómo estaba esto mejorando los resultados educativos, contestó: "A menudo pensamos en la tecnología como nuestra respuesta, pero realmente no hemos pensado primero cuál es nuestra pregunta".[4]

Pero tal vez *deberíamos* pensar primero cuál es nuestra pregunta. Así que ahí va una: ¿qué necesitan aprender los niños hoy para ser felices, saludables y exitosos mañana, en línea y fuera de ella?

¿QUÉ HABILIDADES NECESITARÁN?

Cuando mi esposo y yo decidimos enviar a nuestras hijas a una escuela libre de tecnología, colegas, familiares y amigos bienintencionados pensaron que estábamos locos. Nos preguntaban cómo nuestras hijas podrían prepararse para tener éxito en un mundo digital.

Antes de que pudiéramos contestar con una respuesta bien informada a esta pregunta, los medios nos dieron una. En un artículo del *New York Times* titulado "Una escuela en Silicon Valley que no usa la computación", el periodista Matt Richtel reportó que el director de tecnología de eBay enviaba a sus hijos a una escuela Waldorf en Bay Area, California, al igual que empleados de Google, Apple, Yahoo! y Hewlett-Packard.[5] La escuela que se presentaba en la historia, la Waldorf School de la Península en Los Altos, California (una escuela que ahora enseña Cibercivismo), decía que tres cuartas partes de su población estudiantil tenían padres con fuertes conexiones con alta tecnología y, sin embargo, querían que sus propios hijos estuviesen protegidos contra la tecnología por tanto tiempo como fuera posible. Según un padre que había trabajado para Intel y Microsoft: "El involucramiento tiene que ver con el contacto humano, el contacto con el maestro, el contacto con sus compañeros". Otro padre, que trabajaba en Google, respondió así a la pregunta de si estaba preocupado por la falta de habilidades tecnológicas de sus hijos: "No. Es súper fácil. Es como aprender a usar el dentífrico. En Google y en todos esos lugares hacemos la tecnología tan sencilla de usar como sea posible. No hay razón por la que los niños no puedan descifrarla cuando crezcan".

Eso fue también lo que mi esposo y yo entendimos. Viendo a nuestra hija de doce años navegar intuitivamente por mi iPhone o bloquear los anuncios en mi computadora confirmó nuestras sospechas. Un día yo estaba luchando por aprender cómo usar un nuevo programa de software para presentaciones llamado Prezi. Como es común en el caso de la mayoría de los usuarios de internet de mi generación, recurrí a leer el extenso manual del usuario de Prezi. Mientras tanto, mi hija estaba en su propia computadora al lado mío. Abrió Prezi y en unos dos minutos creó una breve presentación.

—¿Cómo es posible que hayas descubierto usar Prezi tan rápido? —le pregunté.

—¿Cómo es posible que tú no? —respondió.

Así pues, aunque no parecía que mi hija careciera de habilidades técnicas, sí me pregunté qué habilidades necesitaría en un nuevo mundo digital. Descubrí la respuesta a mi pregunta mientras estudiaba mi diplomado en psicología de medios, en un artículo titulado "Enfrentar los retos de la cultura de participación: educación mediática para el siglo XXI", de Henry Jenkins, quien era el director del programa de estudios mediáticos comparativos en el Instituto de Tecnología de Massachusetts. Jenkins y su equipo de investigadores escribieron sobre la urgencia de ayudar a la juventud "a desarrollar las competencias culturales y las habilidades sociales necesarias para un involucramiento completo" en el entorno mediático emergente.[6] Eso captó mi atención. "Competencias culturales" y "habilidades sociales" no era algo que sonara muy tecnológico, y no lo es. Aprendí que podían ser adquiridas participando con gente viva y real, e incluso sin usar en absoluto la tecnología.

Jenkins llama a estas competencias "el nuevo alfabetismo mediático", porque colectivamente constituyen un nuevo tipo de alfabetismo, la habilidad de "leer" y "escribir" en un entorno que conduce a los niños no sólo a consumir medios, sino también a hacerlos al filmar y publicar videos, tomar y compartir fotografías, responder a las publicaciones en las redes sociales y otras actividades.[7] Para participar con éxito en este entorno, los jóvenes necesitan de este "nuevo" alfabetismo: juego, actuación, simulación, apropiación, realización de multitareas, cognición distribuida, inteligencia colectiva, juicio, navegación transmedia, trabajo en red y negociación. Todas estas capacidades son tecnológicamente neutrales, lo que significa que se aplican al teléfono inteligente de hoy, como se aplicarán a cualquier dispositivo que se invente en el futuro. Juntos, responden a la pregunta: "¿Qué habilidades necesitan los niños en este nuevo mundo digital?"

LAS CAPACIDADES DEL NUEVO ALFABETISMO MEDIÁTICO

> Jugar: la capacidad de experimentar con nuestro propio entorno como una forma de resolución de problemas.
> Actuación: la habilidad de adoptar identidades alternativas para improvisación y descubrimiento.
> Simulación: la habilidad de interpretar y construir modelos dinámicos de procesos del mundo real.
> Apropiación: la habilidad de probar y volver a mezclar el contenido de los medios para darles un nuevo sentido.

> Realización de multitareas: la habilidad de escanear el propio entorno y cambiar de foco, según se necesite, a los detalles prominentes.

> Cognición distribuida: la habilidad de interactuar significativamente con herramientas que expanden las capacidades mentales.

> Inteligencia colectiva: la habilidad de reunir el conocimiento y comparar notas con los demás para trabajar hacia una meta común.

> Juicio: la capacidad de evaluar la confiabilidad y credibilidad de diferentes fuentes de información.

> Navegación transmedia: la habilidad de seguir el flujo de historias e información a través de múltiples modalidades.

> Trabajo en red: la habilidad de buscar, sintetizar y diseminar nueva información.

> Negociación: la habilidad de viajar a través de diversas comunidades, discerniendo y respetando múltiples perspectivas, y captando y siguiendo alternativas.

Conforme estudiaba la lista de Jenkins, pensé en mis propias jóvenes hijas, que en ese momento estaban participando en algún tipo de actividad creativa, juguetona y de colaboración que para muchas personas no se veía para nada como "aprendizaje". De hecho, recuerdo exactamente lo que mi hija menor estaba haciendo en ese momento. En la escuela primaria, estaba aprendiendo matemáticas construyendo una banca de madera, utilizando herramientas manuales. Así es como su clase, como es común en las escuelas Waldorf, aprendía a medir y los rudimentos de la geometría. Me di cuenta de que también estaba aprendiendo las nuevas habilidades del alfabetismo mediático. Su compañero de trabajo en la construcción de la banca era Billy, un niño de personalidad tan fuerte y tan seguro de sí mismo como mi hija. Así que estos dos estaban involucrados en una gran cantidad de negociaciones. Su tarea también requería visualización (tener una imagen mental de un proyecto terminado), juicio (decidir cuándo medir y cuándo cortar), inteligencia colectiva (revisar y comparar su progreso con su maestro y sus compañeros) y cognición distribuida (usando herramientas manuales como martillos, barrenas, sierras y clavos).

Paso por esa banca bien hecha cada vez que llego a dar mis clases a Journey School hoy en día, y me da un placer inconmensurable recordar cómo mi hija aprendió muchas de las competencias culturales y habilidades sociales que usa hoy como estudiante universitaria, sea que esté en línea o fuera de ella.

APRENDER "ALFABETISMO DIGITAL" SIN LO "DIGITAL"

Erin Reilly, antes directora de investigación para Project New Media Literacies, supervisó los recursos creados por el grupo de Jenkins, incluyendo guías para ayudar a los educadores a incorporar el nuevo alfabetismo mediático en su práctica. Hoy, como CEO y cofundadora de Reilly Works, está en la intersección de la academia con la industria y ayuda a otras personas, como yo, a entender las tecnologías emergentes. Reilly es esa persona a la que llamas cuando quieres saber para qué debes preparar a los niños a continuación. Por eso le pregunté si pensaba que las habilidades que el equipo de MIT identificó durante más de una década eran relevantes.

"Absolutamente", me dijo. "Sigo pensando que son aún más relevantes hoy porque los niños están más involucrados y conectados con los nuevos medios. Es parte de su práctica diaria, tanto como aprender, leer y escribir." Ella explicó que cuando no ayudamos a los niños a aprender estas habilidades sociales, no saben cómo convertirse en participantes activos en línea. "Y ahí es cuando se meten en problemas."

Reilly reiteró que los niños no tienen que estar frente a una computadora para aprender nuevas habilidades de alfabetismo mediático. En un reporte de seguimiento: "¿Jugamos?", dio ejemplos de cómo cada uno de los elementos de este alfabetismo puede enseñarse en cualquier tipo de escuela, sea de alta tecnología o libre de ella. También sugiere que enfocarse demasiado sólo en la tecnología, especialmente a expensas de las habilidades "humanas", puede ser contraproducente:

> Una solución meramente basada en la tecnología simplemente resultará en una escalada armamentista donde cada escuela gasta cada vez más de su presupuesto en herramientas mientras se está quedando sin recursos humanos (p. ej., maestros, bibliotecarios) que podrían ayudar a los estudiantes a aprender a usar esas herramientas en formas éticas, seguras y creativas... En la práctica, muchas de las habilidades centrales necesarias para unirse a una sociedad en red pueden enseñarse ahora, aun si las escuelas tienen un acceso bastante disparejo a las tecnologías. De hecho, para practicar ciertas habilidades, a menudo los contextos de baja o ninguna tecnología demuestran ser igual de efectivos, si no más, que sus contrapartes de alta tecnología.[9]

Aunque esta información a menudo sorprende a los muchos padres con los cuales la he compartido, no asombra a quienes saben más acerca de la tecnología. En los años desde que Richtel escribió su historia acerca de las personas adentradas en la tecnología que enviaban a sus niños a escuelas, o los criaban en hogares, libres de ella, esta práctica se ha vuelto casi una tendencia entre los "tecnológicos".

A finales de 2017, Paul Lewis escribió en *The Guardian*: "Resulta revelador que muchos de estos jóvenes tecnólogos están desenganchándose de sus propios productos, enviando a sus niños a escuelas de élite en el Silicon Valley donde están prohibidos los iPhones, iPads e incluso las laptops. Parecen estar respondiendo a la lírica de Biggie Smalls de su propia juventud acerca de los peligros de traficar con la cocaína crack: nunca te drogues con tu propia mercancía".[10]

En la misma forma, el autor y programador Jaron Lanier, a quien muchos consideran el padre de la realidad virtual, le dijo a *Business*

Insider: "Mientras más se involucran los padres en la industria de la tecnología, más cautelosos parecen volverse acerca de las interacciones de sus hijos con ella. Muchos padres en Silicon Valley buscan intencionalmente entornos antitecnología para sus hijos, como las escuelas Waldorf".[11]

De pronto, la decisión de enviar a nuestras hijas a una escuela pública Waldorf no parecía tan loca, especialmente cuando dos bestellers reportaron sobre esta tendencia. En las páginas iniciales de *Irresistible: The Rise of Addictive Technology and the Business of Keeping Us Hooked* [*El surgimiento de la tecnología adictiva y el negocio de mantenernos enganchados*], el autor Adam Alter pregunta: "¿Por qué los tecnólogos públicos más grandes del mundo también son los tecnófobos privados más grandes? ¿Puedes imaginar el escándalo si los líderes religiosos se rehusaran a dejar que sus hijos practicaran la religión?"[12] Y en el nuevo prefacio de la edición en rústica de su libro, el Dr. Nicholas Kardaras entrevista a Debra Lambrecht, ex administradora para la Alliance for Public Waldorf Education, quien ahora dirige una escuela libre de tecnología en San Rafael, California. Ella le dijo: "El argumento para la tecnología en los primeros grados con frecuencia está enraizado en el temor de que los niños se atrasen". Ella piensa que es más importante "asegurarse que los niños puedan usar efectivamente la tecnología como una herramienta y que sacará a flote lo mejor de su razonamiento, creatividad e innovación".[13]

Eso fue lo que Shaheer Faltas me dijo también. El ex director de Journey School ahora es el líder de Greenwood School, en Mill Valley, California. Su escuela es de "cero tecnología" desde el jardín de niños hasta el quinto grado, y tiene un "enfoque intencional a la tecnología" en la educación media. Según sus cálculos, aproximadamente una tercera parte de los padres de sus estudiantes trabaja en la industria de la tecnología. "Estos padres entienden que sus hijos necesitan abundante tiempo lejos de las pantallas para convertirse en los pensadores involucrados, creativos, versados socialmente y con una visión "fuera de la caja" que nuestro mundo necesita hoy. Sienten que la introducción demasiado temprana de la tecnología estorba eso", dice.[14]

Como escribe Kardaras: "No existe un solo estudio de investigación creíble que demuestre que un niño expuesto a más tecnología en etapas tempranas de su vida tenga mejores resultados educativos que un niño que creció libre de tecnología". Kardaras, que además de ser experto en adicciones, es un psicólogo educado en la Ivy League y antiguo profesor clínico en Stony Brook Medicine, aconseja: "Si realmente quieres que un niño prospere y florezca, evita las pantallas durante los primeros años de su vida. Durante esos periodos clave del desarrollo, deja que participe en el juego creativo".[15]

SER O NO SER LIBRE DE TECNOLOGÍA

Debía haber sido fácil mantener a mis niñas libres de tecnología cuando eran pequeñas. Después de todo, esto fue *antes* de que tuviésemos que lidiar con teléfonos inteligentes y tabletas. Pero renunciar a la radio, CD, casetes e incluso al karaoke fue más difícil de lo que podrías pensar, y no pasó mucho tiempo hasta que nos hicimos culpables de pequeñas transgresiones. Más de una vez (está bien, todos los días, si quieres saberlo) la música brotaba de la reproductora de casetes, y después de la reproductora de CD cuando compartía el vehículo para ir a la escuela, todos nosotros cantando con cualquier banda sonora de película que fuera popular en la época, *El rey león, Moulin Rouge, Evita, El libro de la selva*, el que se te ocurra. No discriminábamos entre las bandas sonoras. También escuchábamos los audiolibros de *Harry Potter*. Todos ellos. Dos veces. A través de los años, cada pasajero en mi auto, desde el que iba en octavo grado hasta el prescolar, conocía las reglas: cuando llegábamos a la fila de autos frente a la escuela, ninguna ventana debía ser bajada y ninguna puerta debía ser abierta hasta que apagáramos la música. No queríamos que nos atraparan rompiendo ese contrato de medios. (Mis disculpas para cualquiera que haya compartido mi auto si esta es la primera vez que escuchas sobre esto.)

Aparte de darnos cuenta finalmente de que tratar al uso de los medios como si fuera un hábito de usar crack o cocaína —esconderse de los demás por temor a ser juzgado— es un pésimo ejemplo, esta experiencia me enseñó tres importantes lecciones:

> Fijar límites de tiempo estrictos para el uso de los medios encamina a todo el mundo al fracaso.
> No todos los medios están creados igual, ¿así que para qué tirar al bebé junto con el agua del baño?
> Hay una forma mejor de equipar a los niños para el éxito en un mundo lleno de medios.

UNA FORMA MEJOR

Erin Reilly no cree en decirle "no" a la tecnología, en establecer límites estrictos a su uso, o en lo que ella llama "jardines amurallados", plataformas que restringen el acceso de un niño a otras partes de la red. "Yo prefiero que mi hijo se sienta cómodo sentado junto a mí y conversando acerca de lo que está haciendo en línea y de hecho haciéndome preguntas", me dijo Reilly. "Creo que cerrar el acceso o dejar que los niños lo descubran por sí mismos es un error, porque cada niño va a tratar de descubrirlo por sí mismo eventualmente y, en ese caso, él o ella podría no tener la tutoría necesaria para realmente reflexionar en forma adecuada sobre la tecnología."[16]

Los instintos de Reilly están directamente en línea con el trabajo de la investigadora y escritora tecnológica Alexandra Samuel, quien pasó dos años realizando encuestas sobre la forma en que las familias manejaban la tecnología, recabando datos de más de diez mil padres estadounidenses. Su investigación reveló que los padres que juegan un rol activo en guiar a sus hijos por internet, "mentores digitales", como los llama, terminan con niños que tienen las relaciones más saludables y equilibradas con la tecnología. Por otra parte, descubrió que los padres que se enfocan en minimizar el uso de la tecnología para sus hijos, a los cuales llama "limitadores digitales", tienden a criar niños que se involucran en comportamientos problemáticos en línea. Como explica Samuel: "Tienen dos veces más probabilidades que los hijos de los mentores en acceder a pornografía, o a publicar comentarios groseros u hostiles en línea; también tienen tres veces más probabilidades de entrar en línea y hacerse pasar por un compañero, un amigo o un adulto".[17]

Samuel compara proteger a los niños contra la tecnología a la educación sexual que sólo promueve la abstinencia, diciendo que ninguna estrategia es efectiva. Aunque admite que los limitadores *están* promoviendo las capacidades de sus hijos para la conexión cara a cara, también piensa que estos niños necesitarán ayuda para ligar esas habilidades con la vida en línea.

CÓMO LIGAR LAS HABILIDADES FUERA DE LÍNEA CON LA VIDA EN LÍNEA

A lo largo de los años, he visitado docenas de escuelas libres de tecnología que dan lecciones de Cibercivismo a sus estudiantes, comenzando en el sexto grado, específicamente para ayudarles a ligar las capacidades cara a cara con la vida en línea. Pienso que niños como estos, que han tenido oportunidad de perfeccionar sus habilidades sociales y sus competencias culturales fuera de línea y *después* aprenden cómo aplicar estas capacidades en línea, estarán bien equipados para resistir las presiones inevitables de mundo digital: un mensaje de texto cruel, una publicación que no obtiene muchos "me gusta", un avance no solicitado por parte de un extraño, la solicitud para que envíen una imagen sexy, una foto humillante compartida en línea o una andanada de palabrotas que, según me dicen mis estudiantes, es el lenguaje normalizado de los juegos de múltiples jugadores. Apuesto mi último dólar a que los problemas en línea que los adultos más temen, como el ciberacoso y el sexteo, simplemente desaparecerían si más niños tuvieran una oportunidad de desarrollar capacidades "humanas" que pudieran guiarlos en línea. Es una lástima que, hoy en día, aun los niños muy pequeños pasan más tiempo con sus pantallas que con las personas. Quienes no usan dispositivos en la escuela siguen teniendo acceso a ellos en casa, o en las casas de sus amigos, o en la casa de sus abuelos. Algunos incluso se ocultan en baños públicos, donde saben que pueden reunirse secretamente alrededor del teléfono de su amigo y acceder al wifi (¡historia de la vida real!). Incluso la familia o escuela libre de tecnología y mejor intencionada existe en un mundo conectado.

Así que, aunque limitar la tecnología cuando los niños son pequeños para que puedan desarrollar habilidades sociales y capacidades culturales puede ser lo ideal, tenemos que adaptarnos a un mundo no ideal. Los niños deben ser introducidos a la tecnología, preferentemente por sus padres, en formas que sean apropiadas para el desarrollo. Si los padres no hacen esta "tutoría tecnológica", los niños serán dejados solos para tratar de descubrir vastos espacios digitales sin los modelos adultos y las guías que necesitan. O, aún peor, cuando encuentren el acceso a la tecnología, pueden atracarse de la fruta prohibida contra la que fueron protegidos. He visto suceder esto muchas veces. Sin embargo, hay una forma mejor.

RAMPAS DE ENTRADA DIGITALES

La veterana educadora Waldorf y mentora Patti Connolly también piensa que hay una forma mejor de introducir a los niños a la tecnología. "Los niños ven a sus padres usando las pantallas, y por supuesto quieren usarlas también", dice Connolly. "Hay demasiados usos positivos de las pantallas actualmente como para no buscar formas saludables de introducir a los niños pequeños a su uso. ¿Así que por qué no poner nuestra atención en lo positivo y ayudarles a aprender cómo usarlas en esta forma?"[18]

Hace algunos años, Connolly y yo comenzamos a discutir la impracticabilidad de decirle no a la tecnología y, en vez de eso, cómo introducirla lentamente y en forma apropiada para el desarrollo usando "rampas de entrada digitales". Así como la rampa de entrada de una autopista proporciona una forma segura para que un vehículo acelere a la velocidad del rápido tráfico, una rampa de entrada digital ofrece el mismo enfoque a la superautopista de la información.

Hoy en día ambas visitamos escuelas para hablar acerca de este abordaje lento a la tecnología. Hemos descubierto que a los padres les gusta saber ideas concretas de qué, cuándo y cómo introducir a sus hijos a la tecnología. En vez de clausurar la curiosidad natural de los niños, pueden ofrecerles un canal de entrada en edades y etapas apropiadas. También, el foco en los usos positivos de la tecnología —usarla para conectarse con los seres queridos, para aprender nuevas cosas, para ser creativos— cultiva hábitos positivos en línea que, esperemos, durarán toda la vida.

A continuación te presento algunas "rampas de entrada digitales" que pueden funcionar para tu familia.

Edades 0-2	› Videoconferencias con seres queridos, con el niño en el regazo y el padre o madre dando la explicación.
Edades 3-6	› Ver juntos contenido educativo, con el padre o madre explicando. › Escribir juntos correos electrónicos a los amigos y la familia. › Enviar juntos mensajes de texto y fotos a parientes y amigos.
Edades 7-9	› Jugar juntos videojuegos que sean amigables para los niños. › Encontrar y usar juntos aplicaciones creativas, como una aplicación de dibujo. › Mantener en línea notas, recetas, recordatorios de tarea y publicar las fotos/videos que toman.
Edades 10-12	› Hacer juntos la investigación para la escuela. › Ayudar a tus hijos a tener sus propios intereses extraescolares en línea. › Encontrar ayuda para la tarea o videos tutoriales en línea para ayudarse con la tarea. › Mostrarles (¡o pedirles que te muestren!) cómo descargar y leer libros electrónicos y música.

Estas rampas de entrada digitales también sirven para otro propósito. Al involucrarte en las vidas en línea de tus hijos desde el primer día, te has plantado como un "guía al lado", que estará ahí cuando las cosas se pongan confusas o incómodas en línea.

Siéntete en libertad de adaptar estas sugerencias a tu propia familia, teniendo en mente que algunos niños expresarán más interés en la tecnología que otros, y algunas familias querrán que sus niños tengan más o menos exposición. El punto es que decir "no" no solamente es casi imposible, sino que propicia que los niños mientan, oculten o no estén preparados para un mundo digital que está aquí para quedarse.

LAS PERSONAS PRIMERO

Sin importar cómo o cuándo decidas introducir a tus niños a la tecnología, por favor recuerda una cosa: nunca dejes que la tecnología impida la oportunidad de que tus niños desarrollen las habilidades sociales y las competencias culturales que el mundo en línea exige a sus usuarios. La forma más fácil de recordar esto es seguir una simple regla que aprendí de Erin Reilly: "Cuando mi hijo estaba en el rango entre cero a cinco años, la regla que le dimos a nuestra familia fue esta: *las personas primero que la tecnología*. Seis simples palabras que cualquier niño de esta edad puede entender. Él sabía que si cualquiera en la familia decía "las personas primero que la tecnología", eso significaba pantallas abajo, cabezas arriba. Era "ponme atención, te estoy hablando y estás ignorando a la gente que te rodea porque estás poniendo la tecnología primero".[19]

Hoy, a los catorce años de edad, el hijo de Reilly recuerda y sabe esta regla. Le ha ayudado a crecer con la tecnología y, aun así, a desarrollar las habilidades de vida que necesita para ser un ser humano bien redondeado.

DOS ELEMENTOS E-SENCIALES PARA TUS CIMIENTOS

Hasta ahora, ya sabes cuán importantes serán las habilidades "humanas" para las futuras andanzas de tus hijos como ciudadanos digitales. Antes de seguir construyendo la estructura real que los mantendrá a salvo y protegidos en línea, debes conocer dos elementos fundamentales: ética en el pensamiento y *empatía*. Ambos son e-senciales para criar niños que tendrán una relación saludable con la tecnología.

Pensamiento ético

> Instalar el comportamiento ético —la habilidad de saber hacer lo correcto y cómo hacerlo— tiene que ser nuestra preocupación número uno.
> —MARC PRENSKY, *Teaching Digital Natives*[10]

Casi todo lo que tus hijos harán en línea alguna vez involucrará el pensamiento ético. Sólo *piensa* en esto:

- Tu pequeña hija está en una pijamada, y está preguntándose si publicar una foto en una red social, aun cuando las niñas que no fueron invitadas a la reunión la verán.
- Tu hijo está trabajando en un reporte para su clase de historia y encuentra un pasaje en línea, que quiere cortar y pegar en su trabajo.
- Tu hija de diez años participa en un juego de multijugadores donde otros jugadores usan lenguaje soez y ella no ve nada malo en unirse.
- Hay una película que tus niños realmente quieren ver, y la encuentran en un video sitio "gratuito".
- Para abrir una cuenta en Snapchat, tu hijo de nueve años tiene que mentir con respecto a su edad.
- Tu hija adolescente está en su primera relación, y su nuevo novio quiere que ella le mande una foto reveladora.

Hasta que llegan más o menos a los doce o trece años de edad, la mayoría de los niños no están equipados con la experiencia para dilucidar las consecuencias —para ellos o para los demás— de estas situaciones completamente reales. Por eso muchos niños cometen errores en línea que con frecuencia lamentan más tarde.

Cómo ocurre el pensamiento ético

El pensamiento ético es "tomar la perspectiva de los demás, la consciencia de nuestros propios roles y responsabilidades en las comunidades en las que participamos, y reflexionar acerca de los daños o beneficios más globales de nuestras acciones para las comunidades en general".[21] Lo que se sabe acerca del pensamiento ético hoy se debe en gran parte al trabajo de dos prominentes figuras que estudiaron el desarrollo cognitivo y moral: Jean Piaget y Lawrence Kohlberg.

Aunque Kohlberg se enfocó principalmente en el desarrollo moral, basó sus teorías en las nociones del desarrollo cognitivo de Piaget, quien forjó la que se considera la teoría más extensa y convincente del desarrollo intelectual infantil.[22] Piaget estudió la forma en que los niños jugaban para aprender cómo desarrollaban un sentido de lo que está bien contra lo que está mal. Observó que se desarrollaban cognitiva y moralmente en cuatro etapas distintas:

> Sensoriomotora. Desde el nacimiento hasta los dos años, los niños experimentan el mundo exterior a través de sus acciones, sentidos y sentimientos inmediatos. El juego no estructurado, la manipulación de objetos físicos y la interacción con cuidadores amorosos son los ingredientes esenciales para el desarrollo cognitivo y motor saludable en esta etapa.

> Preoperacional. De los dos a los siete años, los niños pueden resolver problemas lógicos en un solo paso, y comienzan a pensar usando símbolos e imágenes internas. Sin embargo, tienen enormes limitaciones en sus habilidades para razonar, pensar a largo plazo o anticipar las consecuencias de sus acciones. Se involucran mucho en el pensamiento egocéntrico.

> Concreta. De los siete a los once años, o la infancia media, los niños comienzan a desarrollar la capacidad de pensar sistemáticamente, pero sólo cuando pueden referirse a objetos y actividades concretos. Aunque están empezando a tomar consciencia de que las otras personas tienen sus propias perspectivas únicas, no pueden adivinar exactamente cómo o qué está experimentando la otra persona.

> Formal. De los doce años en adelante, los niños finalmente desarrollan la capacidad del pensamiento lógico y abstracto, que es necesario para el pensamiento ético. Aunque un niño que está en la *etapa concreta* puede entender que sus acciones tienen consecuencias (porque así se lo han dicho), un niño en la *etapa formal* se dará cuenta de que sus decisiones con respecto a cuestiones éticas y morales también tienen consecuencias.

Es crucial para los padres aprender acerca de estas etapas *antes* de dar a un niño un dispositivo conectado. Aunque la edad promedio en que los niños reciben sus primeros teléfonos inteligentes es diez años, los que están entre los siete y los once años se encuentran en la *etapa concreta* del pensamiento, lo que hace poco probable que aprecien plenamente el impacto que un mensaje cruel o una mala fotografía puede tener en otra persona.[23] No es culpa de los niños cuando hacen algo desconsiderado en línea. Comienzan la vida con una visión del mundo completamente egocéntrica, y no pueden entender en qué forma el punto de vista o los sentimientos de otra persona pueden ser diferentes a los suyos. Por fortuna, los niños poco a poco se van descentralizando de esta mentalidad a medida que transitan por las etapas del desarrollo, pero este sentido de egocentrismo permanece incluso en la *etapa formal*, o los años de la adolescencia.[24]

Kohlberg llevó más allá el trabajo de Piaget al desarrollar una teoría del desarrollo moral que consiste en tres niveles: *preconvencional, convencional y posconvencional*. Él pensaba que durante el *nivel preconvencional*, que suele durar hasta los nueve años, los niños son capaces de razonar sólo como individuos aislados, no como miembros de una sociedad más grande.[25] Entre los diez y los quince años, cuando los niños entran en el *nivel convencional*, comienzan a considerar que la gente debe vivir según las expectativas de sus comunidades y comportarse en formas "buenas".[26] Al terminar este nivel, los jóvenes *finalmente* tienen la habilidad cognitiva para percibirse a sí mismos como ciudadanos de una sociedad más grande. El último nivel del desarrollo moral de Kohlberg, el *posconvencional*, abarca el dominio superior del pensamiento abstracto. Él creía que, aunque esta etapa puede comenzar desde los doce años, algunos individuos nunca alcanzan este pináculo de pensamiento moral. (Si necesitas prueba de esto, da una ojeada rápida a Twitter.)

Entender la forma en que el pensamiento ético se desenvuelve lentamente arroja luz sobre la dificultad que tienen muchos niños pequeños para actuar razonadamente a través de situaciones éticas como las que mencionamos arriba. En términos simples, estas situaciones están más allá de las habilidades cognitivas de los niños. Lo cual hace surgir la pregunta: ¿por qué hay tantos niños pequeños en línea?

Tuve la oportunidad de escuchar a Joseph Chilton Pearce, prolífico autor de numerosos libros sobre el desarrollo humano e infantil, abordar este tema hace años, poco antes de morir. Aquí está su recapitulación:

> Debemos alentar a los niños a que desarrollen la habilidad de pensar primero, y después darles la computadora. Después de eso, el límite es el cielo. Pero si introduces la computadora antes de que los procesos de pensamiento del niño estén desarrollados, entonces te encaminas al desastre. Esto es porque, como señaló Piaget, los primeros doce años de vida se pasan colocando las estructuras del conocimiento que permiten a los pequeños entender tipos de información abstracta, metafórica y simbólica. La capacidad del pensamiento abstracto se desarrolló como resultado de los procesos concretos naturales que han estado sucediendo durante millones de años.[27]

La edad importa

Si bien la tecnología *ha alterado* al mundo, no ha alterado el tiempo que le toma al cerebro de un niño desarrollar la habilidad de usarla bien. Por eso es que las restricciones de edad para las redes sociales son importantes. Casi cada red —desde Instagram hasta Snapchat, Facebook y más— exige que los usuarios tengan al menos trece años de edad para abrir una cuenta. Aunque me encantaría reportar que las redes sociales exigen esto porque quieren dar a los niños la oportunidad de madurar en sus capacidades de pensamiento ético, esa no es la razón. En Estados Unidos, las redes sociales deben someterse a una ley conocida como la Ley de la Protección de la Privacidad de los Niños en Línea (COPPA, *Children's Online Privacy Protection Act*).

Aprobada en 1998, COPPA protege a todo niño menor de trece años. La ley exige a los operadores de sitios web y servicios en línea que notifiquen y obtengan el permiso de los padres de un niño antes de recolectar su información personal, como nombre, dirección, número telefónico y nombre de usuario. Las compañías tampoco pueden recabar datos de geolocalización que pudieran identificar la calle donde vive el niño, ni almacenar ningún archivo que contenga la imagen o voz del niño. COPPA restringe cualquier cosa que pueda identificar lo que el niño está usando, como cookies, direcciones IP o el identificador de dispositivo único (UDID, *unique device identifier*) para los dispositivos móviles.

Cuando niños menores de trece años crean cuentas en las redes sociales, o cuando ingresan fechas de nacimiento falsas, esta ley federal no puede proteger su información personal de ser recabada y compartida con terceras partes. Sin embargo, 60% de los padres con hijos entre los diez y los quince años dice que permitiría que sus hijos fingieran ser mayores para darle la vuelta a estas restricciones de edad.[28]

Empatía

> Es más importante que nunca enseñar empatía desde el principio, porque nuestros niños van a necesitarla.
>
> —MELINDA GATES[29]

Años después del primer incidente cibernético que fue el catalizador para la creación de la materia de Cibercivismo en Journey School, ocurrió otra transgresión menor con respecto a las redes sociales. Esta vez, un niño de séptimo grado grabó y publicó un video en YouTube burlándose de una niña que se había burlado de otro niño en la vida real. ¿Me sigues? Esta contradictoria mezcla de insensibilidad (hacia la niña) y empatía (con el niño de quien se burló) es típica de la naturaleza confusa y compleja de la vida social en la secundaria. Los compañeros que vieron el video de inmediato llamaron la atención del profesorado sobre él y quisieron discutirlo en clase. Esperaban evitar que escalara a una acusación de ciberacoso "que sacaría de onda a los padres".

Cuando discutimos este incidente en nuestra clase de Cibercivismo al día siguiente, los estudiantes me impresionaron con su abundancia de empatía, no sólo por el niño del que se habían burlado en la clase *y* por la niña de la que se burlaron en el video, sino también por el *bully* que había publicado el video. "Todos hemos estado ahí y cometido errores de los que después nos arrepentimos", dijo una niña al niño que había publicado el video. "Te perdonamos, así que olvidemos esto." Y eso hicieron.

Hablar en la vida real acerca de sus vidas sociales en línea ayuda a los niños a procesar las relaciones humanas que todavía están descubriendo cómo navegar. No muchas escuelas o incluso familias hacen tiempo en el ocupado día de un estudiante de secundaria para hacer esto, y es una lástima.

Se necesita empatía

Casi cada experto con el que hablé mientras escribía este libro dijo que si pudiera equipar a los niños con un sólo súper poder digital, sería la empatía. La empatía es la capacidad de ponerse en los zapatos del otro. Incluye tomar perspectiva, y te permite sentir lo que el otro está sintiendo. La psicóloga educativa Michele Borba, autora de una guía indispensable para los padres que están criando niños bondadosos, llamado *Unselfie: Why Empathetic Kids Succeed in Our All-About-Me World* [*Solidaridad: por qué los niños empáticos tienen éxito en un mundo que es todo-acerca-de-mí*], explica que la empatía es "la piedra angular para convertirse en un adulto feliz y bien adaptado. Hace que nuestros niños sean más agradables, más propensos a encontrar empleo, más resilientes, mejores líderes, más conscientes y eleva sus expectativas de vida".[30]

La empatía está en una brusca caída. Entre 1979 y 2009, las puntuación de los estudiantes universitarios estadounidenses cayó un alarmante 40%, con la disminución más abrupta de 2000 en adelante.[31] Durante el mismo periodo, se demostró que el narcisismo estaba al alza.[32]

Yo sentí curiosidad de saber si la empatía había seguido en descenso desde 2009, el último año de este estudio, así que se lo pregunté a Borba. Ella me dijo que "ha seguido en caída libre, y parece estar cayendo más rápido en países hipercompetitivos y también en aquellos más tecnológicamente conectados".[33]

Los investigadores que realizaron el estudio sobre la empatía, Sara Konrath y Edward O'Brien, del *University of Michigan Institute for Social Research* [Instituto de Investigaciones Sociales de la Universidad de Michigan], también piensan que la tecnología puede contribuir a la disminución de la empatía. Según O'Brien: "La facilidad de tener 'amigos' en línea puede hacer más propensa a la gente a simplemente desconectarse cuando no tiene ganas de responder a los problemas de los demás, un comportamiento que puede transferir a su vida fuera de línea".[34] Los investigadores también notaron que la generación de estudiantes universitarios que estudiaron había crecido con videojuegos, y un creciente cuerpo de investigación está estableciendo que "la exposición a los medios violentos insensibiliza a la gente con respecto al dolor ajeno".[35]

Aun así, Borba me advirtió que tuviera cuidado al poner la carga de la caída de la empatía *completamente* sobre los hombros de la tecnología. "Pero, dicho esto, la tecnología definitivamente está jugando un papel, porque la puerta de entrada a la empatía es el alfabetismo emocional." Y explicó que el alfabetismo emocional es la habilidad de "leer el lenguaje facial o corporal de alguien y entender que se ve molesto o triste. Empatía es sentir con otra persona, y no puedes sentir con otra persona a menos que puedas leer o entender sus emociones".[36]

Al igual que el pensamiento ético, la capacidad de empatía crece junto con el niño. Cuando un bebé siente un vínculo con sus padres o con un cuidador amoroso, se siembran las semillas de la empatía. Poco a poco, explica Borba, "a medida que el egocentrismo se desvanece, surge el social-centrismo; los niños son más conscientes de los demás y lentamente se vuelven capaces de ponerse cognitivamente en los zapatos de otra persona". Pero los niños necesitan experiencias, alimento e intentos deliberados por parte de los adultos para ayudar a que estas semillas crezcan, dice ella. "Aunque los niños están programados para la empatía, hay muchas cosas que puedes hacer para cultivarla. La intencionalidad es crucial, particularmente en un mundo conectado e impulsado por los trofeos."[37]

Cultivar la empatía

Como casi todo lo que está relacionado con la tecnología, no se ha encontrado una correlación directa entre la disminución de la empatía y la tecnología. Pero no tienes que ser un científico espacial con un gran presupuesto de investigación para deducir que la interacción digital tiene algunas serias carencias. Falta de contacto visual, expresión facial, contacto humano y entonación de la voz son sólo algunas. Aprender a leer y comprender estas pistas humanas son experiencias que construyen empatía. En ausencia de esa práctica, resulta lógico razonar que los niños pueden terminar con una carencia de empatía. ¿No me crees? Está bien. Aquí hay un estudio que lo prueba.

En 2014, científicos de la UCLA estudiaron dos grupos de estudiantes de sexto grado de una escuela pública del sur de California. Un grupo pasó cinco días en un campamento en la naturaleza justo en las afueras de Los Ángeles, en donde no se permitía a los estudiantes utilizar dispositivos digitales. El otro grupo usó sus dispositivos digitales como de costumbre. Después de sólo cinco días en el campamento, los niños que no usaron la tecnología mostraron una mejora significativa en sus habilidades para leer expresiones faciales y pistas no verbales, comparados con el otro grupo. Lo cual significa que esos niños, los que usaron los dispositivos digitales, eran menos versados en leer las emociones humanas.

Según la autora líder del estudio, Yalda Uhls: "Si no practicas la comunicación cara a cara, puedes estar perdiendo importantes habilidades sociales".[38]

Criar niños empáticos en un mundo conectado

¿Cómo crías niños empáticos en un mundo conectado? De acuerdo con Borba, debes comenzar en forma temprana. "Número uno, haz a un lado tu propio teléfono. Las relaciones son clave", dice. "La empatía se cultiva a partir de conexiones cara a cara con tu hijo." Ella recomienda a los padres hacer lo siguiente:

> Establecer tiempo familiar sin conexión digital.

> Enseñar a los niños a mirarse a los ojos. "Ayuda enseñar a tus niños a notar el color de los ojos de aquellos con quienes habla", dice Borba.

> Hablen de emociones. Señálalas en todas las edades, pero particularmente cuando los niños son pequeños.

> Lean libros y vean películas con carga emocional. "Una gran forma de construir la imaginación moral es ponerse en los zapatos de otra persona", dice.

> Aprovecha las comidas, el momento de irse a dormir y cuando los llevas a la escuela para conectarte emocionalmente con los niños.

"Recuerda", dice Borba, "no hay marcha atrás en eso de ser padres". Todas estas actividades ayudarán a tu hijo a obtener habilidades de comunicación cara a cara en un mundo muy conectado.

MOMENTOS CIBERCÍVICOS

Cuenta historias

> Somos nuestras historias.
>
> —DANIEL PINK, *A Whole New Mind*

Una de las formas más efectivas de construir habilidades humanas en los niños digitales también es una de las más sencillas. Cuéntales historias. Las historias son la manera en que los humanos le encuentran sentido a un mundo confuso. Las historias nos inspiran, nos guían, nos entretienen, nos calman. En su libro *A Whole New Mind: Why Right-Brainers Will Rule the Future* [*Todo un mundo nuevo: por qué quienes usan el lado derecho del cerebro gobernarán el futuro*], el autor Daniel Pink sostiene que la habilidad de entender y contar historias —las que son *acerca de* nosotros mismos y las que nos contamos *a* nosotros mismos— es una habilidad necesaria ahora más que nunca.[39] La Dra. Pamela Rutledge está de acuerdo, al escribir en *Psychology Today*: "Las historias son la ruta para involucrar a nuestro cerebro derecho y disparar nuestra imaginación. Al involucrar a nuestra imaginación, nos volvemos participantes de la narrativa. Podemos salirnos de nuestros zapatos, ver las cosas en forma diferente y aumentar nuestra empatía por los demás. A través de la imaginación, tocamos la creatividad, que es el fundamento de la innovación, el autodescubrimiento y el cambio".[40]

Incluso los niños entienden el poder de una historia. Sólo mira las características que más les gustan en las aplicaciones que utilizan. Las "historias Snapchat", creadas con fotos y videos tomados durante el día, hiladas en una atractiva narrativa que los usuarios comparten con sus amigos, es una característica tremendamente popular. Cada niño que conozco que usa Snapchat cuenta diariamente una "historia Snapchat". Es una función tan popular que Instagram, Facebook Messenger, WhatsApp, Medium, Google y otros la han copiado. Un rápido recorrido por YouTube revela incontables videos creados por contadores de historias del público. Mi joven asistente me dijo que los niños cuentan historias subrepticiamente a través de sus noticias de Instagram. Al subir las fotos en cierto orden, o que comparten un esquema de color complementario, imágenes que al ser vistas juntas forman una gran imagen o una historia atractiva que remite a narrativas más amplias.

Contar historias a los niños, especialmente a los más pequeños, es una rampa de entrada digital deliciosamente fácil. Es la forma en que los maestros de Journey School siembran las semillas del alfabetismo digital temprano en nuestros estudiantes. Desde el momento en que los niños entran a la cálida comodidad de un salón de clases del jardín de niños, se sumergen en historias que transmiten lecciones morales, desde cuentos de hadas y fábulas en los primeros grados hasta mitos nórdicos y étnicos a medida que crecen. Para un observador externo, esto puede no parecer un "alfabetismo digital", pero lo es. Las historias ricas e imaginativas con lecciones morales ayudan a los niños a construir la comprensión y la empatía que necesitarán cuando empiecen a conectarse con incontables desconocidos en línea con distintas perspectivas del mundo, opiniones y modos de expresión. Y, seamos honestos: ¿quién no adora una buena historia?

Esto es lo que puedes hacer:

1. Cuenta historias a la manera antigua, leyendo un libro o a partir de un recuerdo. O puedes leer un libro electrónico en un dispositivo digital. De cualquier forma que lo hagas, asegúrate de elegir historias con personajes fuertes y lecciones morales. Puedes empezar con algunos de los viejos favoritos, como las fábulas de Esopo: "La tortuga y la liebre" (enseña la persistencia y la humildad), "La cigarra y la hormiga" (enseña la responsabilidad personal), o "El leñador honrado" (enseña que la honradez es la mejor política).

2. No les hagas a tus niños demasiadas preguntas acerca de las historias que les cuentas. No les pidas tampoco su análisis ni su juicio. En vez de eso, deja que absorban las lecciones morales. Ayúdales a construir una imaginería moral animándolos a que hagan dibujos acerca de las historias o, mejor, actúa las historias con ellos. Como señala Shelley Glaze-Kelley, de Journey School: "Los niños pequeños todavía no pueden razonar éticamente o pensar en forma abstracta, así que necesitan obtener las lecciones morales de alguien más. Por eso les contamos muchas historias o leemos libros donde los personajes, sean humanos, animales u otra cosa, tienen que resolver problemas. Esto es cien veces más poderoso que un adulto tratando de explicar qué es el bien y qué es el mal. Ellos aprovecharán estas lecciones cuando sean mayores y, especialmente, cuando entren en línea".[41]

Envía un correo electrónico

Uno de mis descubrimientos más sorprendentes como maestra de secundaria ha sido cuán poco saben los pequeños estudiantes acerca de las reglas de etiqueta en los correos electrónicos. A veces les pido a mis alumnos que me envíen su tarea por correo electrónico, y me quedo horrorizada ante la falta de saludo, el lenguaje del texto y sus ridículas o de plano escalofriantes direcciones electrónicas. ¿Cuánto tiempo pasará, me pregunto, antes de que se sientan avergonzados de su analfabetismo con respecto al correo electrónico?

Recuerdo que cuando era niña me hicieron pasar a través de la meticulosa mecánica de escribir una carta real. Aunque los niños de hoy nunca escriben o envían una carta física, escribirán miles de correos electrónicos u otro tipo de correspondencia digital. Los empleadores, los maestros y los colegas de negocios esperarán ver una redacción apropiada, buena ortografía y oraciones libres de *lols* y emoticones. Puedes enseñar a tus niños esta habilidad cuando todavía son pequeños, mientras demuestras cómo usar la tecnología para conectarte con los demás en una forma que tenga significado.

Una de las formas más seguras de introducir a los niños pequeños al correo electrónico es a través de una plataforma diseñada específicamente para ellos. Brittany Oler es cofundadora de KidsEmail, una compañía que ofrece ese servicio. Ella explica que, aunque el sitio funciona como un correo electrónico regular, como Gmail, también ofrece características de seguridad que les agradan a los padres. "Evitamos que los niños vean mensajes inapropiados o correo basura", dice Oler. "Los padres también pueden ser copiados en todas las comunicaciones de sus hijos. Pero probablemente lo que más les gusta a los padres es que pueden elaborar una lista de contactos, para que sus hijos sólo puedan enviarles correos electrónicos, digamos, al abuelo, la abuela, o a algunos amigos selectos. Es una gran forma de permitir que los niños comiencen a usar la tecnología para comunicarse con los demás, pero en un entorno seguro."[42]

Sea que decidas usar una plataforma como KidsEmail o Gmail, puedes seguir estos pasos para comenzar.

1. Abre una cuenta de correo electrónico para tu hijo o hija. Es un buen momento para explicarle que debe elegir un nombre de cuenta que no la avergüence dentro de diez años. Por ejemplo, marydoe@gmail.com es preferible a marygoesbananasformonkeys@gmail.com.

2. Hagan juntos una lista de contactos. Decidan con cuáles amigos y miembros de la familia te sientes cómodo de que él o ella se comuniquen.

3. Enseña a tus hijos cómo redactar un correo electrónico. Muéstrales cómo escribir el tema del correo en el espacio de "asunto". Enséñales cómo escribir oraciones completas, diles que deben escribir las palabras correctamente y utilizar una gramática adecuada. Por último, enséñales cómo dirigirse a un adulto ("Estimado señor" o "Estimada señora"), y cómo terminar ("Atentamente" o "Saludos cordiales" son términos que funcionan bien). Dado que tantos niños comienzan a enviar

mensajes antes siquiera de haber usado el correo electrónico, las abreviaturas y los modismos que pueden pasar en esa plataforma se están filtrando en la comunicación por correo electrónico. Eso no se verá tan bien cuando María entre a la secundaria y tenga que mandarle un correo electrónico a su maestra de español para explicarle por qué se atrasó en la tarea.

4. Involucra a tu familia y amigos como amigos electrónicos para tus hijos. KidsEmail sugiere que esto debe hacerse como algo divertido: anima a esos amigos a que les envíen a tus hijos una lista de cosas para encontrar (como un árbol o flor específicos, un bolígrafo rojo). Pide a tus hijos que les tomen fotografías a esos artículos y las envíen por correo electrónico a sus amigos. Esto les enseñará cómo escribir y enviar correos electrónicos apropiados, así como adjuntar archivos también.

"Hay tantas cosas divertidas que se pueden hacer con el correo electrónico", dice Oler, "pero lo más importante es que es una gran forma de introducir a los niños a la lectura y la escritura. Esas habilidades básicas son necesarias incluso en una plataforma tecnológica".[43]

Participa en actos al azar de bondad en línea

Nunca es demasiado temprano para enseñar a tus niños a ser bondadosos en línea. Apela a sus naturalezas empáticas naturales cuando son pequeños, y muéstrales cómo demostrar esa bondad en línea. Una forma fácil de hacerlo es mostrando a los niños cómo expresas *tú* la bondad en línea. Apoya empresas que te gusten, escribe reseñas de buenos libros que hayas leído, o publica cosas que hagan sonreír a la gente. Aquí tienes algunas ideas:

1. ¿Recientemente comiste con tu familia en un restaurante que les sirvió una deliciosa comida o les ofreció un excelente servicio? ¿Te quedaste en un hotel que realmente te gustó? ¿Visitaste un negocio local y viste que la propietaria era súper

servicial? Si es así, entra con tu hijo en línea y da a estos establecimientos o servicios buenas reseñas o calificaciones. Usa los ratings de Google, o una aplicación de calificación como Yelp o TripAdvisor. Explica a tus hijos que cuando le das una reseña positiva a un establecimiento o servicio —un acto bondadoso y considerado de tu parte— les ayudas a tener más clientes y hacer más negocios.

2. Si leyeron juntos un libro que les gustó, califica el libro para decirle al autor cuánto lo disfrutaron. Amazon es un gran lugar para hacer esto. Explica a tus hijos que cuando otros ven esa reseña positiva, pueden decidir comprar el libro también.

3. Por último, conforme tus hijos crecen, deja que te vean recorrer tus noticias en Instagram o Facebook y ponerles "me gusta" a las fotos de amigos o familiares, o a las publicaciones que cuentan historias positivas o difunden mensajes de bondad. Explícales que tu "me gusta" es el equivalente a un voto: le está diciendo al mundo en línea que tú apruebas esta foto o mensaje positivos, y que éste esparce esas vibras positivas a todo lo largo y lo ancho.

PARTE DOS

UNA ESTRUCTURA ROBUSTA

CAPÍTULO 3

Reputación

> La forma de tener una buena reputación es esforzarte por ser lo que deseas parecer.
>
> —SÓCRATES[1]

Harvard es una de las universidades más prestigiadas del mundo, y posiblemente la más difícil para entrar. Imagina el duro trabajo, la dedicación y la dimensión de la ayuda de personas inteligentes que un estudiante necesita para ser aceptado en esta prestigiosa escuela de la Ivy League. Realmente es un logro increíble. Ahora imagina a un niño que pierde esta aceptación duramente ganada, todo por algo que publicó en línea durante un momento de estupidez adolescente. ¿No sería algo para romperte el corazón?

Eso fue lo que ocurrió en la primavera de 2017. Harvard rescindió las cartas de aceptación de al menos diez estudiantes de nuevo ingreso por los mensajes que estos jóvenes publicaron en un grupo "privado" de Facebook (sip, la misma red social que el ex estudiante de Harvard Mark Zuckerberg creó en su dormitorio de la universidad).

Todo comenzó a finales de 2016, cuando un grupo de Facebook tipo "queremos conocerte" se abrió para los estudiantes de primer año y de nuevo ingreso. Algunos estudiantes se salieron de este grupo, formaron un grupo de chat privado y compartieron memes de cultura popular. De ahí se separó otro grupo privado, que se puso el nombre de "Memes de Harvard de adolescentes turqueses" y luego *"General Fuckups"*, algo así como "Jodedores generales". Para entrar a las discusiones de este grupo, se exigía a los estudiantes que publicaran el meme más ofensivo que pudieran.

En caso de que te preguntes qué es un *meme*, es una fotografía o imagen con un pie de leyenda que intenta ser chistoso. A menudo inofensivas, estas imágenes visuales hacen burla de situaciones o eventos cotidianos y son una forma popular de comunicación en internet hoy en día, especialmente entre los jóvenes. Los memes también se pueden compartir fácilmente, y los más chistosos tienden rápidamente a convertirse en *virales* (es decir, ampliamente compartidos). Los jóvenes son expertos en hacer y compartir memes. Pero parece que son menos expertos en entender que no existe privacidad en las plataformas donde publican estos memes. Como suelo decirles a mis jóvenes alumnos *ad nauseum, nada es privado en línea*. Repito esto tantas veces que, para finales del octavo grado, mis estudiantes están ansiosos de terminar la secundaria, ¡sólo para no tener que oírme decirlo otra vez! Pero en mi opinión, los niños nunca oyen esto lo suficiente. Tristemente, parece que nadie se tomó el tiempo de decírselos a estos listísimos, casi estudiantes de Harvard. De acuerdo con *The Harvard Crimson*, donde se publicó la historia, el contenido compartido por los estudiantes en ese grupo privado incluyó:

> "Memes y otras imágenes burlándose del asalto sexual, el Holocausto y muertes de niños."
> Bromas que sugerían que "abusar de niños era sexualmente excitante".
> Remates de chistes "dirigidos a grupos étnicos o raciales específicos".
> Un meme que se refería al "hipotético ahorcamiento de un niño mexicano [como] 'tiempo de piñata'".[2]

Horrorizados por estas publicaciones, otros estudiantes potenciales reportaron la página privada a los administradores de Harvard.

Una semana después, se rescindieron las admisiones de diez estudiantes del grupo privado que había publicado estos memes.

Esto, amigos, es nuestro fracaso colectivo.

Es el resultado de descuidar el enseñar a la primera generación de estudiantes nacidos y criados con dispositivos digitales que sus acciones en línea pueden tener graves consecuencias fuera de ella.

LAS UNIVERSIDADES OBSERVAN

Cada vez más, lo que los niños publican en línea y lo que otros publican acerca de ellos (es decir, sus "reputaciones digitales") tienen influencia en su futuro. Según una reciente encuesta anual de Kaplan Test Prep, más de dos terceras partes de las universidades (68%) dicen que es "permisible" visitar el perfil de redes sociales de un solicitante para ayudarse a decidir quién ingresará. Cerca de una de cada diez de las universidades encuestadas dijo que había revocado la solicitud de un estudiante de nuevo ingreso con base en algo encontrado en línea.[3]

Y al contrario, de acuerdo con una encuesta inicial de Kaplan, de los oficiales de admisión que verifican los sitios de redes sociales de los estudiantes que aplican, 47% reportó encontrar información que dio una impresión positiva de ellos, hasta 37% el año anterior.[4] Algunas de las cosas que encontraron que tuvieron un impacto positivo en las probabilidades de admisión de los solicitantes incluyeron:

> Una cuenta de Twitter que describía un panel LGBTQ que una estudiante había promovido para su escuela. Los oficiales de admisión dijeron que esto "los había interesado en ella en general" y les había ayudado a "imaginar cómo ayudaría a la comunidad".

> Otra estudiante que había ganado un premio incluyó una fotografía de ella recibiéndolo, con su director, en su página

personal. Uno de los oficiales de admisión dijo que esto fue "agradable de ver".

> Una joven había iniciado una compañía con su mamá, y los oficiales de administración dijeron que "fue genial visitar su sitio web".[5]

Aun si no es una práctica oficial de una universidad revisar las redes sociales durante el proceso de admisión, los lectores individuales de la universidad pueden hacerlo. Beth Wiser, directora ejecutiva de admisiones para la Universidad de Vermont, dijo a CNN que, como cuestión de política, su escuela no revisa las redes sociales de un posible estudiante. Pero, agregó: "si un estudiante incluye un vínculo a un destino digital, una cuenta de YouTube, o posiblemente una plataforma de red social, el lector de la solicitud puede revisar ese vínculo".[6] Wiser compartió un ejemplo de una estudiante que estaba interesada en la jardinería orgánica y quería graduarse en sistemas alimenticios en la universidad. En línea, mostró el trabajo que había hecho en este campo y después compartió el vínculo en su solicitud. Wiser le dijo a Kelly Wallace, de CNN, la reportera de esta historia: "Mostró un nivel de compromiso el que ella realmente pensara bien cuáles son sus planes futuros y cómo el curso de estudio académico de la universidad realmente se ajusta muy bien con... las cosas que ya está haciendo".[7]

Cada vez más, las universidades, los empleadores, los arrendatarios, las agencias de adopción de mascotas y casi todos los demás están recurriendo a las redes sociales para saber más acerca de la gente que quieren aceptar, contratar, rentarle, confiarle un ser vivo o conocer mejor. Así que es importante que los jóvenes tomen buenas decisiones cuando construyen y mantienen sus reputaciones digitales, comenzando con el momento en que se aventuran en línea por primera vez.

CREACIÓN DE UNA REPUTACIÓN DIGITAL POSITIVA

Ayudar a la gente joven a crear perfiles positivos para las redes sociales es el trabajo y la pasión de Alan Katzman, un abogado que vive en la ciudad de Nueva York, quien pasó muchos de sus primeros años de carrera trabajando como un consejero legal interno para varias firmas tecnológicas. Una de las compañías con las que trabajó tenía una rama investigadora que empleaba detectives que habían trabajado en el FBI, el Servicio Secreto y la policía de Nueva York (NYPD), y que eran expertos en descubrir cualquier cosa sobre una persona. Katzman observó la forma en que utilizaban las redes sociales cada vez que querían saber más acerca de la gente a la que estaban investigando. No necesitaban órdenes de cateo, herramientas especiales de investigación o acceso propietario para obtener la información que necesitaban. Todo estaba disponible en línea, y gratis.

"Todo esto era tan nuevo para mí", me dijo Katzman. "Si alguien estaba alegando que estaban demasiado quebrados como para pagar un juicio, pero publicaban en Facebook una foto de su nuevo Porsche, los investigadores tenían toda la información que necesitaban para proceder con el cobro. Yo estaba intrigado."

Katzman se imaginó que otros también debían estar usando las redes sociales para investigar a la gente. Tenía razón. Descubrió que los colegas y los empleadores entraban en línea para saber más sobre sus solicitantes. "El consejo experto que prevalecía en esa época era que era mejor que los estudiantes quitaran por completo las redes sociales de la ecuación. Bajo la directriz de 'no permitas que tus redes sociales dañen tu futuro', los expertos les insistían a los estudiantes que cerraran, borraran, adoptaran un alias o simplemente 'limpiaran' sus redes sociales antes de aplicar a una universidad o buscar un empleo", dijo Katzman. "Creo que este consejo es miope y presuntamente negativo. Si las universidades y los empleados estaban buscando saber más acerca de sus solicitantes, entonces era razonable que debía enseñárseles a los solicitantes a publicar contenido informativo que contara su historia."[9]

Aunque Katzman vio una oportunidad de negocios potencial en eso, todavía no estaba listo para dejar su empleo para perseguir su corazonada, hasta un domingo lluvioso en que convenció a una de sus hijas, entonces en segundo de secundaria, de que le ayudara a limpiar el sótano. Durante esta tarea, ella descubrió una caja de álbumes de vinilo de la juventud de Katzman.

"Una vez que la convencí de que esos discos negros de hecho reproducían música, insistió en que instalara mi viejo sistema estéreo para poder escucharlos. Yo accedí, y ella no podía creer qué bien sonaba la buena música análoga a sus oídos entrenados digitalmente", me dijo. Pocos días más tarde, la niña le preguntó a su padre si podía comenzar un blog. "Esta fue la primera vez en la vida que escuché la palabra 'blog'", dijo Katzman. "Cuando ella me convenció de que era algo seguro, le di permiso y ella compartió su idea conmigo."[10]

Esta idea era investigar cada álbum —descubrir cuándo se había lanzado y qué estaba ocurriendo en el mundo en ese momento— y después escribir una publicación para su blog acerca de sus descubrimientos. Terminó publicando en su blog información acerca de media docena de álbumes durante ese segundo de secundaria, y ocho más al año siguiente. Incluso con las distracciones de su último año, produjo algunas entradas de blog más.

Avancemos a cinco años después. Mientras era una estudiante de tercer año en la Universidad de Wisconsin-Madison, la hija de Katzman recibió un correo electrónico no solicitado de alguien que trabajaba en una subsidiaria de Sony Music. El remitente estaba buscando contratar a una estudiante que hiciera el trabajo previo para las bandas bajo contrato con Sony, que estuviera en el área de Madison. Encontró a la hija de Katzman en LinkedIn y había seguido el vínculo en su perfil a su blog de música. Después de leerlo, supo que ella era la persona ideal para el trabajo.

"Ahí fue cuando supe que debía poner en práctica mi idea para lo que se convertiría en "Social Assurity" [Seguridad Social]", me dijo Katzman. "Me di cuenta de que los estudiantes tienen que aprender que los medios sociales son una gran forma de dar una primera impresión positiva en gente que toma decisiones importantes sobre su futuro. También supe, por la experiencia de mi hija, que el contenido digital auténtico e inteligente puede abrir puertas a la oportunidad."[11]

El plan de Katzman era mostrar a los estudiantes de bachillerato y de universidad cómo usar los medios sociales para mostrar sus habilidades, intereses, talentos, logros y trabajo voluntario a las universidades, escuelas de posgrado, comités de becas y empleadores. Este es el servicio que Katzman ofrece a través de Social Assurity hoy en día, y lo mantiene bastante ocupado.

¿VALE LA PENA EL ESFUERZO?

Aunque la idea de Katzman de ayudar a los niños a usar los medios sociales para mostrar sus pasatiempos y talentos suena muy bien, también parece exigir una gran cantidad de trabajo. Cuando le pregunté a Katzman sobre esto, replicó: "Todavía me parece extraño que tantos padres se aferren a la idea de que las calificaciones, las puntuaciones en las pruebas, un ensayo sincero de quinientas palabras, y una abundancia de actividades extracurriculares y clases de orientación vocacional harán que los niños entren a las mejores escuelas, cuando estas escuelas están evaluando el carácter, el servicio y el compromiso. Historias de genuino servicio familiar y comunitario, participación proactiva en una causa o actividad, compromiso, civismo y resiliencia permiten que un estudiante se destaque de otros solicitantes calificados. Los medios sociales son la plataforma perfecta para transmitir estas historias directamente al escritorio de un oficial de admisiones".[12]

Entonces me contó sobre Jack, un estudiante de secundaria con un sólido promedio general. "Pero en estos días eso no es suficiente para asegurar que te acepten en las universidades y colegios más selectivos", dijo Katzman.

Pero Jack tenía una historia. Comenzó a tocar la viola a los ocho años de edad y siguió con eso durante los años de educación media y bachillerato, tocando con orquestas escolares y comunitarias. Jack sabía que no podía perderse una práctica o ensayo porque sería injusto para los otros miembros de la orquesta. Tuvo que desarrollar habilidades de gestión de tiempo para mantener buenas calificaciones y al mismo tiempo perseguir su amor por la música. Katzman le aconsejó a Jack que creara un perfil en las redes sociales donde pudiera mostrar su amor y aprecio por la música y también escribir acerca de las importantes lecciones de vida que estaba aprendiendo.

"En su complemento para la Aplicación Común", explicó Katzman, "Harvard suele preguntar si hay alguna información que el solicitante quiera compartir que todavía no haya sido revelada". Cuando Jack llegó a esta parte de la aplicación, compartió un vínculo a su perfil de LinkedIn y sugirió que los oficiales de admisión lo visitaran para conocer más acerca de sus actividades extracurriculares. Unas semanas después, Jack llamó a Katzman para informarle que había recibido una alerta de LinkedIn. Alguien de la oficina de admisiones de Harvard había visto su perfil, reportó Jack entusiasmado. "Unas semanas después de eso", dijo Katzman, "Jack recibió una oferta de aceptación".[13]

Aunque es imposible saber si el perfil de LinkedIn elevó la escala a favor de Jack, la segunda historia de Katzman me convenció de que el tiempo y el esfuerzo que toma la gestión de la reputación *vale la pena*.

Reggie, un estudiante de bachillerato que obtuvo puntuaciones modestas en el examen de evaluación para la universidad, tuvo que ayudar a sostener a su familia, financiera y emocionalmente, durante sus años de secundaria. Cuando llegó el momento de aplicar para la universidad, usó el entrenamiento en medios sociales que había recibido de Social Assurity para compartir las muchas responsabilidades con las que tuvo que lidiar. Aplicó para varias universidades dentro y alrededor del área de Atlanta, sabiendo que no podría asistir a ninguna de ellas a menos que recibiera una ayuda financiera sustancial. Sorprendentemente, Reggie no sólo fue aceptado en una de las universidades de sus sueños, sino que también recibió una generosa oferta para una beca. La única forma de explicar ambas cosas, dijo su orientador en el bachillerato, fue su presencia en las redes sociales y lo que esto reveló acerca de su carácter y la dedicación a su familia.

"Saber cómo construir una presencia digital brillante y desarrollar técnicas efectivas para trabajar con las redes sociales son habilidades de vida esenciales", dijo Katzman.[14] Al igual que las universidades, las empresas a menudo recurren a los medios sociales para saber más acerca de sus prospectos de empleados.

LOS EMPLEADORES TAMBIÉN ESTÁN OBSERVANDO

De acuerdo con una encuesta de 2017 de CareerBuilder, 70% de los empleadores en Estados Unidos usaron los medios sociales para monitorear a los candidatos antes de contratarlos, un significativo incremento de 60% en 2016.[15] Además, tres de cada diez empleadores dijeron que contrataban a alguien que se dedicaba únicamente a vigilar la presencia en línea de los solicitantes.

¿Qué están buscando los empleadores? Entre otras cosas:

- Sesenta y uno por ciento está buscando información que sustente las calificaciones del solicitante.
- Treinta y siete por ciento quiere saber lo que otras personas publican acerca del candidato.
- Veinticuatro por ciento busca alguna razón para no contratar al candidato.

Más de 44% de los empleadores encontró contenido en una red social que hizo que *quisiera* contratar al candidato. Pero más de la mitad encontró contenido que provocó que *no* contrataran a un candidato. Sorprendentemente, casi 66% de los empleadores reportó ser menos propenso a llamar a alguien para una entrevista si *no* puede encontrar a la persona en línea.[16]

LIMPIA TU CUARTO DIGITAL

En la utopía digital de mis sueños, los niños sólo publican cosas positivas en línea porque han tenido el tiempo y la oportunidad de aprender a usar la tecnología en forma segura, inteligente y bondadosa. Entonces despierto y recuerdo cuánto trabajo hay todavía por delante para que este sueño se convierta en realidad.

Pero *estamos* llegando ahí, aunque lentamente. Muchos niños se dan cuenta de que lo que publican en línea importa. Se queda en línea para siempre, y posiblemente será visto por cualquiera y por todos, cuando sea y donde sea. Incluso puede regresar para atormentarlos cuando menos se lo esperan. De igual forma, los padres están aprendiendo que deben ayudar a que sus hijos entiendan todo esto. Aun así, los niños serán niños. Cometerán errores y muchos entrarán en línea antes de que el hardware que tienen en la cabeza esté listo para ayudarles a tomar las buenas decisiones que exige el mundo en línea.

Es imperativo hablar con los niños acerca de sus reputaciones digitales, con frecuencia y en forma temprana. Muchas escuelas abordan esto invitando a expertos en seguridad en línea a sus campus. Pero a menudo estos "expertos" sermonean a los niños o recurren a tácticas de temor que no funcionan y resultan completamente contraproducentes. Los niños consideran a los adultos que les hablan *a ellos* acerca de su mundo digital como los pájaros considerarían a los perros que les dicen cómo volar. Una mejor forma de ayudar a los niños a entender la importancia de mantener una reputación digital positiva es dejarlos experimentarla desde una perspectiva diferente.

Hace años me tropecé con una lección en una de esas guías curriculares en las que trabajó Erin Reilly cuando era directora de investigación del Henry Jenkins's Project New Media Literacies en USC Annenberg. Su equipo acababa de asociarse con el grupo Howard Gardner's GoodPlay de la Universidad de Harvard para diseñar un nuevo currículo llamado "Nuestro espacio: ser un ciudadano responsable del mundo digital". Una de sus lecciones,

"Una huella de billones de dólares", retaba a los estudiantes a elegir a un concursante para un programa televisivo ficticio basándose en la huella digital de la persona. Subsecuentemente, esa lección terminó como el currículo de ciudadanía digital Common Sense Media's K para las escuelas (un recurso excelente), donde fue adaptado para la educación media. Inspirándome en él, lo cambié de nuevo y decidí pedir a mis alumnos que pretendieran ser oficiales de admisión de una universidad. Incluso les permití decidir qué universidad querían representar. Como estamos en California, las universidades que se les ocurrieron incluían Stanford, UCLA y Cal, algunas de las más difíciles para ingresar en el estado, y en el país. Después, los estudiantes usaron el contenido en línea que yo había reunido (todo inventado, por supuesto) acerca de dos solicitantes ficticios y usaron la información para decidir qué candidato merecía más recibir la beca completa que estaban otorgando.

Comenzaron leyendo la carta de aplicación (falsa) de cada estudiante. Los candidatos, un hombre y una mujer, se describían a sí mismos y hablaban de sus altos promedios generales, sus excelentes puntuaciones en los exámenes y sus numerosas actividades extracurriculares. Ambos aseguraban ser atletas extraordinarios. Como era imposible decidir cuál de los dos era más merecedor basándose solamente en estos autorreportes, mis alumnos recurrieron a la "cartelera digital" (falsa) de cada candidato para saber más.

Antes de esta actividad, los estudiantes ya habían aprendido que una cartelera digital es una colección de las actividades en línea de una persona, su reputación digital. Aunque a menudo es referida como una huella digital, la llamamos cartelera por un par de razones. Primero, como me han señalado los alumnos, las huellas se deslavan con facilidad. Para ellos, una cartelera parece algo más permanente. Segundo, cualquiera en la "superautopista de la información" puede ver una cartelera. Anuncia qué tipo de persona eres.

Mis alumnos descubren rápidamente que el contenido de la cartelera de cada solicitante no es tan estelar. El muchacho, Dave, un talentoso jugador de soccer, publicó una foto de sí mismo "adornando" con tiras de papel higiénico la casa de un vecino, y también publicó un video de la travesura en YouTube. Auch. Además, un artículo en un periódico dijo que supuestamente lo habían atrapado hackeando la computadora de su escuela para acceder a un examen de biología. Aún más, un club al que dijo que pertenecía publicó en su página de Facebook que lo habían echado por faltar a demasiadas reuniones.

Cuando los alumnos voltearon su atención a Kate, la otra solicitante, que deseaba especializarse en letras inglesas, y miembro de la sociedad de honor de la escuela, descubrieron que su blog de comida estaba lleno de errores gramaticales y faltas de ortografía. En sus noticias de Instagram, alguien la acusó de usar una fotografía que pertenecía a alguien más. Aparece escasamente vestida en una publicación en otra red social, y su nombre no aparece en la lista de miembros de la sociedad de honor en el sitio web de la escuela.

Mis jóvenes alumnos, muchos de los cuales apenas están comenzando a usar los medios sociales digitales, juzgaron a estos solicitantes con dureza. Decidieron que ninguno de los dos merecía una beca.

Pero hay más de trasfondo en esta lección. Después de que los alumnos toman su decisión, deben regresar y echar otro vistazo al rastro digital de cada candidato. Con una inspección más de cerca, notaron que el "Dave" que había sido acusado de hackear era una persona distinta del "David" que había aplicado para la beca. No es raro que dos estudiantes de una gran escuela compartan el nombre, expliqué. Además, si hubieran estudiado con más cuidado la información que les di, habrían notado que el "Dave" mencionado en el artículo juega lacrosse, no soccer. Y, como les señalé, la publicación de Facebook que dijo que había sido echado de la lista del club era de hacía varios meses, algo más que pasaron por alto.

Mis alumnos se dieron cuenta de que también habían pasado por alto algunos detalles sobre Kate. El sitio web de su escuela no había sido actualizado en casi un año, lo cual explica por qué no apareció en la lista de la sociedad de honor.

A menudo, esta inspección más detallada hace que mis estudiantes se sientan desalentados. "No es justo", dicen. "Es tan fácil que ocurran errores en línea, incluso errores que no son tu culpa. Además, a veces otras personas publican cosas sobre ti que no son ciertas." También dicen: "Los niños bromean mucho en línea", y se preguntan si los adultos pueden percibir cuando los niños publican cosas en broma, o cuando están siendo sarcásticos. "¿Los adultos toman esto en consideración?", quieren saber. ¿Mi respuesta? Tal vez, pero no cuentes con ello.

LA GENTE TE JUZGA POR LO QUE VE EN LÍNEA

Así como mis estudiantes hicieron juicios apresurados acerca de los dos solicitantes ficticios, basándose en una revisión somera de la cartelera digital de cada uno, la gente en la vida real lo hace todo el tiempo. Bradley Shear, un abogado de D. C. especializado en las leyes de los medios sociales digitales, piensa que esto es un gran problema. En una entrevista con el *New York Times*, Shear dice: "Los colegas pueden identificar erróneamente la cuenta de una persona con el mismo nombre... o incluso confundir la cuenta de un impostor, como perteneciente al solicitante, lo cual potencialmente conducirá a un trato injusto. A menudo... el contenido falso y engañoso que hay en línea se toma como un hecho".[17]

Como fundador y consultor general de una compañía llamada Digital Armour, Shear aconseja a los estudiantes, profesionistas y clientes corporativos acerca de los problemas legales, de privacidad, reputación y seguridad inherentes a la era digital. "Los niños van a cometer errores", dice Shear. "¿Por qué deben estos errores ligarse a ellos por el resto de sus vidas?"[24]

Shear me contó acerca de uno de sus clientes que había sido admitido en una de las universidades más prestigiadas del mundo. A este solicitante le revocaron su oferta de admisión y una beca de 250 mil dólares debido a un supuesto "me gusta" inapropiado en Facebook y un emoticón acerca de las elecciones presidenciales de 2016.

"Era un niño con los parámetros más altos de seguridad", cuenta Shear. A pesar de esto, uno de los 'amigos de Facebook' del solicitante había tomado una captura de pantalla de los supuestamente inapropiados "me gusta" y emoticón, los guardó durante meses, y los envió de manera anónima a la oficina de admisión de la escuela a la que el cliente de Shear había sido admitido. La escuela contactó al solicitante, quien verificó el "me gusta" y el emoticón hacía largo tiempo borrados. Subsecuentemente, la universidad rescindió la beca y la admisión.

La historia de Shear es siniestramente similar a una que escuché de una funcionaria de admisiones que trabaja para una universidad de California. Ella me contó que recibió un sobre de manila por correo, sin remitente, lleno de capturas de pantalla supuestamente sacadas de las cuentas "falsas" de redes sociales de una solicitante. La nota que acompañaba a las imágenes alegaba que estaban siendo enviadas por otro prospecto de estudiante. Decía: "Ustedes tienen que saber cómo es realmente esta niña; no es tan rechinantemente limpia como creen".

"El sobre estaba lleno con selfies medio desnudas, publicaciones plagadas de lenguaje soez", me contó la funcionaria de admisiones. "No sólo no podía creer lo que estaba viendo, tampoco podía creer que otra estudiante llegara a esos extremos para atraer mi atención con esto. Pensé: '¿Realmente es esto a lo que hemos llegado?'"

De acuerdo con Shear: "Las universidades, escuelas de posgrado y los empleadores no revocan las ofertas porque los solicitantes carezcan de una sólida vida digital; sin embargo, rechazan a los solicitantes si encuentran en línea algo que plantee una duda acerca del carácter, integridad o juicio del solicitante".[19]

Por favor, diles a tus hijos que cualquier cosa que digan o hagan en línea, o que otros digan o hagan sobre ellos, habla toneladas de su carácter. Y ese carácter sigue importando.

¡VAYA, GRACIAS, MAMÁ Y PAPÁ!

¿Recuerdas al bebé en la sala de partos, cuya reputación digital nació en el momento en que se publicó esa primera fotografía en Facebook o en Instagram? No está solo. ¡Muchas de las reputaciones digitales de sus compañeros debutaron en sus ecografías! Hoy en día, las reputaciones digitales de los niños son construidas en su mayor parte, sin su conocimiento ni consentimiento, por la gente que más los ama. Comienza en forma bastante inocente: madres embarazadas ansiosas de compartir los resultados de un ultrasonido, padres orgullosos de compartir fotografías poco después del nacimiento, y abuelos felices de publicar fotografías de las fiestas, las celebraciones, las reuniones familiares y así seguimos. Todo esto se va acumulando y, antes de darte cuenta, la cartelera digital de un niño está retacada de información.

Considera esto:

> Noventa y dos por ciento de los niños de dos años ya tiene un perfil en línea, con fotos e información publicada en pocas semanas a partir de su nacimiento.[20]
> Treinta y dos por ciento de los padres que sube, en promedio, entre once y veinte nuevas fotos de sus hijos al mes.[21]
> Los padres publican un promedio de 1500 fotos de sus hijos, en medios sociales digitales, antes de sus quintos cumpleaños.[22]
> Veintiocho por ciento de los padres dice que nunca pensó en preguntar a sus hijos si les importaba que sus padres subieran imágenes de ellos en línea.[23]

Cuando les enseño a los alumnos acerca de sus reputaciones digitales, escucho mucho acerca de los hábitos de publicación de sus padres. Lamento reportar que *los niños no están muy felices que digamos* acerca de las fotografías, videos, publicaciones y más que los adultos bienintencionados de sus vidas han compartido a su nombre durante años. A veces incluso me piden que interceda por ellos. Incluso si tuviera el valor de hacerlo (no lo tengo), mis intervenciones llegarían, una década o más, demasiado tarde. En defensa de sus padres, les digo a mis estudiantes que mucho de lo que sus padres han publicado sobre ellos son cosas positivas, y que les ayudarán a creae una buena impresión en línea sobre otros. Pero no es así como mis alumnos lo ven. Sienten que son ellos quienes deben crear sus propias reputaciones digitales y que les han robado esta oportunidad.

OVERSHARENTING

Hay un nombre de la era digital para esto: *sharenting,* o en casos extremos, *oversharenting,* que pueden ser traducidos al español como exposición o sobreexposición. El término describe cuando los padres comparten [en inglés, *share*] en línea los detalles de las vidas de sus hijos. Sue Scheff, autora de *Shame Nation: Choosing Kindness and Compassion in an Age of Cruelty and Trolling* [*La nación de la vergüenza: elegir la bondad y la compasión en una era de crueldad y acoso*] y yo hemos discutido ampliamente este fenómeno. Ella es una de las mejores personas a las cuales recurrir en busca de consejo en este tema, porque algunos eventos dramáticos en su propia vida la convirtieron en una de las expertas mundiales más destacadas en construcción y gestión de la reputación digital. En 2003, se convirtió en el insospechado blanco de un cliente rencoroso que la atacó maliciosamente en línea, esparciendo rumores, acusaciones y mentiras que terminaron haciendo pedazos la reputación digital de Scheff. Ella se defendió en la corte y, al final, ganó un histórico juicio de 11.3 millones de dólares por difamación e invasión de la privacidad, sobre lo cual escribió en su segundo libro, *Google Bomb.* A pesar de su victoria en los tribunales, la reputación digital de Scheff había recibido una golpiza y reconstruirla le tomó muchos años de esfuerzo constante. Actualmente trabaja incansablemente para ayudar a otros a evitar un destino similar y, lo que es más importante, aconseja a jóvenes y adultos sobre cómo mantener una presencia positiva en línea.

"Creo que los padres necesitan ser más conscientes en general de lo que comparten en línea", dice Scheff. "Lo que tienen que recordar es que, con la tecnología actual, nunca puedes estar completamente seguro de quién va a ver lo que publicas, porque se vuelve global instantáneamente." Una de sus principales recomendaciones a los padres que quieren publicar imágenes de sus niños es aprovechar la funcionalidad de "lista" de Facebook. "Cuando creas una lista en Facebook, puedes reducir fácilmente quién puede ver tus publicaciones. De esta forma, si quieres compartir fotos y videos de tus hijos, puedes asegurarte de que sean vistos por una lista selecta de sólo familiares y amigos, por ejemplo", dice Scheff. "Recuerda, los niños son sensibles con respecto a lo que publicas."[24]

No son sólo los padres quienes publican cosas vergonzosas sobre sus hijos en línea. A menudo, los niños publican cosas vergonzosas sobre *sí mismos* de las cuales se arrepentirán después. Yo aprendí esto un día cuando mi hija de dieciocho años irrumpió en mi oficina para preguntar: "¿Por qué diablos me dejaste abrir una cuenta en Facebook cuando estaba en octavo grado? ¿En qué estabas pensando?" Esto me tomó por sorpresa. Yo pensaba que había hecho un buen trabajo aplazando su permiso para entrar a las redes sociales hasta que cumpliera trece años, la edad mínima para abrir una cuenta en Facebook. Además, en aquel entonces yo checaba las publicaciones, y me parecían bien, aun cuando eran un poco torpes e infantiles. "¿Cuál es el problema?", pregunté con curiosidad.

Ella estaba en el proceso de encontrar potenciales compañeras de dormitorio en la universidad en la que había sido aceptada, y descubrió que los niños se checaban unos a otros entrando a sus cuentas en las redes sociales. Mi hija estaba mortificada por unas fotografías y publicaciones vergonzosas de hacía años que todavía eran visibles e imposibles de ocultar. Aun cuando borró las publicaciones, sus amigas la habían etiquetado, y ahora estas imágenes bochornosas aparecían en noticias sobre las que no tenía control.

"Tienes que advertir de esto a los estudiantes", me dijo. "¡No se debería permitir que alguien tan niño usara las redes sociales!"

CUANDO LOS NIÑOS PEQUEÑOS USAN LOS MEDIOS SOCIALES DIGITALES

Mi hija probablemente tiene razón. El cerebro de trece años de edad puede no estar listo para los medios sociales. Aun cuando la mayoría de los niños puede comenzar a pensar en forma lógica, y después en forma ética, alrededor de los doce a los trece años, los recientes avances en la imagenología del cerebro revelan que ciertas partes del cerebro no son completamente funcionales hasta aproximadamente los veinticinco años. Una de las últimas áreas del cerebro en madurar completamente es la corteza prefrontal, que es en gran parte responsable del pensamiento racional y el buen juicio, dos capacidades muy necesarias cuando se usan los medios sociales digitales. Sin una corteza prefrontal completamente desarrollada, los adolescentes procesan la información con su amígdala, o sus emociones, y eso los hace más propensos a:

> Actuar por impulso.
> Leer mal o malinterpretar las pistas sociales y emocionales.
> Involucrarse en comportamientos peligrosos o arriesgados.[35]

Aunque un adolescente puede *entender* las posibles consecuencias de publicar en línea una selfie estúpida, la parte de su cerebro que debería advertirle: "A ver, espera un momento; mejor no publiques esa", todavía no es completamente operativa. ¿Así que adivina qué ocurre? La desafortunada imagen es publicada, compartida y puede regresar para atormentarlo después.

Pero trata de explicarle esto a un adolescente de trece años al que le pican las manos por usar Instagram (asumiendo que hayas podido frenarlo tanto tiempo). En vez de argumentar con adolescentes irracionales acerca de su irracionalidad, podrías tener mejor suerte impartiendo este simple consejo que aprendí sobre Scheff. En el momento en que tus hijos abren sus primeras cuentas en una red social, diles que practiquen lo que ella llama las tres "C":

> **Conducta.** Sé consciente cómo actúas en línea. Recuerda que hay una persona al otro lado de la pantalla.
> **Contenido.** Piensa en lo que compartes. Pregúntate: ¿esto me avergonzará o me humillará, a mí o a alguien más?
> **Cuidado.** Sé considerado, bondadoso y cuidadoso. Recuerda publicar con empatía por los demás.

LA FALSA MODESTIA

En un esfuerzo por no ser vistos como engreídos en sus publicaciones en las redes sociales, algunos usuarios recurren a una estrategia conocida como "*humblebragging*"* [falsa modestia]. Una publicación de esta naturaleza (*humblebrag*) es "autodespreciativa y sin embargo autopromocional".[26] Es un tipo especial de alarde que trata de ocultarse a sí mismo detrás de una queja o incluso un débil intento de humildad.

En un estudio que explora este fenómeno, los investigadores citan los siguientes ejemplos:

> No tengo idea de por qué me aceptaron en todas las mejores universidades.
> La gente me dice y me dice que qué linda soy. Qué vergüenza.
> Estoy tan cansado de que siempre me elijan para posiciones de liderazgo.[27]

Resulta que estas declaraciones, en apariencia humildes, que buscan impresionar, rara vez tienen ese efecto en quien las lee. La

---

* De *humble*, humilde, y *brag*, alardear, presumir. (*N. de la T.*)

gente piensa que son poco sinceras y ven a quienes hacen esto menos agradables que los que presumen directamente o se quejan con sinceridad.

Si quieres alardear o presumir en las redes sociales, las investigaciones actuales sugieren que lo hagas y punto.

CREAR UNA MENTALIDAD DE QUE LAS ACCIONES DIGITALES SON PÚBLICAS Y PERMANENTES

Entre las personas que conozco, una de las que más trabajan es Richard Guerry, fundador y director ejecutivo de The Institute for Responsible Online and Cell-phone Communication (IROC$_2$). Guerry viaja por todo Estados Unidos dando talleres de cargados de energía y llenos de información a los estudiantes, y ofreciendo videos bajo pedido a las escuelas que no tiene tiempo de visitar. Durante el año académico, está en carretera casi todos los días, "tratando de ayudar a generaciones de niños a usar su tecnología para mejorar sus vidas, no para lastimarse a sí mismos".[28] En 2017 estuvo en veintitrés estados, visitando 225 escuelas. El calendario en su sitio web te deja sintiéndote completamente exhausta.

Los talleres de Guerry se centran en su lema: "Public y Permanent"®, [Públicas y Permanentes], la base de lo que él llama tener una "consciencia digital". Él piensa que es vital equipar a la nueva generación con adultos que puedan blandir la tecnología con una mentalidad que les ayudará a manejar cualquier nueva tecnología que se cruce en su camino. Eso se reduce a hacerles recordar dos cosas:

> Las acciones en línea son públicas.
> Las acciones en línea son permanentes.

"Queremos que nuestros niños sean capaces de ir a una fiesta, o una boda o una playa, ir a la universidad, unirse a una sororidad o fraternidad; hacer básicamente las mismas cosas que hicieron sus padres", me dijo Guerry. "Deben poder soltarse y ser humanos y no tener que preocuparse de que alguien les esté tomando una foto o un video y después los publique en algún lado. Eso significa que tenemos que ayudar a que todos los niños entiendan que la tecnología es básicamente la flama del siglo XXI. Puede usarse para bien o puede quemar."

Guerry dice que los niños deben tener empatía por los demás cuando usan la tecnología, porque ellos tienen poder sobre *sus propias* reputaciones y también sobre las de sus amigos. "Esa comprensión y ese cambio deben comenzar en alguna parte", opina Guerry. "Me imagino que comienza con cada niño con quien hablo."

A pesar de su riguroso calendario, Guerry permanece vigorizado por su trabajo, "especialmente cuando los niños me dicen que importa". Esto ocurrió recientemente mientras Guerry estaba visitando una escuela pública en Baltimore. Un niño que había sido estudiante en una escuela privada sólo para hombres le dijo: "Durante el verano entre mi penúltimo y último año, entré en un grupo privado, entre comillas, en Facebook. Yo pensé que sólo éramos mis amigos y yo, pero no era así. La escuela vio algunas de las cosas que publicamos, y me expulsaron, y ahora estoy en una escuela pública. ¿Cómo le voy a explicar a las universidades por qué me expulsaron de la escuela a la que asistí toda mi vida y terminé en una escuela pública durante mi último año?" Con lágrimas en los ojos, este muchacho le dijo a Guerry: "Quisiera haberte oído hablar antes del verano pasado".

"Cuando ves a los ojos a un niño que te está diciendo esto", dice Guerry, "cansado como estás, esas son las historias que se te quedan en la mente y te mantienen poniendo un pie delante del otro".[29]

LA EDUCACIÓN SOBRE
LA REPUTACIÓN DIGITAL FUNCIONA

Al igual que Alan Katzman, Sue Scheff, Bradley Shear y Richard Guerry, soy una apasionada de ayudar a los niños a entender el impacto de sus reputaciones digitales. Tengo la fortuna de tener acceso a mis estudiantes durante tres años completos, y repasamos este tema una y otra vez. Aun así, a menudo me pregunto si las lecciones "se les pegan" cuando se van a casa y se quedan solos con sus teléfonos. Los niños son niños, y he aprendido a esperar errores o, como me gusta llamarlos, "momentos enseñables".

Sin embargo, los niños también están llenos de sorpresas. Billy, el compañero que ayudó a mi hija a construir la banca y que conociste en el capítulo 2, me dio una de las mejores sorpresas hace algunos años. Él y mi hija estaban en mi primer grupo de estudiantes de Cibercivismo. Recuerdo con cariño a esos alumnos porque me enseñaron más acerca de lo que necesitaban aprender de lo que yo pensé que tenía que enseñarles acerca del alfabetismo digital. Una mañana, Billy llegó tarde a clase, irrumpió en el salón y se dirigió al escritorio de una linda niña llamada April. Ella se había unido a la clase de octavo grado ese año, y por lo tanto se había perdido todas nuestras lecciones previas sobre la reputación digital. April tenía una cuenta en Instagram, donde la mayoría de los niños en la clase la seguían, y la noche antes había publicado una selfie. En la foto, tomada en la playa, traía puesto un minúsculo bikini y había adoptado una pose extremadamente provocativa. Era el tipo de fotografía que esperarías que el niño promedio de octavo grado y sangre en las venas adorara. Pero eso fue lo que me sorprendió. En vez de reírse de la foto a sus espaldas, Billy se plantó ante April y le dio una buena regañada. "Deberías borrar esa estúpida foto que publicaste", dijo. "Va a arruinar tu reputación digital." Ella se quedó sentada ahí por un momento, tratando de descubrir de qué diablos estaba hablando Billy, antes de salir corriendo del salón en lágrimas. Aunque sentí pena por April, y pensé que la arenga de Billy había sido un poco dura, me di cuenta de que él había hecho lo que yo había estado esperando que mis alumnos hicieran: cuidarse unos a los otros en un entorno donde no hay adultos que los cuiden. En su forma cruda y, en cierta forma, insensible, Billy había hecho exactamente eso. April se fue a casa ese día y borró la publicación.

MOMENTOS CIBERCÍVICOS
Haz una fiesta Google

¿Alguna vez te has "googleado" a ti mismo? ¿A tu pareja? ¿A tus hijos? ¿A tus parientes o amigos? Si no, tómate un momento para hacerlo junto con tus hijos o, mejor aún, como familia. Pero, va una palabra de advertencia: a lo mejor quieres buscarte a ti y a tu pareja en Google en forma privada. Este consejo me lo compartió una maestra que imparte lecciones de Cibercivismo en su propia escuela. A su vez, ella había seguido mi consejo de googlearse a sí misma, pero lo había hecho con toda su clase observando. Por desgracia, fue tomada con la guardia baja por cierto contenido que surgió por ahí. Simplemente nunca puedes saber. Una vez que hayas hecho este trabajo previo, sigue los siguientes pasos:

1. Junto con tus hijos, búscate en Google a ver qué sale. Revisa tus resultados y pregúntales: ¿Qué es positivo? ¿Hay algo negativo, y si lo hay, qué es? ¿Cómo pueden mejorar su reputación digital?

2. Enseguida, busca a tu pareja, parientes, hijos o los amigos de tus hijos. Trata de usar distintos buscadores, y recuerda buscar cualquier apodo que ellos puedan usar en sus cuentas de medios sociales. Después, haz las mismas preguntas de arriba, y también: ¿Cómo pueden otras personas juzgar a tu pareja, parientes, hijos o los amigos de tus hijos con base en lo que encontraste de ellos en línea?

3. Habla con tus hijos acerca de las medidas preventivas que pueden tener para equilibrar sus reputaciones digitales a favor de un contenido positivo.

4. Por último, considera establecer una "Alerta de Google" para recibir actualizaciones regulares sobre las menciones de tus hijos en la red. Esto se hace fácilmente registrándote en una cuenta con Gmail, si tienes una, e ingresando los términos de búsqueda (es decir, los nombres de tus hijos) que quieras que la Alerta de Google rastree. De esa forma recibirás notificaciones si algo se publica que pueda afectar sus reputaciones digitales.

Cuenta historias de las redes sociales

Tan inesperado como pueda parecer, muchos niños, incluso quienes ya usan las redes y medios sociales, no están familiarizados con la terminología de las actividades digitales en las que tanto les gusta participar. Incluso si ellos están familiarizados, tú puedes no estarlo y por eso es importante que revisen juntos la terminología de las redes sociales, para que todos puedan estar en la misma frecuencia. Entonces pueden llegar a la parte divertida de esta actividad, contando historias de las redes sociales.

1. Revisa los siguientes términos comunes con tus hijos, para asegurarte de que ambos entiendan el impacto completo de los medios sociales.

   > Sitios de medios sociales: cualquier sitio web o aplicación donde los usuarios crean y comparten contenido, incluyendo comentarios. Los sitios de video como YouTube y los juegos en línea que permiten el contacto entre jugadores también son sitios de medios sociales.

   > Etiqueta o etiquetar: cuando "etiquetas" a la gente (o a las cosas), creas un vínculo a su perfil. Si tú o un "amigo" etiquetan a alguien en tu publicación, esta puede ser visible a la audiencia que tú seleccionas *y también* para los amigos

de la persona etiquetada. Esto impactará tu reputación digital y también a la de la persona etiquetada.

> Captura de pantalla: una captura de pantalla es una imagen de la pantalla de una computadora o un teléfono móvil que puede ser guardada por la persona que la toma. Pueden usarse varios programas para tomar capturas de pantalla, pero también es muy fácil de hacer sin usar ningún programa especial. Así es como se guardan las imágenes e información publicadas en las aplicaciones de los medios sociales que pregonan que el contenido "desaparece" (por ejemplo, Snapchat), y tienen el potencial para ser compartidas en otra parte.

> Subir: cuando subes algo a internet, estás moviendo o copiando un archivo de una computadora o dispositivo a otro (¡o a muchos otros!).

> Publicación: es una pieza escrita, una imagen o cualquier otro tipo de contenido publicado en línea, usualmente en un blog o en un medio social. Cuando se usa como verbo —como "publicar algo en línea"— significa que estás publicando algo en un foro en línea.*

2. Ahora que tú y tus hijos conocen la terminología general, ¡compartan algunas historias! Es fácil encontrar historias acerca de los percances en los medios sociales en las noticias. Incluso puedes pedir a tus hijos que compartan historias que hayan visto u oído, o compartir las tuyas. Si necesitas una buena historia de las redes y medios sociales, usa la que presento a continuación. Es una de las historias verdaderas que discutimos en nuestras clases de Cibercivismo.

Molestemos a Mark

Mark, un niño de sexto grado, aplica para ser un salvavidas júnior en su lugar natal y es el único en su clase que fue aceptado. Está

---

* Usamos "publicación" para fines de preservación del lenguaje. Sin embargo, el anglicismo se ha introducido en el lenguaje diario como "post" para designar la publicación, y "postear" para designar el acto de publicar. (N. de la T.)

entusiasmado y orgulloso de este logro, y sus padres lo están también. Su madre **sube** su foto en su propio **sitio de red social, lo etiqueta** y escribe: "Estoy tan orgullosa de Mark por haber sido aceptado hoy en el escuadrón de salvavidas júnior". Algunos de los amigos de Mark ven la **publicación** y piensan que se ve chistoso en la fotografía, así que hacen una **captura de pantalla** de ella, la publican en sus propias **cuentas de redes sociales** y escriben comentarios sarcásticos. Alguien incluso bromea **publicando** su falsedad: "Oye, amigo, ¡te vi copiando en el examen de primeros auxilios!" Otros niños ven esta **publicación** y la comparten con sus amigos y seguidores.

1. Discutan sus historias. Si usas la historia que te presenté, las siguientes preguntas pueden servir para comenzar una discusión:

   > ¿De quién es la culpa de esparcir la información falsa de que Mark "copió" en su examen de primeros auxilios?

   > ¿Crees que la gente que no conoce a Mark bien sabrá que sus amigos estaban bromeando?

   > Menciona algunas de las consecuencias a largo plazo que estas publicaciones pueden tener en Mark.

   > ¿Cómo pudo manejarse en forma diferente esta situación?

Diseña tu cartelera digital

Esta es una de mis actividades favoritas en el salón de clases, porque el arte que produce decora nuestras paredes. También puedes hacer esta actividad en casa.

1. Di a tus hijos que piensen en su reputación digital como una cartelera espectacular gigante en la "superautopista de la información", que puede ser vista por cualquiera que pase por ahí. Esta cartelera desplegará una acumulación de todo lo que publican en línea, o que otros publican sobre ellos, esencialmente anunciándolos ante el mundo.

2. Deja que tus hijos piensen qué quieren que diga su cartelera. ¿Le dirá al mundo lo que han hecho bien en la escuela? ¿El tiempo que trabajaron como voluntarios? ¿Sus triunfos en los deportes? ¿O compartirá cosas que quizá no quieran que el mundo vea?

3. En una gran cartulina blanca, dibuja una cartelera en blanco (un rectángulo con un poste que lo sostiene). Pide a tus hijos que personalicen sus carteleras llenándolas de imágenes e información que les gustaría ver desplegadas acerca de sí mismos dentro de diez años. Esa información puede incluir una publicación en Facebook acerca de un premio que ganaron, un video en YouTube de ellos tocando con una banda popular, o un artículo noticioso en línea acerca de su trabajo alimentando a los indigentes. Anímalos a que sean imaginativos y creativos. ¡Recuerda, el cielo es el límite!

CAPÍTULO 4

Tiempo de pantalla

He inventado mi propia versión de la famosa máxima del escritor gastronómico Michael Pollan: "Disfruta las pantallas. No demasiado. Principalmente con otras personas".

—ANYA KAMENETZ, *The Art of Screen Time*[1]

La primera vez que noté la forma en que las pantallas pueden interferir con una experiencia realmente increíble de la vida real fue en 1990. Todavía no tenía hijos, ni les enseñaba a los hijos de otras personas. En aquel entonces era directora de marketing y televisión en Surfer Publications (el trabajo era tan increíble como suena), y una tarde de agosto me encontraba en un avión con mi próximo futuro esposo y cuatro esquiadores profesionales, en dirección a las pendientes de esquí de la isla sur de Nueva Zelanda para grabar un episodio de *Snowboarder TV*, una serie que producíamos para ESPN.

Durante nuestro vuelo de Auckland a Queenstown, volamos por encima de los magníficos Alpes del Sur de Nueva Zelanda. Era un hermosísimo día de invierno, sin una nube en el cielo, lo cual era bastante inusual para esta cordillera. Con mi cara pegada a la ventana fría, me maravillaba ante los chapiteles de hielo y los vastos glaciares que parecían estar tan cerca que uno podría tocarlos. De pronto, el inmenso Monte Cook apareció ante nosotros, con sus 3 764 metros de altura, sus flancos helados perforando el cielo azul cobalto. Era increíble e indudablemente una de las vistas más espectaculares que yo había visto jamás.

Apreciando la rareza del día, el piloto de nuestra pequeña aeronave abrió la puerta que daba a la cabina de mando, para que la docena de pasajeros pudiera disfrutar más de esta vista que quitaba el aliento. Pero los esquiadores, todos ellos hombres jóvenes en los últimos años de la adolescencia, o entrados en los veinte, se perdieron todo el condenado momento. En vez de apreciar este espectáculo que sólo se ve una vez en la vida, cada uno de ellos estaba inclinado sobre el popular dispositivo portátil de ese tiempo, el Nintendo Game Boy, ocupados en jugar e indiferentes al mundo más allá de sus pantallas.

Recuerdo que pensé, "qué raro".

Si alguien me hubiese advertido entonces que esto llegaría a ser un comportamiento adolescente enteramente normal y común cuando tuviera mis propios hijos, nunca lo hubiera creído.

AVANCEMOS AL DÍA DE HOY

Dadas todas las distracciones digitales disponibles hoy en día, los niños se pierden las maravillas del mundo físico todo el tiempo. No es una empresa fácil hacer que se den cuenta de esto, como me fue recordado el año pasado, cuando un furioso estudiante de séptimo grado llamado Nick saltó de su silla durante una de nuestras clases de Cibercivismo para anunciar a sus compañeros: "¡Lo que la Sra. Graber acaba de pedirnos es ilegal!"

Verás, yo acababa de pedir a Nick y a sus compañeros que se abstuvieran de usar todos los medios digitales por veinticuatro horas, durante el fin de semana, y que escribieran un párrafo acerca de la experiencia. Era la misma tarea que les había estado dejando a los alumnos de séptimo grado cada septiembre por los últimos siete años. Cuando le asigné esta tarea a la clase de mi propia hija, en 2011, los estudiantes aceptaron el reto sin quejarse. Incluso se entusiasmaron con él. Pero desde entonces, esta tarea ha sido recibida cada vez con menos entusiasmo.

De hecho, decir que la reacción de mis estudiantes es "poco entusiasta" es el eufemismo del siglo. Se pusieron lívidos. Se pasaron la mayor parte de nuestra hora de clase tratando de hacerme entender por qué les era imposible hacer a un lado sus pantallas por veinticuatro horas:

—Pero *tengo* que recibir mis mensajes de texto.

—*No puedo* estar fuera de contacto con mi equipo de soccer.

—¿Y cómo *demonios* voy a tomar y publicar fotografías?

—¿Y qué pasa con mi *Snapstreaks?*

—Mis compañeros de juego en línea van a pensar que *me morí.*

—¡Esto es abuso infantil!

Una niña sincera, con sus enormes ojos cafés llenos de lágrimas, me dijo:

—Es *lo único* por lo que espero el fin de semana.

Aunque estaba preparada para recibir cierta resistencia, la respuesta de esta clase me agarró completamente con la guardia baja, y a Shelley Glaze-Kelly, que era mi maestra adjunta ese día, también. Pensarías que acababa de pedirle a cada niño que se cortara una mano. Pero considerando que dichos apéndices por lo general están aferrados a un teléfono, adivino que así fue como les pareció esta tarea.

Cuando una niña confesó que tenía una amiga cuya maestra había retado a sus alumnos a dejar de usar dinero por veinticuatro horas, finalmente sentí que tenía una aliada en el grupo.

—Eso debió haber sido difícil —dije.

—Para nada —dijo la niña—. Dejar mi teléfono sería mucho, mucho más difícil.

Pregunté a sus compañeros si estaban de acuerdo. Lo estaban. Unánimemente. "Wow", pensé, "¿cómo diablos llegamos a esto?"

DEBEMOS AGRADECÉRSELO
A LOS TELÉFONOS INTELIGENTES

Ser propietario de un teléfono inteligente se ha vuelto casi un sinónimo de adolescencia. En unos pocos años, el número de adolescentes con teléfonos inteligentes se ha disparado. Un reporte de 2018 del Pew Research Center reveló que 95% de los adolescentes tiene un teléfono inteligente, o acceso a uno. Esto representa un aumento de 22 puntos porcentuales de 73% de los adolescentes que reportaron tener teléfonos inteligentes en 2014-2015.[2] Incluso antes de que los adolescentes tuvieran sus propios teléfonos, muchos de ellos afilaron sus dientes usando tabletas o los teléfonos inteligentes y las computadoras de sus padres.

Según el mismo reporte de Pew, 45% de los adolescentes dijo que usa internet "casi constantemente". Esa cifra casi se ha duplicado del 24% que dijo lo mismo en la misma encuesta de Pew de 2014-2015. Otro 44% de los adolescentes reportó entrar en línea varias veces al día. En total, aproximadamente nueve de cada diez adolescentes dijeron que entran en línea múltiples veces al día.[3]

Si piensas que esto es exclusivo de Estados Unidos, piénsalo mejor. El uso de internet a través de un teléfono móvil es *dos veces más alto* en África y en Asia. Muchos países en estas regiones simplemente se saltaron el uso de computadoras de escritorio, después de laptops, y fueron directo a teléfonos conectados a internet, porque son más baratos y fáciles de adquirir y usar. Hoy en día, los estudios indican que entre 1.6 y 11.3% de los adolescentes en China, Taiwán y Corea del Sur están considerados como "adictos" a internet, y China fue el primer país en declarar que la adicción a internet era un trastorno clínico.[4]

La escena que me pareció tan rara hace años —adolescentes con las cabezas inclinadas sobre una pantalla, perdiéndose todo lo que sucede a su alrededor— ni siquiera hace que se levanten las cejas hoy en día. Y el tiempo que los adolescentes pasan mirando las pantallas parece crecer en forma exponencial cada año. Yo lo observo con los niños a los que les doy clases, y los datos que recabo de ellos lo confirman.

Cada año, pido a los nuevos alumnos de séptimo y octavo grados que escriban todo lo que hacen desde el momento en que despiertan a la hora en que se van a dormir en un típico día de verano. Esto es importante porque, con frecuencia, el uso de las pantallas pasa desapercibido. Las pantallas están en los supermercados, restaurantes y estaciones de gasolina. Los niños usan las pantallas no sólo para enviar mensajes, sino también para checar el clima, encontrar la ruta a la casa de un amigo, y buscar en Google cualquier cosa que les cause curiosidad. La vida diaria y las pantallas están cada vez más inextricablemente entrelazadas, y lo han estado desde que estos niños eran bebés. Así que a menos que registren sus actividades, no tienen idea de cuánto tiempo pasan usando las pantallas.

Esta es una actividad que he realizado cada año durante los últimos siete años, y cada año el número de horas de pantalla que los estudiantes autorreportan coincide con los promedios nacionales, no sólo en nuestra escuela, sino en muchas otras que enseñan Cibercivismo. Sin embargo, el año pasado los datos que recolecté me tiraron al suelo. Solamente en una clase, el tiempo promedio pasado usando pantallas por día fue de unas alarmantes 11.5 horas por niño.

Los estudiantes se impactan también cuando descubren cuánto tiempo pasan mirando sus pantallas. Cuando los desafío a ponderar qué es lo que el tiempo de pantalla puede haber suplantado en sus vidas fuera de línea, muchos admiten tristemente que quisieran haber "pasado más tiempo en la playa" o "con amigos" o "tocando la guitarra". Por eso no me sorprendió mucho que un reporte de 2016 de Common Sense Media reveló que 50% de los adolescentes dicen "sentirse adictos" a los dispositivos móviles.[5]

LOS UNIVERSITARIOS TAMBIÉN
PASAN MUCHO TIEMPO EN LÍNEA

Joni Siani es una vivaz profesora de medios y comunicaciones en el Mount Ida College, en las afueras de Boston, Massachusetts. Hace algunos años, notó una marcada disminución en las habilidades interpersonales de sus alumnos, la cual atribuyó a la creciente cantidad de tiempo que estaban pasando con sus teléfonos.

"Comencé a notar que estaban desarrollando una relación muy diferente con lo que una vez pensamos era una pieza genial de tecnología", me dijo Siani. "En una corta década, parece que cambiaron totalmente en la forma en que interactúan entre sí. Son la generación tecnológicamente más experta, pero también la más deficiente socialmente."[6]

Siani, quien tiene una maestría en psicología por el Cambridge College en Massachusetts, estaba interesada en explorar el vínculo psicológico entre sus alumnos y sus teléfonos, así que les preguntó cómo los hacían *sentir* sus teléfonos.

—Si alguien me quitara mi teléfono, sentiría horrible —dijo Taylor, una joven con el pelo teñido de rojo brillante—. Incluso me llevo mi teléfono a la ducha.

Otro estudiante, un muchacho llamado Mike, dijo:

—Tengo que saber lo que todos están haciendo. No sería capaz de aguantar la ansiedad de no tener mi teléfono sólo por esta razón.

Siani decidió diseñar un experimento social que pensó podría ayudar a sus estudiantes a desarrollar mejores habilidades de comunicación interpersonal "no mediadas por los dispositivos". Lo que aprendió en pocos años fue tan esclarecedor que sus estudiantes la urgieron para que escribiera un libro sobre eso. Así que lo hizo. Entonces sus estudiantes le dijeron: "Pero nuestra generación no lee, así que tienes que hacer una película". Ella lo hizo también. Su libro y su premiado documental tienen el mismo título: *Celling Your Soul*.[7]

Me topé con Siani recientemente y le pregunté sobre su proyecto.

Como sus estudiantes son como media generación más grandes que los míos, lo que yo realmente quería saber era qué les esperaba a mis alumnos, quienes ya estaban exhibiendo ese perturbador vínculo con sus dispositivos.

Ella me dijo que después de trabajar con sus estudiantes en sus habilidades interpersonales —como la escucha imparcial y empática— los retó a tomarse un descanso de la tecnología. Pero, a diferencia del breve desafío de veinticuatro horas que yo les planteé a mis alumnos, su "Limpia Digital", como la llamó, duró toda una semana. Abandono repentino. Cero teléfonos. Cero internet. Nada.

Según un alumno de su clase, llamado Steve: "Cuando la profesora Siani nos dijo que nuestro proyecto final sería dejar nuestros teléfonos y todo internet por una semana, mi reacción inmediata fue: '¿Cómo puedo zafarme de esto y aun así aprobar esta materia?'"

Como mis alumnos, la mayor parte de los de Siani estaban furiosos con la tarea, y se lo dijeron.

—Al carajo con eso. Es pura mierda. No puedes obligarnos a hacerlo.

—¿Quién se cree que es? Como es mayor, ya sabe cómo ser social con la gente en su vida. ¿Cómo voy a saber lo que está pasando con mis amigos?

"El mensaje que esta generación está recibiendo", dice Siani, "es que no pueden conectarse unos con otros sin esa cosa en sus manos para hacerlo. Todos se sienten 'adictos'".[8]

¿LA "ADICCIÓN A INTERNET" ES REAL?

Sí.

De cualquier forma, eso es lo que todo el mundo piensa. Una de las cuestiones para romper el hielo que lanzo cuando visito escuelas y grupos comunitarios es: cuando piensan en los niños y la tecnología, ¿cuál es la primera palabra que les viene a la mente? La palabra que se menciona más comúnmente es *adictos*.

Sin embargo, la "adicción a internet" no es un diagnóstico clínico oficial. No está incluido en el más reciente *Diagnostic and Statistical Manual of Mental Disorders* [*Manual de diagnósticos estadísticos y trastornos mentales*], o *DSM-*, la guía autorizada para el diagnóstico de trastornos mentales, usada por los profesionales del cuidado de la salud en Estados Unidos y en muchas partes del mundo.[9] La única adicción conductual y no relacionada con el uso de sustancias que se menciona en el *DSM-5* es la "ludopatía". De todas formas, la palabra "adicción" se usa causalmente y a menudo con respecto a la tecnología. Especialmente cuando la discusión es en torno a los niños.

El Dr. David Greenfield, fundador del Center for Internet and Technology Addiction, y profesor clínico asistente de psiquiatría en la Escuela de Medicina de la Universidad de Connecticut, es una de las principales autoridades mundiales en el uso adictivo y compulsivo de internet, computadoras y medios digitales. Lo conocí en 2015 en la inauguración de la Cumbre de la Ciudadanía Digital en Hartford, Connecticut, donde él estaba presentando la única sesión del evento acerca del sobreuso de la tecnología. Greenfield explicó que, si bien la adicción a internet no es un diagnóstico oficial, hay una mayoría de personas, incluyendo a los niños, que muestran signos de comportamiento compulsivo o están sobreutilizando sus teléfonos. Cuando este comportamiento interfiere con una esfera de vida principal —relaciones sociales, desempeño académico o relaciones familiares— entonces se convierte en un problema.

Un par de años después volví a hablar con Greenfield, porque tenía curiosidad sobre si este problema estaba mejorando o empeorando. Dijo que con los padres dándoles teléfonos a niños cada vez más jóvenes, estaba viendo a algunos de hasta doce y trece años exhibir tendencias adictivas. Estos niños, a los que llama miembros de la "Generación D" (*D* por Digital), han crecido con la tecnología. Hoy está enraizada en su cultura como grupo en una edad en la que son particularmente vulnerables.[10]

¿QUÉ HACE A LOS NIÑOS TAN VULNERABLES A LA TECNOLOGÍA?

Greenfield califica al teléfono inteligente como "la máquina traga-monedas más pequeña del mundo", y dice que internet es la más grande. Como una máquina tragamonedas, ambos corren en una programación de refuerzo de razón variable, lo cual es una forma elegante de decir que, cada vez que entramos en línea, nunca sabe-mos exactamente lo que va a suceder después, y que es esa impre-visibilidad la que nos mantiene regresando por más. Piensa en ese sonido que anuncia la llegada de un nuevo mensaje de texto, un co-mentario en la red social o una actualización de noticias. Esas noti-ficaciones recompensan a nuestros cerebros con un pequeño disparo de dopamina, un químico que provoca placer, y cuando entramos en línea para ver lo que ese sonido está anunciando, recibimos un segundo disparo de este químico que nos hace sentirnos bien. La *anticipación* de lo que ese sonido puede traer consigo eleva la dopa-mina *todavía más* que la recompensa real de recibir un mensaje, un "me gusta" o una actualización de las noticias de última hora.

El centro de recompensa de dopamina que esas notificaciones y recompensas activan es la misma región del cerebro que expe-rimenta placer con la comida, el sexo, las drogas, el alcohol y el juego. Estas son grandes noticias, porque por mucho tiempo la co-munidad científica creyó que el placer derivado de jugar *World of Warcraft*, por ejemplo, nunca podría elevarse al mismo nivel de placer adictivo que se logra con las sustancias físicas. Resulta que estaban equivocados. Los patrones de neuronas que se disparan a través del cerebro en todos estos casos son casi idénticos. Hoy en día, los estudios PET y las RM funcionales revelan un aumento en la captura de glucosa en las regiones del cerebro orientadas al pla-cer, y el neurotransmisor asociado con ese proceso es la dopamina.

El Dr. Nicholas Kardaras aborda este fenómeno en "'It's 'Digi-tal Heroin': How Screens Turn Kids into Psychotic Junkies" ["Es heroína digital: cómo las pantallas convierten a los niños en adictos psicóticos"]: "Ahora sabemos que esos iPads, teléfonos inteligentes y Xboxes son una forma de droga digital. Investigaciones recientes de imagenología cerebral están mostrando que afectan la corteza frontal del cerebro, que controla el funcionamiento ejecutivo, incluyendo el control de los impulsos, en la misma forma en que lo hace la cocaína. La tecnología es tan hiperexcitante que eleva los niveles de dopamina —el neurotransmisor que nos hace sentir bien y que está más involucrado en la dinámica de la adicción— tanto como el sexo".[12]

Es bastante rudo resistirse a la tecnología cuando uno tiene una corteza frontal plenamente funcional que, presumiblemente, muchos adultos poseen. Pero los adolescentes carecen de esta ventaja biológica. Y como si eso no fuera suficiente hándicap, una trifecta de otros factores converge durante los años de la adolescencia que hace que este grupo de edad sea particularmente vulnerable a los encantos de la tecnología.

Primero, comenzando en la adolescencia temprana y llegando a su pico a medio camino de esa etapa, los adolescentes experimentan un aumento en la actividad de los circuitos neurales que usan dopamina. Por eso los adolescentes gravitan hacia sustancias y experiencias que les proporcionan recompensas, como los "me gusta" de las redes sociales y los avisos de mensajes de texto. Durante un experimento realizado en el Ahmanson–Lovelace Brain Mapping Center, de UCLA, los investigadores mostraron a treinta y dos adolescentes fotografías de ellos mismos en una pantalla de computadora durante doce minutos y analizaron su actividad cerebral, usando resonancia magnética funcional, o RMf.[13] Cada fotografía desplegaba un número de "me gusta" que supuestamente había recibido de otros adolescentes participantes (en realidad, fueron los investigadores quienes asignaron estos "me gusta"). Cuando los adolescentes veían sus propias fotografías con un mayor número de "me gusta", los investigadores observaron un aumento de actividad en el circuito de recompensa cerebral, una región que de acuerdo con ellos es particularmente sensible durante la adolescencia.

Segundo, además de experimentar placer con las actividades en internet, los adolescentes se vuelven adictos al placer más fácilmente que los adultos. En su libro *The Teenage Brain* [El cerebro adolescente], la Dra. Frances Jensen explica que los adolescentes aprenden comportamientos más rápidamente que los adultos, y que la adicción es una forma de aprendizaje.[14] Esta eficiencia para aprender un comportamiento que después podría convertirse en una adicción se ha observado en adolescentes que fuman cigarrillos, los cuales muestran tasas más altas de adicción al tabaco que los adultos que fuman la misma cantidad.[15]

Por último, el comportamiento compulsivo o adictivo puede secuestrar la capacidad del cerebro para acceder al centro de juicio de la corteza frontal. Esa es la parte del cerebro que debería preguntar. "¿Cuán importante es este mensaje de texto?" o "¿Tengo que checar Snapchat cada cinco minutos?" Como el centro de juicio de una persona no es plenamente operativo hasta los veinticinco años, los jóvenes ya están en desventaja para tomar decisiones sólidas. La mayoría de las compañías de renta de autos sabe eso, por lo cual veinticinco es la edad mínima para rentar un vehículo.[16]

Así que hagamos un resumen. Primero, los niños reciben un disparo de dopamina cada vez que sus teléfonos anuncian y entregan recompensas, lo cual sucede a menudo. Segundo, los niños se vuelven adictos más fácilmente a las experiencias placenteras que los adultos, como aquellas proporcionadas por los teléfonos. Y tercero, los niños carecen de la capacidad de juicio para saber cuándo hacer a un lado o ignorar sus teléfonos.

Uno puede entender por qué parecen "adictos".

EL SECUESTRO DE LA ATENCIÓN DE LOS NIÑOS

La tecnología está diseñada para capturar y retener nuestra atención, y hay una evidencia científica completa que subyace en este hecho. El Dr. B. J. Fogg, fundador del Persuasive Tech Lab en la

Universidad de Stanford, fue el primero en articular la disciplina y en acuñar el término "captología" en 1996. La captología es el estudio de las computadoras como tecnologías persuasivas. De acuerdo con el sitio web de Stanford Persuasive Tech Lab, la captología incluye "el diseño, investigación, ética y análisis de los productos computacionales interactivos (computadoras, teléfonos móviles, sitios web, tecnologías inalámbricas, aplicaciones móviles, videojuegos, etcétera) creados con el propósito de cambiar las actitudes o comportamientos de las personas".[17]

Quizás Fogg sea mejor conocido por su firma "Modelo de comportamiento", un sistema que explica cómo los humanos son impulsados a actuar de cierta manera cuando convergen tres fuerzas: *motivación, disparador* y *habilidad*. Cuando estas fuerzas ocurren de manera simultánea, son el secreto para desatar una respuesta conductual deseada por parte de un desprevenido usuario de dispositivo. Usando el modelo de Fogg, los diseñadores de tecnología pueden incluso identificar con precisión qué frena a un usuario de realizar la acción que ellos buscan. Como alguien que ha pasado una buena parte de su carrera académica estudiando la psicología de los medios, pienso que esto es completamente fascinante. Como mamá y educadora, me preocupa profundamente.

En 2007, setenta y cinco estudiantes se inscribieron en un curso de Stanford para estudiar este modelo con Fogg: "Diez semanas después, los estudiantes —que incluían futuros diseñadores de producto para Facebook, Google y Uber— habían construido aplicaciones que habían atraído a 16 millones de usuarios, ganado un millón de dólares en ingresos por publicidad, y habían roto el código para crear aplicaciones que simplemente no podemos soltar".[18]

En su libro de 2003, *Persuasive Technology: Using Computers to Change What We Think and Do* [*Tecnología persuasiva: el uso de computadoras para cambiar lo que pensamos y hacemos*], Fogg reveló qué era lo que hacía funcionar a su modelo. En una forma un poco apocalíptica, escribió: "Ningún humano puede ser tan persistente como una máquina. Las computadoras no se cansan, no se desalientan, no se frustran. No necesitan comer ni dormir. Pueden trabajar todo el día en esfuerzos activos para persuadir u observar y esperar el momento correcto para intervenir... cuando se trata de persuasión, este alto nivel de persistencia puede rendir frutos".[19]

Me es imposible leer estas palabras y no pensar en mis estudiantes de séptimo grado y sus reacciones horrorizadas cuando se les pidió que dejaran a un lado sus teléfonos por un día. No tienen la menor oportunidad contra las fuerzas combinadas de la biología y la tecnología. Y las tácticas que se usan para secuestrar su atención mejoran cada año.

Aquí hay un ejemplo: cuando se "etiqueta" a los niños en una fotografía, a menudo reciben una notificación inmediata, a menos que hayan deshabilitado esa función. Cuando están enviando un mensaje de texto o usando Snapchat para enviar un mensaje a un amigo, al instante ven cuando ese amigo comienza a teclear la respuesta (a menos que también hayan cambiado eso en sus ajustes). YouTube, uno de los sitios que los niños más utilizan, retiene su atención reproduciendo en forma automática un nuevo video inmediatamente después de que termina el que estaban viendo. Netflix y otros también usan esta estrategia, reproduciendo el siguiente episodio o un programa similar que le sigue los talones al que estaba siendo visto. Estas funcionalidades están diseñadas para evitar que los niños (y los adultos) abandonen la conversación, sitio o aplicación: y estas estrategias funcionan.

Snapchat (o "Snap"), una de las redes sociales más populares entre los adolescentes, ha diseñado estrategias espectacularmente efectivas para mantener su atención, incluyendo el "Snapstreak"*. Cuando los amigos se han "snapeado" unos a otros dentro de las veinticuatro horas por más de tres días consecutivos, comienza una Snapstreak. Snap recompensa este comportamiento desplegando un emoticón de flama y cuántos días seguidos se han "snapeado" los amigos, como un incentivo para que sigan haciéndolo.

---

* Podría traducirse como "Racha de Snap". (*N. de la T.*)

Los usuarios incluso ven un emoticón de reloj de arena junto a su nombre si su Snapstreak está a punto de expirar.

Impulsados por hacer que sus Snapstreaks continúen, algunos adolescentes les dan a sus amigos su información de entrada al sitio y les ruegan que ingresen en su lugar si, Dios no lo quiera, tienen que estar lejos de sus teléfonos (tal vez debido a una molesta tarea como la de cero-medios que les dejé).

"Es *tan* estresante mantener esas rachas en Snap", me dijo una niña. "Pero siento que si yo soy la que la termino, también estoy terminando la amistad, y no quiero ser yo quien lo haga".

Resistir la urgencia de responder de inmediato a un mensaje de texto o mantener una Snapstreak puede causar picos de ansiedad en los adolescentes. Incluso estar en el mismo cuarto con un teléfono que no es contestado o una "racha" ignorada causa que los niveles adrenales y de cortisol (la hormona del estrés) se eleven y permanezcan así. Este pico en el cortisol puede incrementar la presión sanguínea, el ritmo cardiaco y la ansiedad, y puede causar un descenso en el desempeño mental. La mejor forma de automedicarse contra este malestar es tomar el teléfono y atender lo que sea que esté pasando en él. Sucumbe a esta urgencia y, *presto*, serás recompensado con una consoladora dosis de dopamina.

Pienso en esto mientras observo a mi propia hija adolescente tratando de hacer su tarea. Parece ser interrumpida cada minuto con una pregunta o un comentario de una amiga (aunque la mayoría de las interrupciones se relaciona con su tarea). Aun con el sonido apagado, el maldito teléfono zumba como una serpiente de cascabel enojada. Hemos hablado de esto interminablemente, y aunque es bastante buena en "desconectarse" (es interesante que esto suceda cuando necesito localizarla), no es realista cuando necesita su dispositivo para hacer la tarea.

¿Entonces por qué las compañías que inventan los productos que usan los niños no toman en cuenta sus vulnerabilidades (y tarea) cuando diseñan estos dispositivos? ¿No tienen la responsabilidad social de hacerlo? Se lo pregunté a Ouri Azoulay. Con base en Tel

Aviv, Israel, Azoulay es el ex CEO de PureSight, una de las compañías matrices de software de monitoreo en el mundo. Hoy, el software de PureSight se usa en todo el orbe y una de sus características más populares permite que los padres controlen la cantidad de tiempo que sus hijos pasan en línea.

"Es igual de fácil diseñar un algoritmo que *evita* que los niños usen excesivamente su teléfono, que crear uno que propicie que lo usen en exceso", dice Azoulay. "Pero recuerda, cuando los consumidores pasan más tiempo en línea —sea que ese consumidor tenga siete años o setenta—, eso significa más dinero, más ingresos por publicidad y más compras mediante las aplicaciones. Básicamente, se trata de un negocio."[20]

Es lo mismo que me dijo Gabe Zichermann. Uno de los principales expertos mundiales en *gamificación* [ludificación], involucramiento del usuario y cambio conductual, Zichermann es un empresario, diseñador conductual, orador, autor de múltiples libros y, como él mismo se describe, un *"bon vivant"*. A pesar de su evidente entusiasmo por la tecnología, piensa que el problema de la tecnología adictiva es "realmente pernicioso y profundamente preocupante".[21] Su aventura más reciente, una aplicación llamada Onward, usa la ciencia y la inteligencia artificial más recientes para ayudar a los usuarios a *contener* los comportamientos adictivos.

"Aquí lo más importante", explica Zichermann, "es que las compañías tecnológicas por lo general no pueden cobrar por los productos, y como resultado han recurrido a inventar formas de hacer y mantener a la gente adicta a sus productos, lo que significa que no avergonzaremos a Facebook o a la industria de los juegos haciendo que sus productos sean menos buenos. Eso no va a pasar." Zichermann dice que este problema "atraviesa cada estatus socioeconómico, cada categoría de producto y servicio, está en todas partes. Aunque Facebook e Instagram son los dos principales infractores, sólo son dos de muchas compañías. No es posible presionar a todos".[22]

¿HABRÁ UN CAMBIO EN EL HORIZONTE?

Tristan Harris, antiguo diseñador ético de Google (y graduado del Stanford Lab de B. J. Fogg), dejó Google y fundó una organización sin fines de lucro llamada Time Well Spent. Su misión es persuadir a las compañías y diseñadores de tecnología de que hagan productos que no "secuestren nuestras mentes". Como explicó a la National Public Radio (NPR): "La mayor parte de las compañías realmente no están pensando en cómo sus productos pueden afectar a los niños, porque muchos de los diseñadores no son más que niños ellos mismos".[23]

"La edad realmente importa", explica Harris, "porque si en la compañía no hay nadie que tenga hijos, por ejemplo, ¿qué tan sensible puedes ser acerca de lo que esto le está haciendo a esa generación?" Harris llama a esto "un enorme punto ciego, especialmente en una compañía joven como Snapchat".[24] Snapchat, cuyos fundadores estaban en la universidad cuando diseñaron la aplicación en 2011, es usada diariamente por 54% de los adolescentes estadounidenses, 47% de los cuales opinan que es su red social más importante.

Recientemente, muchos tecnólogos e inversionistas líderes en tecnologías saltaron a bordo de la causa de Harris. Dos de los principales inversionistas de Apple pidieron a la compañía que estudiara los efectos de sus productos en la salud, y que hicieran más fácil limitar el uso de los niños de los iPhones e iPads.[26] El CEO de Apple, Tim Cook, le dijo a *The Guardian* que debería haber límites a la tecnología en las escuelas y que, personalmente "no quiere que su sobrino use una red social".[27] En una entrevista ampliamente publicitada, Sean Parker, de Napster y el presidente fundador de Facebook, le dijo a Axios que la compañía sabía que estaba creando algo adictivo y dijo: "Sólo Dios sabe lo que les está haciendo al cerebro de nuestros niños".[28] Docenas de expertos en pediatría y salud mental han conminado a Facebook a que abandone "Messenger Kids", un servicio de mensajes en medios sociales para niños tan pequeños como de seis años, diciendo que "es un depredador de un grupo vulnerable, que, en términos de desarrollo, no está preparado para estar en la red social".[29] Mientras tanto, un creciente movimiento llamado Wait Until 8th [Espera hasta Octavo Grado], alienta a los padres a comprometerse a no dar a teléfonos inteligentes a sus hijos hasta que estén en octavo grado.[30]

Hoy, Harris tiene una nueva empresa, el Center for Humane Technology [Centro para la Tecnología Humana], sustentado por un impresionante grupo de tecnólogos preocupados. Su sitio web anuncia su directa visión: "Revertir la crisis de atención digital y realinear la tecnología con los mejores intereses de la humanidad".[31] Una página web titulada "The Way Forward" afirma que "el diseño humano es la solución", y que el centro estará "creando estándares, políticas y modelos de negocios de diseño humano más profundamente alineados con nuestra humanidad y con la forma en que queremos vivir".[32]

Zichermann me contó sobre su preocupación con esta visión, que según dice surgió directamente con Harris, y es esta: "Las compañías y las organizaciones, cuando se sienten abrumadas por el gobierno o por grupos de presión, terminan accediendo a autorregularse. Y, en el proceso, termina siendo en su mayor parte sólo de dientes para afuera". Me urgió a recordar la presión que alguna vez se ejerció sobre la industria del alcohol. Con lo que terminamos fue con un eslogan: *Por favor, beba con responsabilidad*. "Esto fue, literalmente, lo máximo que las compañías de bebidas alcohólicas tuvieron que hacer para abordar la cuestión de la adicción a su producto. Así que ahí es donde esto termina", dice Zichermann, *"a menos* que empoderemos a la gente con herramientas para establecer sus propios límites".[33]

EMPODERAR A LOS NIÑOS PARA QUE FIJEN SUS PROPIOS LÍMITES

Aunque darle poder a tus hijos con herramientas para fijar sus propios límites con la tecnología parece un contrasentido, es la estrategia más efectiva que puedo ofrecerte (aparte de esperar que ocurra una reforma o regulación gubernamental o de toda la industria). Los siguientes pasos te ayudarán a lograr un equilibrio feliz y saludable entre la vida en línea y fuera de línea para toda tu familia.

Paso 1: Edúcate acerca de las directrices del tiempo de pantalla

En la primavera de 2015, acepté una invitación de la Academia Americana de Pediatría (AAP, American Academy of Pediatrics) para asistir a un simposio cuyo título en español era algo como "Crecer digitalmente: una investigación sobre los medios" en Rosemont, Illinois. El propósito de este evento, que congregó a los principales científicos sociales, neurocientíficos, investigadores de medios, educadores, pediatras y otros profesionistas, era dar a la AAP la oportunidad de explorar la actual investigación basada en la evidencia sobre el impacto de la creciente exposición a los medios sobre la salud física, cognitiva, social y emocional de los niños.

Por muchos años, la AAP, una fuente respetada de información para padres y pediatras, defendió una declaración política que emitió en 1999 y, aun cuando los medios han cambiado, la política no lo ha hecho: *Los niños de dos años y menores deben evitar todas las pantallas, y en el caso de niños mayores de dos años, los padres deben permitir un máximo de dos horas diarias de material de alta calidad.*

Si, al leer esto, murmuras: "¿Están bromeando?", entonces bienvenido al club. Esa es la reacción típica de los padres que la comparan con los hábitos reales de tiempo de pantalla de los niños de hoy. Pero a la ciencia no le importan los hábitos. Le importa sacar conclusiones a partir de datos científicos, de preferencia a largo plazo. Y eso es algo difícil de hacer en el caso de las tecnologías que son muy nuevas.

Para darles crédito, en vez de esperar los resultados de una investigación a largo plazo, los buenos médicos de la AAP convocaron a su simposio para estudiar los datos disponibles. Entonces, y después de tomarse dieciocho meses para digerirlos, emitieron recomendaciones actualizadas en octubre de 2016.[34] Quizá reconozcas estas directrices para los niños pequeños del capítulo 1:

> Para niños menores a dieciocho meses, evite el uso de medios a través de pantallas distintos al video chat. Los padres de niños de dieciocho a veinticuatro meses de edad que quieren introducir los medios digitales deben elegir programación de alta calidad y verla con sus hijos, para ayudarles a entender lo que están viendo.

> Para niños entre los dos y los cinco años, limitar el uso de pantallas a una hora por día de programas de alta calidad. Los padres deben ver los medios con sus hijos, ayudarles a entender lo que están viendo y aplicarlo al mundo que los rodea.

Con respecto a niños mayores, la AAP decidió alejarse por completo de los números y enfocarse en *límites, contenido* y *comunicación*:

> Para niños de seis años y mayores, fije límites consistentes en el tiempo que pasan usando los medios, y los tipos de medios, y asegúrese de que los medios no suplanten el sueño adecuado, la actividad física y otros comportamientos esenciales para la salud.

> Designe tiempos libres de medios para pasarlos juntos, como las comidas o en el auto, así como lugares libres de medios en casa, como los dormitorios.

> Tenga con ellos una comunicación continua acerca de la ciudadanía y seguridad en línea, incluyendo tratar a los demás con respeto en línea y fuera de ella.

Para "facilitar" que los padres sigan estas nuevas recomendaciones, la AAP creó en línea un sitio llamado *Family Media Use Tool* (https://www.healthychildren.org/English/media/Pages/default.aspx), para ayudar a los padres a gestionar el tiempo que cada uno de sus hijos pasa en línea.

Pero el tema es: aun con estas nuevas directrices y esa útil herramienta, la implementación real requiere que los padres hagan lo siguiente:

> Encontrar y elegir la programación correcta.
> Ver y discutir con sus hijos la programación correcta.
> Limitar y gestionar el tiempo de pantalla para cada niño, basándose en su edad.
> Asegurarse de que los elementos esenciales de la vida diaria no se pierdan en un maratón de Netflix.

Como sabes, *los padres están ocupados*. Incluso para los mejor intencionados es difícil encontrar la programación correcta, ya no digas exprimir una hora aquí y allá para verla y discutirla con sus hijos, especialmente cuando esos medios a menudo ofrecen un muy necesario respiro para el demandante trabajo de la crianza. Pero las consecuencias de *no* tomarse el tiempo para esto son demasiado graves como para ignorarlas.

La gestión efectiva día a día del uso de los medios por parte de los niños también requiere de habilidades detectivescas, en especial a medida que los niños crecen y visitan las casas de sus amigos y otros lugares más allá de tus cuatro paredes. A veces ayuda usar la tecnología para gestionar la tecnología.

Paso 2: Usa la tecnología para gestionar la tecnología

Cuando doy clases de Cibercivismo en Journey School, convierto en una práctica, como es común en las escuelas Waldorf, estrechar la mano y mirar a los ojos a cada estudiante conforme van llegando o se van del salón de clases. (Una rutina sabia en la era digital, ¡los niños necesitan practicarla!). Además de que eso me permite conectarme con cada niño, brinda a los estudiantes la oportunidad de compartir conmigo sus pensamientos. Un día, un niño llamado Nathan se detuvo en su camino hacia la puerta: "¡Usted realmente debería enseñarles estas lecciones a nuestras mamás!", sugirió. "Qué gran idea", pensé. Compartí la idea con Cynthia Lieberman, una ex ejecutiva de relaciones públicas en Sony, que enseña marketing de medios sociales a estudiantes de educación superior en UCLA y ha criado a dos niños millenial. Ambas nos habíamos graduado recientemente en psicología de los medios y nos preguntábamos cuál era la mejor forma de poner en práctica nuestra educación. Gracias a la sugerencia de Nathan, decidimos lanzar un sitio web para padres llamado Cyberwise, y a mi esposo se le ocurrió nuestro conciso lema: ¡Ningún adulto será excluido!

Conforme Cyberwise comenzó a funcionar, empezamos a visitar escuelas para hablar con los padres. Una noche estábamos haciendo una presentación en una escuela de Los Ángeles, donde los padres estaban ansiosos por discutir la cantidad de tiempo que sus hijos estaban pasando en línea. A medida que tomaban turnos para expresar su angustia sobre este problema, yo observaba a sus hijos, que estaban sentados en silencio al fondo del auditorio. Todos estaban ocupados con sus dispositivos —tabletas, laptops, teléfonos inteligentes— y completamente indiferentes a nuestra conversación. Cuando les señalé esto a sus padres, explicaron que sus hijos *tenían* que estar en línea porque "estaban haciendo su tarea".

Curiosa por ver lo que realmente estaban haciendo, Lieberman recorrió el salón. Mirando subrepticiamente por encima del hombro de los niños, espió publicaciones en Instagram, historias de Snapchat, mensajes de texto (gran cantidad de mensajes de texto)… y algo de tareas. "Lo que realmente estaban haciendo era lo que la ex ejecutiva de Microsoft y Apple, Linda Stone, acuñó como prestando 'atención parcial continua', donde el cerebro cambia de un lado a otro rápidamente entre tareas", dice Lieberman. Si les preguntas a los niños sobre esto, te dirán que pueden manejar con éxito todas las cosas que sus dispositivos pueden hacer a la vez. Sin embargo, cambiar de una tarea a otra hace que ambas tareas sufran. Al contrario de lo que muchos niños piensan, toma más tiempo terminar múltiples tareas cuando se salta de una a otra que terminar cada una por separado.

Cuando llegó el momento de presentar su parte, Lieberman preguntó a los niños qué hacían típicamente en sus dispositivos, y qué estaban haciendo en ese momento. Hubo una erupción de muecas y risitas mientras algunos dijeron: "La tarea", "Sí, la tarea, claro". Cuando ella presionó un poco para saber si estaban haciendo *sólo* la tarea, la mayoría se revolvió incómodamente en sus asientos antes de admitir: "Bueno, a lo mejor estábamos mensajeando y jugando también".

"La verdad es que el bombardeo de distracciones digitales dentro y fuera de clase es un reto tremendo de afrontar para los niños", dice Lieberman. "Los padres tienen que ayudar a mantener a sus jóvenes aprendices concentrados en su tarea."

El software de monitoreo parental puede ayudar

Una gran cantidad de software de monitoreo parental está disponible para ayudar a los padres a gestionar no sólo *qué* están haciendo los niños en línea, sino también *cuánto tiempo* pasan haciéndolo. Mobicip, Family Zone, Surfie, Net Nanny, Torch, Bark, Circle with Disney y Qustodio son sólo algunos de esos productos. Todos ofrecen características similares y son económicos y fáciles de instalar y de usar. Estos programas ayudan a los padres ocupados a mantener a sus hijos a salvo, y la mayoría facilita también el establecimiento de límites de tiempo. Cada vez más, los padres buscan estos productos tan sólo por esta característica.

Además, los dispositivos actuales —iPhone, Android, Mac o PC— vienen equipados con muchas características de control parental ya instaladas, incluyendo herramientas de gestión de tiempo. Usualmente, se accede a estos rasgos a través de los ajustes de sistema del dispositivo, y son simples de dilucidar y de usar, incluso si no eres un experto en tecnología. Si necesitas ayuda, entra a YouTube y busca "controles parentales para _____" (llena el espacio en blanco con el tipo dispositivo que usan tú y/o tu hijo).

De los cinco pasos, por favor no sigas solamente este. Usar la tecnología para manejar la tecnología es una solución imperfecta.

Conforme los niños crecen, se vuelven más hábiles en burlar la tecnología que sus padres instalan para manejar su tecnología. El software de monitoreo parental se vuelve menos efectivo cuando un niño llega a los doce o trece años, o incluso antes. Por eso los padres deben ayudar a los niños a aprender por qué y cómo hacer a un lado sus dispositivos ellos mismos. Es importante dejar que los niños experimenten los beneficios de desconectarse y practicar esta habilidad. Recuerda, los jóvenes aprenden a través de repetidas exposiciones, y tienen que exponerse a una experiencia menos veces que los adultos para aprender. Esto también se aplica a desconectarse.

Los niños necesitan también tener modelos adultos que les muestren *cómo* hacer a un lado sus dispositivos.

Paso 3: Ser un modelo a seguir

Cuando reto a los estudiantes a dejar sus pantallas por un día, mando una carta a los padres pidiéndoles que hagan lo mismo, para que puedan discutir la experiencia como familia. El año pasado, cuando les dije a mis estudiantes que iba a hacer esto, me advirtieron que era una idea terrible.

—*No hay forma* de que mi mamá haga eso.

—Mi papá *tiene* que usar su correo electrónico por el trabajo.

—Mi mamá *se moriría* si no puede enviarme mensajes de texto.

Tenían razón. El entusiasmo de los padres por esta actividad era tan deslucido como el de sus hijos. En sus párrafos de reflexión, muchos estudiantes escribieron sobre su decepción con respecto a sus padres:

"Mis padres son tan débiles, que no pueden pasar ni cinco minutos sin tomar sus teléfonos".

"Me di cuenta de que mi mamá no puede separarse de su dispositivo".

"Fue difícil dejar mi teléfono por veinticuatro horas, cuando mis padres no pueden hacerlo ni por veinticuatro minutos".

Los niños aprenden sus hábitos mediáticos de sus modelos adultos, lo cual es una mala noticia. Piensa en lo que han visto desde que eran bebés: adultos por todos lados priorizando el teléfono por encima del tiempo cara a cara. Un estudio de Common Sense Media en 2016 descubrió que los adultos pasan tanto tiempo, o más, con sus pantallas como sus hijos. Los padres de preadolescentes y adolescentes pasan un promedio de más de nueve horas al día usando medios de pantalla, y dedican 82% de ese tiempo a medios de pantalla personales, no de trabajo. Y, sin embargo, 78% piensa que son buenos modelos mediáticos y tecnológicos para sus hijos.[35]

En el mismo estudio, los padres indicaron que su principal preocupación con respecto a los medios era "el tiempo que sus hijos pasan en línea". Los padres dijeron que estaban "moderadamente" o "extremadamente" preocupados acerca de que sus hijos pasaran demasiado tiempo en línea (43%) y más de la mitad expresó preocupación de que sus hijos pudiesen volverse adictos a la tecnología.[36]

Así que aquí estamos. Padres preocupados de que sus hijos pasen mucho frente a la pantalla mientras ellos mismos pasan una gran porción de su tiempo en ellas y los niños observan este uso. Suena a que estamos atrapados en una perpetua rueda de hámsteres. La única forma de detenerla es jalar el contacto y desconectarse.

Paso 4: Practica la desconexión

El verano pasado viajé a Nicaragua con mi familia. Sabiendo que estaría alejada de mi computadora por dos semanas, me preparé. Llamé a AT&T y me registré en su servicio de "Pasaporte" para mi teléfono, asegurándome que podría usar mis funcionalidades regulares —correo electrónico, mensajes de texto, etcétera— ininterrumpidamente por sólo diez dólares diarios. Me fui con la confianza de que permanecería conectada, mientras estuviera (un poco) desconectada. El primer día en Nicaragua me robaron mi iPhone. Mis hijas estaban muertas de risa. La mujer que suele predicar los beneficios de desconectarse por fin iba a recibir una cucharada de su propia medicina.

No voy a mentir. Fueron dos semanas bastante rudas. Lo que más extrañé fue poder tomar fotografías y compartirlas. Casi había olvidado que, hace tan sólo un par de décadas, tenía que esperar hasta llegar a casa de vacaciones para ver mis fotografías, ya no digas compartirlas con mi familia y mis amigos. Cuando nos perdíamos, lo cual sucedía a menudo, no podía depender de mi aplicación de navegación para encontrar el camino. Tenía que hablar con gente real, en español, para obtener instrucciones, también en español. Y sin la ayuda de mi aplicación de idiomas, no podía usar mi brújula para descubrir qué camino elegir tampoco. Así que hice algo que no había hecho hacía siglos: me guie por las marcas del paisaje, montañas, el Océano Pacífico, la posición del sol en el cielo. Me sentí como una moderna Magallanes.

Desprovista de mi teléfono, comencé a notar mucho más de mis alrededores. Una tarde cenamos en un restaurante que estaba ubicado en una gran plaza pública en León, un pueblo pintoresco cerca de Managua, la capital. La tarde resplandecía con oportunidades de observar a la gente. En la mesa de al lado había una docena, más o menos, de turistas estadounidenses, todas niñas adolescentes, mirando sus teléfonos en vez de disfrutar las vistas y los sonidos que las rodeaban. ¡Nunca las hubiera notado de haber tenido mi propio teléfono! Para cuando regresamos a Los Ángeles, me había convertido en una experta en mirar a los demás observando sus pantallas. Haciendo fila en la aduana, me di cuenta de que yo era la única persona, con excepción de un bebé que dormía, que no estaba mirando una pantalla. Pensé que si los ojos realmente son el espejo del alma, nos hemos convertido en una sociedad sin alma.

Me olvidé de esta revelación tipo zen en el momento en que mi nuevo iPhone llegó por correo.

Pero algunos beneficios de mi desconexión forzada permanecen. Decidí deshabilitar todas mis notificaciones cuando llegué a casa, y así siguen hasta ahora. Es agradable ya no brincar fuera de mi piel cada vez que recibo un mensaje de texto, un nuevo tuit, un comentario de Facebook. También trato de no checar mi correo electrónico cada cinco minutos. No soy una santa, y mis hijas son testigo de eso. Romper hábitos adictivos requiere de vigilancia y práctica constantes. Pero para mí, si no hubiera jalado el cable de contacto, no hubiese experimentado o aprendido los beneficios de desconectarme. Así que, al ladrón que sacó el teléfono de mi mochila le digo "Gracias" y se lo digo en español, su idioma. (¡Y a Apple le digo, en el mismo idioma, "Gracias a Dios" de que pude borrar mi teléfono en forma remota!).

Los beneficios de hacer que los niños se desconecten

Yo quería que mis reticentes alumnos de séptimo grado también experimentaran los beneficios de desconectarse, así que les di varios meses para completar su tarea en casa. Aun así, sólo nueve de los veintisiete alumnos se desconectaron, a pesar de las repetidas advertencias de que, en caso de no hacerlo, su calificación final resultaría afectada. Esto hubiese sido un gran fracaso excepto que uno de los estudiantes que sí hicieron esa tarea fue Nick, el niño que había saltado y protestado su ilegalidad. Después de un día libre de medios, me entregó el siguiente párrafo:

> El sábado pasado pasé veinticuatro horas sin medios. Fue difícil, porque mi vida gira tanto alrededor de ellos. En vez de eso tuve que hacer otras cosas, como jugar con mis perros o caminar en el parque, o hasta salir a dar un paseo en bicicleta con mi familia. Lo mejor de hacer esto es que después de un rato comienzas a sentirte calmado y relajado. Creo que toda la gente debería intentar pasar veinticuatro horas sin medios.

Meses después de que Nick entregó esto, le pregunté si seguía creyendo que la tarea había sido benéfica. "Bueno, al principio pensé que era estúpida", me dijo. "Pero sí me ayudó a aprender que puedo sobrevivir, y hasta divertirme, sin mi teléfono".

Antes de salir del salón de clases, Nick se volteó para agregar: "Señora Graber, definitivamente tiene que dejar esta tarea más de una vez".

Los estudiantes universitarios también se benefician con la desconexión

A pesar de las quejas de sus estudiantes, Siani se mantuvo firme en su reto "Limpieza digital". Tuvo más suerte que yo. "Después de unos días", me dijo, "casi todos los alumnos comenzaron a reportar cosas positivas, aun cuando les había costado trabajo."

Por ejemplo, Steve, el muchacho que pensó que no sería capaz de soportar la ansiedad de no tener su teléfono, dijo: "De hecho fue vigorizante estar allá afuera en el mundo. Usualmente estoy conectado con mis audífonos cuando voy camino a la clase, y realmente no le hablo a nadie. Pero interactué con desconocidos, les dije 'hola' o los saludé agitando la mano o lo que fuera. Se sintió bien".

Otro estudiante reportó: "Pensé que sufría de insomnio, pero cuando ya no tuve la distracción del teléfono celular o de la computadora me quedé dormido en, no sé, quince minutos. Fue realmente increíble sentirme tan bien".

"Cada estudiante que ha realizado esta tarea obtuvo beneficios de ella y quería compartirlos", dijo Siani. Todavía está por verse si pueden mantener esos beneficios. "Será difícil para ellos", admite. "Por eso es crucial enseñar los beneficios de la auténtica conexión humana a una edad temprana."

Siani me alentó a seguir tratando de hacer que mis jóvenes estudiantes experimentaran la vida sin sus teléfonos. "Los humanos necesitan que otros humanos les entiendan; está en nuestro ADN", me dijo Siani. "Una generación completa se perdió de este mensaje. Mientras más pronto aprendan que hay una diferencia en el valor de las interacciones auténticas y mientras más practiquen el conectarse en persona, mejor para todos nosotros."[37]

Paso 5: Conectarse con la naturaleza

Cuando tenía apenas dos años de edad, mi papá acostumbraba a sentarme en el manubrio de su vieja bicicleta de diez velocidades y pedalear casi ocho kilómetros desde nuestra casa hasta la playa. Tan inseguro como era esto, es uno de mis recuerdos más queridos y probablemente explica por qué pasé la mayor parte de mi tiempo libre en una bicicleta y el principio de mi carrera trabajando en deportes a la intemperie. Hoy, siempre estoy buscando formas de hacer que los niños amen el aire libre tanto como yo. Esto fue fácil con mis propias hijas. Pasamos montones de tiempo vagando a la intemperie en las remotas locaciones donde su papá estaba trabajando en una u otra película al aire libre. Con mis estudiantes, los animo a pensar en cosas que pueden hacer a la intemperie, lejos de la tecnología. A cambio, ellos me animan a pensar en el aire libre como un lugar donde podemos disfrutar tanto la naturaleza como la tecnología.

"En el perfecto mundo de mis sueños, preferiría que los niños no trajeran sus dispositivos a los parques públicos o a los espacios silvestres", me dijo la escritora Michele Whiteaker, "pero me doy cuenta de que eso es inevitable. Desafortunadamente, ellos realmente no tienen directrices que les ayuden a saber cómo mantener un equilibrio saludable entre disfrutar la tecnología y disfrutar la naturaleza".[38]

Whiteaker, quien es una guía interpretativa certificada y madre de dos hijos, fundó su blog FunOrangeCountyParks.com hace más de una década, para promover el juego y empoderar a las familias para que salgan al aire libre. Hace algunos años, me invitó a trabajar con ella en un proyecto para el blog Children & Nature Network para explorar la forma en que los niños —y de paso los adultos— pueden encontrar un equilibrio saludable entre la tecnología y la naturaleza. La idea me encantó y acepté rápidamente. Y así fue como creamos las siguientes directrices:

> Investiga primero, comparte después. El momento de usar la tecnología para mejorar tu experiencia con la naturaleza es antes de ir y después de regresar. Whiteaker llama a esta estrategia "comienza y termina". Está bien darse un poco de tiempo y espacio para tomar algunas fotografías mientras estás afuera, pero de otra forma, reemplaza ese bastón para

selfies con un bastón real, guarda tu teléfono inteligente en tu bolsillo y está *presente* en tu experiencia con la naturaleza.

> Deja que "por qué" sea tu guía. Siempre pregúntate a ti mismo si *necesitas* estar conectado. Por ejemplo, ¿tienes un blog para inspirar a otros? ¿Estás armando un álbum de fotografías de la naturaleza? ¿Contando una historia? ¿Haciendo una investigación? ¿"Coleccionando" flora y fauna a través de las fotografías? ¿Buscando la mejor ruta? Si la respuesta a este tipo de preguntas es no, entonces haz a un lado tu tecnología y disfruta el momento.

> No te distraigas. Pregúntate: ¿tu tecnología te está ayudando a ver las cosas, o está haciendo que te pierdas el momento? Si tu meta es pasar tiempo en la naturaleza, entonces dale a la naturaleza el cien por ciento de tu atención. Hace algunos años, una clase completa se perdió el salto de una ballena porque todos estaban en sus teléfonos, y otra clase casi pasó por encima de un venado que estaba frente a ellos porque venían distraídos con sus dispositivos. No te permitas perder momentos especiales como estos.

> Una hora lejos está más que bien. Siempre, siempre, siempre aparta tiempo para disfrutar y para la pureza del momento. No permitas que el zumbido constante de los mensajes de texto, tuits y notificaciones de Snap interfieran. Todo eso seguirá ahí después. Mientras más salgas, vas a ser mejor en esto.

> Apaga el sonido y mira a tu alrededor. Parte de la experiencia de la naturaleza es estar en silencio para poder disfrutar los sonidos silvestres. Nadie quiere perderse esto debido al clic, clic, clic de escribir los mensajes o de tomar fotografías. La naturaleza es un lugar sagrado para quienes están disfrutando de ella y de la vida silvestre de la cual es hogar. Haz lo posible por no interrumpir esta experiencia.

> La tecnología no es terrible, pero la forma en que la usas sí puede serlo. A menudo la tecnología es envilecida y colocada

en oposición a las experiencias con la naturaleza, pero de hecho *puede* ser una herramienta útil. Úsala para identificación, investigación o en la forma en que utilizarías una guía de campo para mejorar tu experiencia al aire libre. Pero recuerda que no es necesario que sepas el nombre de algo para disfrutarlo. Y en caso de que te pierdas o tengas problemas, tener un teléfono a la mano es una buena idea.

> No dañes los bosques para compartir tus cosas. Una vez, un artista grafitero pintarrajeó una formación rocosa en un parque nacional para compartir su "obra" en Instagram, mientras que unos ex líderes de los Boy Scouts derribaron una antigua formación rocosa para filmar un video.[39] Obtener esa toma única en su clase para compartirla con "amigos" no significa que debas destruir o pintarrajear los recursos naturales para conseguirla. No te dejes llevar tan sólo para compartir tu experiencia con otros, como el excursionista que cayó de espaldas catorce metros y se mató mientras se tomaba una selfie en una catarata.[40] Ninguna fotografía vale perder una vida.

> La naturaleza es su propia mejor maestra. El valor intrínseco de la naturaleza surge cuando podemos experimentarla por lo que es. Cuando ves ocurrir algo en la naturaleza que nunca habías visto antes y tal vez no vuelvas a ver (como la escena en Nueva Zelanda que describí al comienzo de este capítulo), acabas de experimentar una dosis de lo que Richard Louv, autor de *Last Child in the Woods* [*El último niño en el bosque*] llama "Vitamina N".[41] Louv sostiene que la Vitamina N nos ayuda a navegar a través de las tempestades de la vida y nos hace más saludables, inteligentes y felices.

MOMENTOS CIBERCÍVICOS

Es inevitable que los niños quieran pasar tiempo con sus pantallas. Mucho tiempo, si los dejas. Por eso es vital ayudarles a aprender cómo mantener un equilibrio saludable entre el tiempo de pantalla y todo lo demás que la vida tiene para ofrecer. Quizá necesiten que se les recuerde lo que la vida fuera de línea tiene para ofrecer. O pueden requerir ayuda para combinar sus dos vidas, como en el ejemplo tecnología/naturaleza que mencionamos arriba. Pero los niños son inteligentes y adaptables, y aun si se resisten al principio, agradecerán tu ayuda al final. Te lo prometo. Recuerda, todo se trata de equilibrio, encontrarlo y mantenerlo. Espero que estas actividades ayuden a que tu familia logre ese equilibrio.

Hacer una lista de la vida fuera de línea

Muchos niños de hoy encuentran sus experiencias más placenteras en línea, y eso es muy malo, porque el mundo real también ofrece una gran cantidad de experiencias placenteras. El Dr. David Greenfield ayuda a sus pacientes a reconectarse con los placeres de la vida fuera de línea pidiéndoles que escriban cien cosas que pueden hacer sin una pantalla. Aun cuando muchos consideran que esta actividad es desafiante al principio, una vez que comienzan se va volviendo más fácil, y sus listas se convierten en mapas, llenos de actividades en tiempo real de las cuales elegir cuando los asalta la urgencia por conectarse.

Esta es una gran actividad que las familias pueden realizar juntas. El objetivo es hacer una lista a la que puedas recurrir cuando tus hijos inevitablemente te digan que no tienen *nada* que hacer. (La lista también será útil para la siguiente actividad.) La forma de crear tu lista familiar es:

1. Consigue una o varias hojas de papel. Escribe "100 actividades que no necesitan pantalla" en la parte superior. Junto con tus hijos, piensen en todas las cosas que pueden hacer como familia, o que pueden hacer solos, que no involucren el uso de una pantalla. Tu familia puede ir al parque, a la playa o al zoológico. Tus hijos pueden pintar, dibujar, andar en patineta o excursionar. (Estas actividades variarán según la edad

e intereses de cada niño.) Pueden escribirle una carta a la abuela, preparar la cena contigo o sacar a pasear al perro. El punto es pensar en cien ideas y escribirlas.

2. Coloca esta lista en un lugar destacado de tu casa. Anima a tus hijos a recurrir a ella cuando se sientan tentados a tomar un dispositivo, o cuando han estado en línea demasiado tiempo. También puedes usarla cuando te descubres a ti mismo haciendo algo como recorriendo distraídamente tu sección de noticias de Facebook. Usa la lista para inspirar a tu familia a realizar juntos, o solos, actividades divertidas sin necesidad de pantallas. Incluso tus hijos pueden encontrar estas nuevas experiencias fuera de línea tan placenteras y productoras de dopamina que terminarán prefiriendo una buena caminata a un juego de *Fortnite*. ¿Quién sabe?

Evalúa

Es sorprendente la forma en que se acumulan todos los momentos pasados en línea: checando los mensajes de texto, escuchando podcasts, obteniendo direcciones, mirando las redes sociales. Esta actividad ayudará a tus hijos (y a ti) a *ver* sus dietas digitales. Obtener una imagen clara de cómo pasan su tiempo —en y fuera de línea— ayuda a los niños a descubrir cuán saludables o no saludables pueden ser sus dietas. Puedes "pesarlos" siguiendo los pasos que vienen a continuación:

1. Elige un día típico de fin de semana, y pide a tus hijos que escriban *todo* lo que hagan, desde que se despiertan hasta que se van a dormir. (¡Tú deberías hacerlo también!) Recuérdales que noten lo primero que hacen al despertar. (Pregunta: "¿Tomas el teléfono y checas a ver si tienes mensajes?") Diles que piensen en lo que hacen en el auto. (Pregunta: "¿Escuchas música en un dispositivo? ¿Checas tus redes sociales?") Durante la cena, recuérdales notar en dónde está su atención. (Pregunta: "¿Estás viendo TV? ¿Jugando un videojuego?")

2. Después, pide a tus hijos que organicen todas sus actividades en categorías. Facilítales esto sugiriendo que utilicen las siguientes categorías para organizar sus datos con respecto a dónde pasaron su tiempo:

> En un teléfono.
> Viendo televisión.
> En una computadora.
> En un iPad, Kindle o lector electrónico.
> En una reproductora de videojuegos.
> Participando en actividades al aire libre.
> Comiendo o durmiendo.
> Otras actividades.

3. Pide a tus hijos que sumen el tiempo en cada categoría, y si tienen diez años o más, muéstrales cómo convertir esos datos en una gráfica (una gráfica de barras o una de pastel funcionan bien). ¡Esta es una increíble habilidad matemática! El resultado les ayudará a visualizar cómo pasaron su tiempo.

4. Después de analizar estos datos, ¡hablen sobre ello! Discutan el equilibrio que hay entre la tecnología y su vida. (Pregunta: ¿Pasaste más tiempo con los medios digitales de lo que esperabas? ¿Menos tiempo? ¿Qué cambiarías?) Explícales cómo la tecnología está diseñada para capturar y retener nuestra atención. Te sorprenderá cómo responden los niños a esta información. Ningún niño quiere ser manipulado, sea por un padre, un maestro o un dispositivo. Les gusta tener el control sobre su tiempo, en línea y fuera de ella. Finalmente, recuerda no juzgarlos. Aborda esto como si fuera una exploración científica, más que una oportunidad para dar un sermón. Tomen juntos las decisiones acerca de cómo pueden ellos mejorar sus dietas digitales de ahí en adelante.

Acepta el reto de la desconexión

A estas alturas, el propósito de la desconexión debería ser obvio. A menos que tus hijos (y tú) experimenten lo que es no estar conectado 24/7, no sabrán ni recordarán lo que se están perdiendo, ni aprenderán cómo pueden sobrevivir. Aceptar este reto incluso puede ayudarles (y a ti) a descubrir cosas que les gusta hacer que no tienen nada que ver con una pantalla. Todo puede suceder.

1. Desafía a tus hijos a dejar todos los medios digitales por veinticuatro horas. Esto incluye teléfonos inteligentes, computadoras, tabletas, televisión, juegos, etcétera. Deben trata de sobrevivir un día entero sin mirar una pantalla en casa, en la escuela o en la casa de un amigo.

2. Pídeles que rastreen todas las actividades que no incluyan una pantalla en las que participen durante este periodo de veinticuatro horas. Si necesitan ayuda pensando qué actividades pueden hacer sin pantallas, que recurran a la lista de vida fuera de línea que hicieron durante la actividad anterior. Deben apuntar todos los retos que enfrentaron y las oportunidades que esta actividad les presentó.

3. Hablen acerca de la actividad. Planteen preguntas como las siguientes: ¿Fue difícil? ¿Fácil? ¿Qué fue lo que más extrañaste? ¿Lo que menos extrañaste? ¿Qué aprendiste? ¿Lo harías otra vez? ¿Qué cambiarías, si es que cambiarías algo, acerca de tu tiempo de pantalla en el futuro?

Como me dijo Joni Siani: "Olvidamos que los niños de hoy han sido totalmente socializados en un mundo digital. Realmente necesitan tener oportunidades de comparar y contrastar la vida conectados y no conectados, y tal vez les gustará más no estar conectados. En el momento en que un joven universitario dice: '¡Oye, esto es mucho mejor que mensajearnos!', los niños de trece años querrán ser como él, y después los de cincuenta años. ¿No sería increíble eso?"[42]

CAPÍTULO 5

Relaciones

> Me encanta la sensación de tener a todos mis amigos en mi bolsillo.
>
> —Estudiante de séptimo grado

Maestra Graber, tenemos un problema.

—Así fue como me recibió la maestra de sexto grado de Journey School una mañana de lunes cuando llegué a dar clases a su grupo.

—Tuvimos un incidente de ciberacoso el fin de semana —me dijo—. Espero que usted hable sobre eso con los alumnos en su clase de hoy.

"Diablos", pensé. Ese día estábamos programados para comenzar una unidad de cinco lecciones llamada "El ciberacoso y el drama digital". Había esperado con entusiasmo guiar a sus estudiantes a través de una secuencia de actividades que les ayudara a identificar la crueldad en línea, y darles estrategias que podrían usar si se topaban con ella. Ahora parecía que estaría comenzando estas lecciones un día tarde. Lo que sucedió fue esto: un estudiante del grupo había abierto una cuenta falsa en Instagram. Los niños llaman a esto una "Finsta" o "Finstagram", una combinación de "falso" [*fake*] e "Instagram". No es raro que los niños abran cuentas falsas en las redes sociales, además de sus cuentas "verdaderas", para tener un lugar para publicar y comentar libremente, sin estar restringidos por el impacto negativo que sus actividades puedan tener en sus reputaciones digitales. Eventualmente, sus "amigos" —en línea y fuera de ella—, identifican a los propietarios de estas cuentas falsas, pero eso no detiene a los niños de tratar de ser anónimos en línea. En este caso, los estudiantes ya se imaginaban que el propietario de la cuenta falsa era alguien de su clase, y que a través de ella había publicado algo cruel e inapropiado en la cuenta de otro niño.

Después de haber sido informada de la situación, respiré profundo, entré en el salón de clase y me encontré a un sombrío grupo de alumnos. Ellos confirmaron lo que su maestra me había dicho: alguien había ciberacosado a una niña llamada Rosa, y ella tenía evidencia para probarlo. Rosa, una preadolescente inteligente y segura de sí misma, a quien cualquiera hubiese pensado dos veces en acosar en línea o fuera de ella, me dijo que había hecho caso de un aviso que les di unas semanas antes. Había tomado una captura de pantalla de la evidencia e incluso se la había enviado a Instagram. Reportó con indignación que Instagram no había respondido a su queja. Entonces me preguntó si quería ver la evidencia.

Preparándome para lo que imaginaba que iba a ver, dije que sí. Esto es lo que me mostró:

> Rosa is 🔥 🔥 🔥

Tratando de no reírme, le expliqué a la clase por qué esta publicación, en la que Rosa era llamada "caliente" (o "prendida" como dirían los niños), no llegaba a calificar como "ciberacoso" (el cual, según estaban por aprender, puede identificarse por estas características: es *en línea, intencional, repetido* y *dañino*). Aun si la publicación había ofendido a Rosa, expliqué, podía ser que esa no hubiera sido la intención de quien la envió. Además, les dije que Instagram no consideraría que esto era un "ciberacoso". Sus términos de uso establecen que los usuarios no deben "difamar, acosar, molestar, abusar, hostigar, amenazar, hacerse pasar por o intimidar" uno al otro.[1] Instagram no interviene cuando los usuarios comentan sobre que el otro es "caliente" [*hot*], que en inglés tiene la acepción de "sumamente atractivo".

Los estudiantes parecieron quedar satisfechos con mis explicaciones, y yo pude comenzar con la lección del día: "¿Qué es el ciberacoso?", usando este incidente como una introducción perfecta.

Pero ese no fue el final de la historia. La semana siguiente cuando llegué a la misma clase, alguien me estaba esperando en la puerta. Esta vez se trataba de un alumno llamado George. Uno de los niños más pequeños de la clase, George tenía una de las personalidades más grandes y solía necesitar que se le recordara constantemente que se estuviera quieto o que se callara. Pero este día estaba sumiso.

—Maestra Graber —me dijo, en una voz apagada—, ¿puedo platicar con usted en privado?

Le dije que sí, porque todavía teníamos unos minutos antes de que la clase comenzara.

—Yo soy el que abrió la cuenta falsa en Instagram —apenado, miró la punta de sus zapatos y continuó—: verá, a mí como que me gusta Rosa y me daba vergüenza decírselo en persona.

De nuevo, traté desesperadamente de mantener la compostura. Le di las gracias a George por haberme confiado su secreto, pero también le advertí que era probable que sus compañeros descubrieran que él había abierto la cuenta falsa porque "nada de lo que aparece en línea permanece privado mucho tiempo".

—Lo sé, ya se lo están imaginando —dijo—. Fue estúpido. No lo volveré a hacer.

GENTE REAL, SENTIMIENTOS REALES

Además de su excelente valor como entretenimiento, este incidente aportó tres lecciones importantes:

1. El ciberacoso es un problema grave de la era digital (que abordaremos en este capítulo) y, sin embargo, a veces el término se usa en forma demasiado amplia. Existe una diferencia entre el ciberacoso real (recuerda: es *en línea, intencional, repetido*

y *dañino*), el drama digital (comportamiento "malvado" en línea que no llega a ser *dañino*), el molestar a alguien a la manera antigua, y la mala comunicación. Considera una foto de una pijamada que aterriza en Instagram. Para una niña que no fue invitada al evento, esta imagen podría gritar.: "¡Te dejaron afuera!" Aunque esto puede *parecer* un ciberacoso a la niña que no fue invitada (o a veces incluso a los padres de esa niña), sería inexacto etiquetarlo como tal. Aún peor, podría ser injusto calificar de "abusadora" a la niña que publicó la fotografía. Todos los niños cometen errores, y las etiquetas pueden perdurar. Es importante recordar que cada niño es diferente y tiene una forma única de responder a la crueldad en línea, real o imaginaria. ¿Complicado? Apuesto que sí.

2. Crear y mantener relaciones con los compañeros siempre ha sido un asunto engañoso. Hoy, esta tarea propia del desarrollo es *aún más* desafiante, porque está ocurriendo en un entorno desprovisto de pistas sociales, expresiones faciales o modelos adultos que brinden una guía.

3. Por último, y lo más importante, las actividades en línea de los niños digitales *siempre* proporcionan momentos de enseñanza ideales para abordar todo lo anterior, sin predicar o sin pedantería.

Cuando George compartió conmigo el secreto de su oculto amor, coincidió con que yo estaba por darle a su grupo una lección llamada "Gente real, sentimientos reales". Durante nuestra hora juntos, exploramos la forma en que internet provee amplias oportunidades para que la gente se esconda detrás de avatares, nombres de pantalla, incluso cuentas falsas. Los psicólogos llaman a esto *desinhibición en línea*, que es "la relajación (o completo abandono) de las restricciones e inhibiciones sociales que de otra manera estarían presentes en las interacciones normales cara a cara".[2] George y sus compañeros aprendieron que dado que los medios digitales dejan fuera muchas de las pistas sociales y expresiones faciales de la vida real que nos ayudan a saber lo que alguien está sintiendo, es fácil olvidar que hay personas reales —con sentimientos reales— detrás de todas las interacciones en línea.

Como por arte de magia, las vidas de mis estudiantes en los medios sociales a menudo se alinean perfectamente con lo que sea que vaya a enseñarles ese día. Esta casualidad hace que nuestras discusiones sean más significativas y memorables. ¡Y esto también puede pasar en casa! Concedido, tus hijos quizá no estén tan dispuestos o ansiosos de contarte acerca de publicar sus más profundos sentimientos en Instagram, pero te apuesto que te contarían sobre un amigo o compañero de clases que lo esté haciendo. El truco es abrir la puerta a la discusión sobre las relaciones en línea, y dejarla completamente abierta.

RELACIONES DIGITALES

Lo que más les gusta a los niños de los medios sociales —que les permiten socializar con otros en casi cualquier momento del día o de la noche— es también lo que más asusta a los padres. El miedo de que sus hijos puedan conectarse con personajes desagradables es alimentado por los medios, que están plagados de historias acerca de relaciones en línea que se volvieron peligrosamente retorcidas. A continuación te menciono sólo algunos de los encabezados con los que me encontré en un solo día:

> "Hombre sueco convicto por 'violación en línea' de adolescentes al convencerlas de realizar actos sexuales frente a una cámara web".[3]

> "Una niña de 14 años envió mensajes sexuales a un niño que le gustaba. Puede ser registrada como delincuente sexual".[4]

> "El suicidio de un adolescente en Sutton despierta consciencia sobre el ciberacoso".[5]

> "Los reportes de niños que han sido seducidos en internet se ha quintuplicado en cuatro años".[6]

> "La principal preocupación de salud de los padres: acoso, ciberacoso y seguridad en internet".[7]

Ciberacoso, sexteo, seducción en línea, sextorsión, depredadores y más. Esos son los riesgos potenciales que hacen que muchos padres quieran quitarles los teléfonos a sus hijos y enterrarlos en el patio trasero. Por fortuna, estas *no son* actividades en las que la mayoría de los niños participen cuando están en línea. Lo más común es que los niños en línea estén haciendo lo que los niños fuera de línea han estado haciendo por eones: conectándose con sus amigos.

SOCIALIZAR ES EL TRABAJO DE LA ADOLESCENCIA

En 1959, el reconocido psicólogo del desarrollo Erik Erikson escribió: "El proceso de la adolescencia… concluye y se completa sólo cuando el individuo ha subordinado sus identificaciones infantiles a un nuevo tipo de identificación, que se logra al absorber la sociabilidad y en el aprendizaje competitivo con y entre sus compañeros de edad".[8] Para ponerlo en términos coloquiales contemporáneos, para convertirse en adultos, los adolescentes necesitan socializar con sus compañeros. Esta tarea esencial de la adolescencia se llama *separación-individuación.* Conforme los jóvenes adolescentes comienzan a separarse de sus familias de origen para construir sus propias, únicas identidades, los grupos de amigos se vuelven *muy* importantes. "La exploración de quiénes son en relación con su entorno social es una forma en que la juventud descubre dónde puede encajar", explica la Dra. Pamela Rutledge.[9]

Rutledge, a quien conociste en la introducción de este libro, es profesora de psicología de medios en la Fielding Graduate University. También es directora del Media Psychology Research Center y coautora de *Exploring Positive Psychology: The Science of Happiness and Well-Being* [*Explorando la psicología positiva: la ciencia de la felicidad y el bienestar*], y los medios la buscan con frecuencia para que comente sobre el impacto psicológico de la tecnología. Cuando se trata de la forma en que los jóvenes usan los medios sociales, Rutledge es una firme creyente de que existen muchos beneficios positivos. "Las conexiones sociales ayudan a los adolescentes a desarrollarse emocional y físicamente", dice.

"Estamos programados para ser animales sociales", explica Rutledge. "La forma en que interactuamos con los demás y nuestra atención acerca de cómo nos ven los demás... ese es un imperativo biológico. Los jóvenes siempre se han enfocado en actividades sociales que les ayuden a conectarse con el mundo fuera de su familia de origen. La formación de identidad es una tarea crítica de la adolescencia y la adultez joven para que puedan contar con las herramientas psicológicas que necesitan para abandonar el nido y construir con éxito su propia vida."[10]

Aunque hay muchas cosas de la adolescencia que no han cambiado, obviamente los lugares donde se realiza esta socialización sí lo han hecho. Los medios digitales proveen oportunidades amplias y fáciles para que los adolescentes satisfagan sus necesidades biológicas de socialización. También les da una forma de satisfacer una triada de *otras* necesidades psicológicas: *comparación social, autorrevelación* y *gestión de la impresión*. "Aunque estos términos probablemente llenan de miedo el corazón de los padres, todos tienen aspectos muy positivos", explica Rutledge. "La *comparación social* es la forma en que todos observan y comparan su comportamiento con el de los demás. Nos permite aprender las normas sociales y expresar afiliación. La *autorrevelación* no siempre se trata de compartir de más; de hecho está en el núcleo de la cercanía relacional. Al compartir experiencias con los amigos, nos sentimos más cerca y más conectados con los demás. Y por último, *gestión de la impresión* es un término elegante para las acciones que uno toma para controlar su propia imagen. Esto puede significar destacar rasgos positivos, minimizar los negativos, o expresar conexión con un grupo."

Nada de esto fue "inventado por los medios sociales", explica Rutledge. "Sea en Facebook, Snapchat, caminando por Main

Street o en la fuente de sodas, las personas tienen el impulso biológico de explorar sus mundos sociales."[11]

Si bien esta información no nos sirve para elaborar encabezados
cautivantes, sí explica por qué es tan condenadamente difícil para
los adolescentes desconectarse de sus teléfonos y por qué —cuando
se usa en forma segura y con moderación— la socialización en línea puede no ser una cosa tan terrible, después de todo.

¿LOS MEDIOS SOCIALES PODRÍAN SER BUENOS PARA LA JUVENTUD?

Snapchat, Instagram, YouTube, Xbox Live, WhatsApp y así sucesivamente. Hoy en día, las amistades adolescentes prosperan en
estas comunidades. Más de nueve de cada diez adolescentes pasan
tiempo en línea con sus amigos de la vida real, y casi un tercio de
ellos lo hace todos los días. También hacen nuevos amigos en línea.
Casi dos terceras partes reportan haber forjado cuando menos una
nueva amistad en línea.[12] Aún más, 67% de los adolescentes reportan que se sentirían aislados si no pudieran hablar con sus amigos a
través de la tecnología.[13]

La investigación sobre el impacto de toda esta conexión digital
está comenzando a validar lo que los psicólogos de medios como
Rutledge habían sospechado desde hacía tiempo:

> Se pasa una gran cantidad de tiempo en línea fortaleciendo
lazos existentes entre amigos.[14]

> Los medios sociales pueden ayudar a los adolescentes a enten-
der los sentimientos de sus amigos.[15]

> Los medios sociales contribuyen a que haya menos soledad
relacionada con los amigos.[16]

> Los jóvenes que tienen dificultades con sus vidas sociales fue-
ra de línea a veces pueden desarrollar amistades y recibir apoyo social en línea que no están recibiendo en ninguna otra
parte.[17]

> Está surgiendo investigación que muestra una asociación entre los medios sociales, el aumento en la autoestima y el desarrollo de capital social (recursos disponibles a través de conexiones sociales).[18]

> Las actividades relacionadas con los medios e internet pueden mejorar las relaciones familiares, cuando los padres y los hijos ven juntos TV, contenido en *streaming*, juegan videojuegos y usan aplicaciones educativas. También pueden mantenerse en contacto enviándose mensajes de texto, usando aplicaciones de mensajeo y realizando videollamadas.[19]

> Más de 90% de los adolescentes que usan dispositivos móviles en países tan diversos como Egipto, la India, Indonesia, Irak y Arabia Saudita ha reportado el papel de las redes sociales para fortalecer y mantener amistades.[20]

"Al contrario de lo que dicen las leyendas urbanas", agrega Rutledge, "las amistades en línea no sustituyen a las relaciones fuera de línea. Para los adolescentes no existe una diferencia fundamental entre estar en línea y fuera de ella en términos de sus vidas sociales."[21]

LOS JUEGOS EN LÍNEA TAMBIÉN PUEDEN FORTALECER LAS AMISTADES

Hoy en día es raro el adolescente que no haya jugado un videojuego. Una muestra nacional representativa en Estados Unidos de 1 102 jóvenes entre los doce y los diecisiete años, reveló que 97% jugaba videojuegos. Eso es 99% de los niños y 94% de las niñas, con poca diferencia entre los diversos grupos raciales, étnicos y los ingresos.[22] Los "alias" (los apodos que usan los niños cuando juegan videojuegos) del juego en línea son una de las primeras piezas de información que 38% de los varones adolescentes comparten cuando conocen a alguien en la vida real con quien quisieran ser amigos.[23]

Los juegos en línea son en esencia sitios de medios sociales, porque a menudo los jóvenes se conectan con amigos existentes y hacen nuevos mientras participan en juegos masivos de multijugadores. Numerosos jugadores compiten, cooperan e interactúan entre sí en mundos virtuales expansivos.

A menudo escucho a mis jóvenes estudiantes hablar acerca de los juegos en línea. De hecho, cámbialo por *constantemente*. Describen a sus amigos de juego con tal cariño e íntimo detalle que pensarías que viven puerta con puerta. Pero supongo que cuando tus amigos viven en tu teléfono, computadora o dispositivos de juegos, se sienten aún más cercanos que un vecino físico.

Recientemente, durante las festividades navideñas, me dio curiosidad cuáles eran los regalos "tecnológicos" más codiciados entre los adolescentes jóvenes, así que interrogué a mis grupos. En forma abrumadora, me dijeron que querían audífonos y cascos, "del tipo que se activa por la voz que te permite hablar con sus amigos mientras estás jugando". Hoy en día, más de 71% de todos los jugadores usan estos adminículos para poder conversar y trabajar juntos para resolver los retos.[24] "Si ves a los niños jugando, lo están haciendo juntos", dice David Kleeman, de Dubit. "Mientras juegan, no solamente hablan de lo que ocurre en el juego; de hecho hablan de lo que hablábamos nosotros cuando nos sentábamos y hablábamos por teléfono."[25]

Algunas de las habilidades que los niños aprenden mientras juegan con sus amigos se manifiestan en mejores relaciones fuera de línea. En "Los beneficios de jugar videojuegos", los investigadores dicen que los jugadores pueden trasladar las habilidades pro-sociales aprendidas jugando con otros a "las relaciones con sus amigos y familiares fuera del entorno de los juegos".[26] Otro estudio sugiere que los niños que participan en los juegos de multijugadores son más propensos a tener una actitud positiva hacia la gente de diferentes culturas, porque el juego en línea los expone a grupos de amigos más diversos.[27]

Estos hallazgos positivos no pueden cambiar el hecho de que muchos niños hoy en día pasan demasiado tiempo jugando en línea, y para algunos ese es un problema real. A principios de 2018, la Organización Mundial de la Salud añadió el trastorno del juego a su último borrador del Manual Internacional de Clasificación de Enfermedades, conocido como ICD-11. "El trastorno del juego se caracteriza por un patrón de comportamiento de juego persistente o recurrente ('juego digital' o 'juego en video'), que puede ser en línea o fuera de ella", según menciona el ICD-11. "El patrón de comportamiento es de una gravedad suficiente como para dar por resultado una incapacidad significativa en el área personal, familiar, social, educativa, ocupacional u otras importantes áreas de funcionamiento."[28]

Muchos países fuera de Estados Unidos ya han identificado la adicción al juego como un problema mayor de salud pública. El gobierno de Corea del Sur introdujo una ley prohibiendo el acceso a juegos entre la medianoche y las 6:00 a. m. para niños menores de 16 años. En Japón, los jugadores reciben una alerta si pasan demasiado tiempo jugando, y Tencent, de China (el proveedor líder de servicios de internet de valor agregado), limita las horas por día que los niños pueden jugar sus juegos más populares. Muchos de los padres con quienes hablé en Estados Unidos piensan que los siguientes somos nosotros.

Probablemente debido a mi experiencia con los esquiadores en Nueva Zelanda, no permití que mis propias hijas pequeñas jugaran videojuegos. Pero cuando mi hija mayor entró a la secundaria, fue introducida a *Minecraft* por la niña de quinto año de quien era tutora. "¡No puedo creer que no nos hayas dejado jugar juegos como *Minecraft* cuando éramos niñas!", me reclamó una tarde, después de una sesión de "tutoría". "¿Tienes una idea de cuánto aprenden los niños jugándolo?" No la tenía. Pero desde entonces he aprendido que *Minecraft*, un juego donde los usuarios construyen sus propios mundos y experiencias, ha sido laureado por ayudar a los niños a desarrollar razonamiento espacial, solución de problemas, lectura, escritura, habilidades matemáticas y más. Así que aunque *definitivamente* existen algunas preocupaciones válidas de las cuales los padres deben estar conscientes si sus hijos participan en juegos en línea —particularmente cuando son niños—, también existen beneficios positivos a tener en cuenta. Uno de estos es la oportunidad de cultivar amistades hechas en la vida "real". Le debemos a nuestros hijos conocer los beneficios y protegerlos de las desventajas.

LAS DESVENTAJAS DEL JUEGO

Una mañana, Jules, un niño de doce años cuya dulce cara lo hace parecer de diez, llegó temprano a clase. Le pregunté cómo había estado su fin de semana, y me contó que había pasado la mayor parte de él jugando *GTA* (*Grand Theft Auto*, o el Gran Robo de Autos). *GTA* es un videojuego de acción y aventuras de clasificación M. Eso significa que el Entertainment Software Rating Board ha determinado que es apropiado para jugadores "maduros" de diecisiete años en adelante. En este juego, los jugadores asumen el rol de uno de tres criminales (pueden intercambiar entre uno y otro) que completa misiones en una versión ficticia de Los Ángeles u otra gran ciudad. Según la reseña del juego *GTA* en el sitio web de Common Sense Media (donde puedes encontrar útiles reseñas sobre casi todo lo que los niños hacen en línea): "Los jugadores matan no sólo a sus compañeros gánsteres, sino también a oficiales de la policía y civiles inocentes, usando armas y vehículos mientras perpetran crímenes premeditados, incluyendo una escena particularmente perturbadora que involucra la tortura. Las mujeres con frecuencia son representadas como objetos sexuales, con un minijuego en un club de desnudistas, que permite a los jugadores tocar los cuerpos de las mujeres, que están desnudas de la cintura para arriba".[29]

Yo no sabía todo esto en ese momento, así que le respondí a Jules, despreocupadamente:

—A lo mejor checo ese juego alguna vez.

Me lanzó una mirada de abyecto horror:

—No haga eso, maestra. Gaber. Hay *muchas* palabrotas. Usted no va a poder manejarlo.

Jules me contó que muchos jugadores maldicen libremente porque, se imaginan, "¿quién me va a escuchar además de los otros jugadores?" Además, están en un juego de roles. ¿Cuántos criminales violentos conoces que se disculpen cortésmente antes de dispararle a alguien para mandarlo al otro lado?

De acuerdo con mis jóvenes fuentes, el lenguaje soez y el acoso en los videojuegos a menudo se dirige a los "chillones", los jugadores más jóvenes, nuevos e ingenuos.

—Sí, este chillón comenzó a jugar *Call of Duty* —dijo Ross, otro niño de doce años que se había unido a nuestra conversación esa mañana—, y todo el mundo lo estaba insultando y diciéndole de cosas. Yo podía oírlo llorar quedito, así que le enseñé cómo usar su botón de "mudo".

Aunque felicité a Ross por este acto de empatía, no podía sacudirme la imagen de un niño en alguna parte, llorando frente a su pantalla.

—Y por cierto, ¿qué es *Call of Duty*? —le pregunté a Ross.

Ahí fue cuando intervino Troy, un experto de trece años:

—Es un juego de tiro en primera persona con mucha violencia y sangre. Yo comencé a jugarlo hace mucho, mucho tiempo —me dijo que tenía nueve años cuando empezó a jugar el juego.

—Sí, yo era un chillón —dijo—. Recuerdo la primera vez que ingresé. Dije "hola", y todo el mundo comenzó a insultarme y a acosarme. Todas las malas palabras que sé, las aprendí la primera hora que jugué ese juego.

Mi conversación matutina —una copia al carbón de las muchas que he tenido antes y después en todo tipo de escuelas— es la razón por la que muchos adultos odian a todos los videojuegos. Pero evitar que los adolescentes los jueguen, o hablen de ellos, es un ejercicio de futilidad pura. Un enfoque más inteligente es descubrir *qué* están jugando, porque por cada violento juego de tiradores en primera persona hay un *Minecraft*. Así que por favor ayuda a tus hijos a encontrar los juegos apropiados, pregúntales con quién están hablando y de qué. Y lo más importante, sé consciente de los lineamientos de edad. Es fácil encontrar reseñas y edades recomendados para casi cualquier juego en el universo accediendo al sitio web de Common Sense Media. Por favor, no dejes que sea *tu hijo* de nueve años el que llore silenciosamente frente a una pantalla.

> Redes sociales: cualquier sitio web o aplicación que permite que los usuarios creen contenido, compartan contenido, se comuniquen o participen en una red social.

¿DEMASIADO TIEMPO EN LAS REDES SOCIALES CAUSA DEPRESIÓN?

Sí. No. *Tal vez.*

La ansiedad y la depresión adolescentes están al alza. Al menos eso es lo que muchos expertos están reportando. Los investigadores de la Mailman School of Public Health de la Universidad de Columbia y el CUNY Graduate School of Public Health and Health Policy reportan que, de 2005 a 2015, la depresión aumentó significativamente entre los estadounidenses de doce años o más, con los incrementos más rápidos observados en los más jóvenes.[30] En su libro, Jean Twenge escribe que la autoestima, la satisfacción con la vida y la felicidad de los adolescentes han caído en picada desde 2012, el mismo año en que la posesión de un teléfono inteligente llegó a la marca de 50% en Estados Unidos. A partir de bases de datos masivas y grandes encuestas nacionales realizadas a lo largo del tiempo que, en total, cuestionaron a once millones de personas, Twenge construye un caso convincente acusando al teléfono inteligente de ser el causante de este problema. Ella extrapola lo siguiente a partir de esos datos:

> Los resultados no podrían ser más claros: los adolescentes que pasan más tiempo en actividades de pantalla son más propensos a ser infelices, y los que pasan menos tiempo en actividades que no involucran una pantalla son más propensos a ser felices. No existe

una sola excepción: todas las actividades de pantalla están ligadas a menos felicidad, y las actividades sin pantalla se vinculan con más felicidad.[31]

Aunque su argumento suena convincente, algunos expertos han cuestionado estos hallazgos, principalmente porque el vínculo que Twenge traza entre los teléfonos inteligentes y la angustia de los adolescentes es *correlacional;* esto es, los datos no *prueban* que los teléfonos inteligentes sean directamente responsables por la depresión adolescente. También pueden intervenir otros factores. Puede ser que los niños deprimidos estén pasando más tiempo en los medios sociales (algunos estudios sugieren esto), o que los niños no deprimidos pasen menos tiempo en ellos.[32] Otras cosas pueden estar deprimiéndolos, como la violencia con las armas, el calentamiento global, las admisiones a la universidad o las noticias en general. O podríamos mejorar en reportar y diagnosticar la depresión y la ansiedad. Investigadores de Harvard que han estado estudiando a la juventud y el uso de la tecnología por más de una década advierten: "No hay una sola respuesta... que pueda aplicarse para explicar la salud mental y el bienestar de toda una generación."[33]

Como señala la Dra. Rutledge, la mayor parte de la investigación muestra que "la conexión social es un antídoto para la depresión, no su causa".[34] Ella sugiere que puede ser más significativo preguntar a los mismos adolescentes *por qué* se sienten deprimidos, así que eso fue lo que hice. Una niña de trece años me miró inquisitivamente cuando se lo pregunté, como cuestionando por qué estaba yo haciéndole una pregunta tan ridícula: "Estamos deprimidos porque somos adolescentes", me dijo, en forma realista. Casi pude escuchar el "dah" que tuvo la cortesía de no agregar.

Otros adolescentes me dijeron que conectarse con sus amigos en línea les hace sentir "mucho menos deprimidos".

—A menudo recurro a mis amigos en las redes sociales cuando me siento mal —dijo Kelly, una tímida niña de catorce años—. Me hace sentir mejor.

Aunque es difícil descartar los hallazgos de Twenge (y créeme que lo he intentado), ¿qué bien puede hacer insistir en ellos? Eliminar el teléfono inteligente de la vida de un adolescente es algo que simplemente no va a pasar.

Por fortuna, los mismos datos revelan que los adolescentes más felices son aquellos que pasan una *pequeña cantidad* de tiempo en actividades de comunicación electrónica, no *aquellos que no pasan nada de tiempo en ellas*.[35] Reducir el tiempo de pantalla, y no eliminarlo, parece ser la mejor receta para tener adolescentes felices, y esa es una meta más realista.

LA HIPÓTESIS DE RICITOS DE ORO

En el cuento de hadas infantil *Ricitos de Oro y los tres osos*, Ricitos de Oro sale a caminar en el bosque y se topa con una casa donde encuentra tres platos de sopa. Descubre que el primero está demasiado caliente. El segundo, demasiado frío. Pero el tercero está perfecto, así que se lo come todo. Resulta que esta fábula puede aplicarse perfectamente a la tecnología.

Los investigadores Andrew Przybylski y Netta Weinstein especulan que un "punto óptimo" similar podría existir para la cantidad de tiempo que los adolescentes pasan usando la tecnología. Su investigación revela que el tiempo de pantalla puede beneficiar el bienestar de los adolescentes, al darles oportunidades para desarrollar habilidades y conexiones sociales. El bienestar aumenta con el tiempo de pantalla, *pero hasta cierto punto*. Después de ese punto, un aumento en el tiempo de pantalla se asocia con una disminución del bienestar.

Como Ricitos de Oro descubrió con sus tres osos, estos investigadores encontraron que un cierto nivel de tiempo de uso de pantalla parece correlacionarse con el bienestar mental de los jóvenes, y este nivel difiere dependiendo del día de la semana. En los días entre semana, el bienestar de los adolescentes llegó a su pico más o menos así:

> Una hora y cuarenta minutos de jugar un videojuego.
> Una hora cincuenta y siete minutos de uso del teléfono inteligente.
> Tres horas y cuarenta y un minutos viendo videos.
> Cuatro horas y diecisiete minutos usando una computadora.

Sin embargo, durante los fines de semana, los adolescentes pueden participar en actividades digitales entre veintidós minutos y dos horas trece minutos más que entre semana, antes de mostrar efectos negativos.[36]

Los investigadores dijeron también que no todas las actividades digitales están creadas igual. Algunas ayudan a los adolescentes a construir habilidades sociales y para la vida, lo que a su vez propicia el bienestar. Incluso, los investigadores sugieren que algunas actividades digitales pueden *no* estar desplazando actividades fuera de línea significativas que contribuyen al desarrollo social, mientras que —agárrate— ¡la lectura en solitario sí puede hacerlo!

¿PUEDES TENER DEMASIADOS "AMIGOS" EN LÍNEA?

Hablando de los amigos en línea, ¿es posible exagerar algo bueno? La respuesta, breve y concisa, es *sí*.

Se dice que el adolescente promedio tiene unos trescientos amigos en línea.[37] El número me suena bajo. Una rápida mirada a las cuentas de redes sociales de mis hijas y sus amigos revela una historia diferente. El recuento de amigos que veo con más frecuencia oscila entre trescientos y mil o más.

Esa es una espantosa cantidad de relaciones para que un adolescente pueda manejarlas. La ciencia está de acuerdo. El número de relaciones estables que el cerebro humano puede mantener es mucho, mucho más bajo: 150.[38]

El antropólogo británico Robin Dunbar descubrió eso. Juzgando por el tamaño de un cerebro humano promedio, descubrió que el número de personas que alguien puede manejar efectivamente en un grupo social era 150. Más que eso, postuló, sería demasiado complicado para que el cerebro las manejara. Y sin embargo los jóvenes humanos hacen malabarismos con este número de amigos y a menudo con muchos, muchos más.

Cuando se le preguntó a Dunbar si las redes sociales virtuales demostrarían ser maravillosas para tener amigos, o si eventualmente disminuirían el número de relaciones satisfactorias que uno tiene, no pudo responder. "Ese es el gran imponderable", dijo. "No hemos visto todavía a una generación entera que haya crecido con cosas como Facebook llegar a la adultez".[39]

VIVIR PARA LOS "ME GUSTA"

Si no obtengo cien "me gusta" en los primeros cinco minutos de que publiqué una fotografía, la elimino.
—Estudiante de secundaria

Cuando los niños, o cualquiera, por cierto, publican algo en una cuenta de redes sociales, le están "hablando" a su gran audiencia de amigos con la expectativa, o la esperanza, de que muchos responderán a su vez, a través de comentarios o "me gusta". Estos "me gusta" —que para los jóvenes se traducen en afirmaciones positivas— influyen el tipo de publicaciones que los adolescentes suben y dejan arriba.

Para muchos adolescentes, monitorear sus noticias en las redes sociales se convierte en una tarea que consume mucho tiempo y que incluye rastrear sus "me gusta". En 2015, investigadores de la Universidad Estatal de Pennsylvania encontraron que la mayoría de los adolescentes publican una gran cantidad de fotografías, pero las borran rápidamente si no reciben de inmediato una tonelada de "me gusta".[40] En otro estudio, los adolescentes declararon explícitamente que era necesario obtener un umbral mínimo de "me gusta" para transmitir popularidad en Instagram. Ese umbral oscila entre treinta y noventa en total.[41] Es interesante que los estudios indiquen que, en promedio, los niños necesitan cincuenta y nueve "me gusta" en una publicación en Instagram para "sentirse felices", mientras que las niñas sólo necesitan cuarenta y cinco.[42]

Y aquí va algo que tal vez te sorprenda: los adultos publican más fotografías en Instagram que los adolescentes.[43] Este hecho asombroso es verdadero en mi propia familia. Mi esposo, un cineasta que publica hermosas fotografías en Instagram, ¡ha sido regañado más de una vez por nuestra hija adolescente porque está publicando de más! Hoy en día trata de apegarse a la regla de "una al día" que ella le impuso.

En qué forma esta búsqueda de validación y afirmación positiva de los amigos está afectando el bienestar de los jóvenes (y de los adultos) es una pregunta que apenas comienza a ser respondida. Un estudio de la Children's Commission for England descubrió que aunque los niños más niños se sienten bien cuando reciben "me gusta" o comentarios de sus amigos, más o menos en el séptimo año (al comienzo de la educación media) empiezan a volverse sobredependientes de esta afirmación.[44]

Aquí es cuando los niños comienzan a usar técnicas que les ayudarán a cosechar un número más alto de "me gusta". ¿Cuáles son algunas de estas técnicas? Según los niños que he entrevistado, van desde "poner muchos 'me gusta' y comentarios en las publicaciones de sus amigos" a "usar el *hashtag* correcto", "etiquetar a los amigos correctos", "pedir a tus amigos que pongan 'me gusta' y comenten tus publicaciones" y, lo más importante, "elegir el momento adecuado para publicar". Los niños dicen que "publicar justo antes de irte a dormir" es el momento "perfecto" para colectar un montón de "me gusta".

Los niños también me dijeron que es importante "ganarte" tus "me gusta" y tus seguidores de manera justa. Comprar seguidores (sí, esa es una cosa) con la esperanza de obtener más "me gusta" hace que los usuarios se vean "desesperados" (los niños pueden "decir absolutamente" cuando los seguidores han sido comprados). Usar demasiados *hashtags* es también "aburrido". Nuestra hija aconsejó a mi esposo que usar dos *hashtags* por publicación era "perfecto". ¿Y la peor ofensa de todas en una red social? Ponerle "me gusta" a tus propias fotografías. ¡Eso es algo similar a cometer un suicidio en las redes sociales!

ANSIEDAD Y FOMO

Muchos padres se preocupan acerca de la ansiedad que todo este manejo de las redes sociales puede estar causando en sus hijos. Y resulta que esta es una preocupación válida. Una encuesta de 2017 entre casi 1 500 adolescentes y adultos jóvenes encontró que Instagram (junto con Snapchat, Facebook y Twitter) estaba asociado con altos niveles de depresión, acoso y FOMO (*fear of missing out*, miedo de perderse algo). Instagram, donde rigen las fotos personales o selfies (a menudo cuidadosamente dispuestas o retocadas), fue la peor red social para la salud mental y el bienestar. Una de las adolescentes que respondió a la encuesta escribió: "Instagram tiene la facilidad de hacer que las niñas y las mujeres se sientan como si sus cuerpos no fueran lo bastante bonitos, porque la gente agrega filtros y edita sus fotos para que se vean 'perfectas'".[45]

De acuerdo con una encuesta de #StatusOfMind, publicada por la Real Sociedad de Salud Pública del Reino Unido: "Ver a los amigos que están constantemente de vacaciones o disfrutando de salidas en la noche puede hacer que la gente joven sienta que se está perdiendo de algo mientras los demás disfrutan de la vida. Estos sentimientos pueden promover una actitud de 'comparar y desesperar' en los jóvenes. Los individuos pueden ver fotografías o videos muy retocados, editados o producidos y compararlos con sus aparentes vidas mundanas".[46]

Pero los investigadores también encontraron algunos beneficios derivados del uso de los medios sociales. Todas las redes sociales incluidas en la encuesta —Instragram, Snapchat, YouTube, Twitter y Facebook— recibieron puntuaciones positivas para la autoidentidad, autoexpresión, construcción de comunidad y apoyo emocional. YouTube obtuvo altas puntuaciones por dar acceso a información confiable, mientras que Facebook destacó por proporcionar "grupos" o "páginas" donde los jóvenes pueden rodearse de amigos que tienen su misma mentalidad. Esto fue especialmente benéfico para el bienestar de jóvenes LGBTQ+ y de quienes pertenecen a las minorías étnicas, dos poblaciones para quienes resulta desafiante encontrar compañeros que piensen igual que ellas en sus comunidades fuera de línea.

DE NUEVO, LA EDAD IMPORTA

La forma en que los niños usan y responden a los medios sociales depende en alto grado de sus edades. Aunque los niños más pequeños usan los medios "en formas juguetonas y creativas, a menudo para jugar", esta actitud despreocupada cambia abruptamente en la secundaria. A medida que aumenta la exposición ante los compañeros a través de los medios sociales, su bienestar alcanza el "borde del acantilado", de acuerdo con un reporte de la Children's Commission for England. Ahí es cuando los niños necesitan "lecciones en torno al alfabetismo digital y la resiliencia en línea", porque "las lecciones en torno a la seguridad en línea que aprendieron cuando eran más niños son insuficientes".[47]

¡Amén! Estoy de acuerdo de todo corazón en que los niños en esta etapa necesitan ayuda con la difícil tarea de manejar sus vidas sociales en línea.

Hablar con los niños de secundaria acerca de sus vidas en línea les da una oportunidad de darse cuenta de la ridiculez de estar contando "me gusta" o publicando a la hora correcta de la noche. A menudo concluyen, en forma independiente: "Vaya, a lo mejor no vale la pena tanto trabajo". Es difícil decir si esta revelación dura más de una o dos semanas. Pero lo que sí sé es esto: es poco probable que los niños den un paso atrás y que tan siquiera consideren la posibilidad, a menos que los adultos les den el tiempo y la oportunidad de hacerlo.

Mi amiga Liz Repking, fundadora y CEO de Cyber Safety Consulting, visita regularmente las escuelas para hablarles a los niños sobre sus vidas digitales, y tiene tres hijos propios. "Lo que realmente me mueve es cuán profundamente anhelan ayuda los niños, y conocimiento, y dirección cuando se trata de todas estas cosas", dice Repking. "Lo anhelan tan, tan profundamente. Tenemos que dar a estos niños la ayuda que necesitan."[48]

Repking tiene razón. Los niños necesitan nuestra ayuda, especialmente para aprender cómo evitar los grandes riesgos que vienen con el establecimiento y mantenimiento de las relaciones en línea. Así que veamos las dos cosas más grandes con las cuales necesitan nuestra ayuda: el sexteo[*] y el ciberacoso.

SEXTEO

Antes de que Peter Kelley comenzara a ayudarme con el Cibercivismo, enseñaba inglés en una gran secundaria pública en el sur de California. Cuando empezamos a trabajar juntos en 2016, me contó una historia que todavía me atormenta.

Había en la escuela de Kelly una porrista popular y desinhibida llamada Carrie, que estaba en sus primeros años de secundaria en el momento de la historia. Carrie parecía tenerlo todo. Esto es, hasta que cometió un terrible error. Mientras estaba en una relación formal con un niño de la misma escuela, ambos grabaron un video sexual de ellos mismos. Poco después, la relación terminó. Entonces, por el motivo que sea, o por ninguno en absoluto, el niño compartió el video en línea con algunos amigos, quienes lo compartieron con sus amigos, y así sucesivamente. Kelly me contó que, antes de que pasara mucho tiempo: "No había una sola persona en la escuela que no hubiera visto o al menos supiera acerca del video sexual".[49]

Debido a este error, Carrie fue expulsada del grupo de porristas. Sus amigas del grupo dejaron de salir con ella, y pronto otros estudiantes comenzaron a señalarla y a reírse de ella cuando pasaba. Según Kelly, quien también era el entrenador de tenis de la escuela:

---

[*] Sexteo es una forma válida en español para *sexting*, un neologismo compuesto por las voces inglesas *sex* y *texting*. (N. de la T.)

"Ella lo intentó todo para hacer nuevos amigos y volver a la vida escolar, incluso ingresar en el equipo de tenis sin tener experiencia previa. Por supuesto, en la secundaria es difícil ganarte una posición en un deporte que nunca has practicado antes, así que no pudo entrar al equipo. Le costó mucho trabajo encontrar un lugar en dónde pudiera caber".

"Yo veía a esta niña súper desinhibida, segura de sí misma convertirse en una adolescente triste y temerosa", me dijo Kelley. "Me rompía el corazón. Me parecía que era un precio demasiado alto de pagar por un solo error."

Ese incidente ayudó a Kelly a decidirse a renunciar a su trabajo en la docencia y comenzar a trabajar conmigo, aunque dijo: "Lamento no haberme quedado el tiempo suficiente para ver qué pasó finalmente con esta niña". Pero antes de renunciar, les pidió a sus estudiantes en una de sus clases de inglés que levantaran la mano si pensaban que se hubieran beneficiado de tener clases de alfabetismo digital durante la secundaria.

"Todas las manos se levantaron", dijo.[50]

¿QUÉ ES EXACTAMENTE EL SEXTEO?

Sextear es enviar, recibir o reenviar cualquier mensaje, fotografía o imagen sexualmente explícita entre dispositivos digitales (por lo común teléfonos celulares). Enviar "sextextos" a personas menores de dieciocho años, incluso entre dos adolescentes que están en una relación, es ilegal en la mayor parte de los estados de la Unión Americana.

Los adolescentes rara vez están conscientes de la definición plena del sexteo y, lo que es más preocupante, de sus consecuencias. Cada año, cuando doy lecciones sobre este mensajeo sexual a los estudiantes de octavo grado y les explico que si crean y comparten imágenes sexualmente explícitas de sí mismos, técnicamente están produciendo, distribuyendo, o en posesión de, pornografía infantil, se sorprenden e incluso se escandalizan. Yo les digo que pueden meterse en tantos problemas por *recibir* un mensaje sexual no solicitado como por *enviar* uno. Deberías ver sus caras cuando calculan mentalmente quién, entre sus cientos, y a veces miles, de "amigos" en línea podría enviarles semejante cosa.

La mayoría de las escuelas actuales no les dan a sus alumnos la cortesía de impartirles tales lecciones, incluso cuando las consecuencias de ser atrapado realizando sexteo son graves. En California, donde vivo, "los individuos que distribuyen, poseen o producen una imagen sexualmente explícita de un menor pueden ser acusados bajo los estatutos de pornografía infantil del estado. Si el individuo es juzgado como adulto y resulta convicto, puede recibir una condena de hasta seis años de cárcel, y en general se le requerirá que se registre como un delincuente sexual".[51]

En estados de la Unión Americana que no han promulgado leyes específicas que aborden el sexteo por parte de menores (que es la mayoría), la posesión de material sexualmente explícito donde aparezcan menores cae en la categoría de sus leyes antipornografía infantil existentes.

Espero que esto te parezca tan injusto como me lo parece a mí.

Mi asistente, Anna, es una brillante estudiante universitaria que me ayudó cuando escribía este libro. Un día, le pregunté si alguna vez le habían enseñado algo acerca del sexteo cuando estaba en la secundaria.

—No, nunca —me dijo—. Yo no tenía idea de que podía meterme en tantos problemas por recibir un mensaje o imagen sexual como por enviarlo. Lo aprendí de Piper, ¡lo cual fue una verdadera sorpresa!

Piper es mi hija. Ella fue alumna en la primera serie de clases de Cibercivismo que di y por esto tuvo que sufrir la vergüenza de que su madre les explicara el sexteo a ella y a sus compañeros cuando estaba en octavo grado. Dejando a un lado su incomodidad, me alegró escuchar que esta lección se había esparcido más allá de las paredes de nuestro pequeño salón de clases.

¿QUIÉN ESTÁ SEXTEANDO?

A principios de 2018, un extenso estudio sobre el sexteo adolescente publicado en el *Journal of the American Medical Association (JAMA)* reveló que uno de cada cuatro adolescentes reportó haber recibido un sextexto y uno de cada siete admitió haber enviado uno. Considerando la gravedad de ser atrapado en ese delito, estos hallazgos son sorprendentes.

Los investigadores que realizaron este estudio analizaron una cantidad significativa de datos: treinta y nueve estudios previos con 110 mil participantes, divididos uniformemente entre niñas y niños entre los once y los dieciocho años. Descubrieron que el número de adolescentes involucrados en el sexteo se ha elevado significativamente en años recientes, debido al número de niños que hoy tienen sus propios teléfonos. Tampoco es que sólo sean los niños los que piden a las niñas fotos desnudas (*nudes*). Los investigadores no hallaron una diferencia significativa entre los sexos en cuanto a enviar o recibir mensajes sexuales. Los datos revelaron también que los adolescentes son más propensos a enviar y recibir sextextos con cada año que aumentan de edad, una conclusión que "presta credibilidad a la noción de que el sexteo entre la juventud puede ser un componente en surgimiento, y potencialmente normal, de comportamiento y desarrollo sexuales".[52]

Estos datos no sorprenden a la Dra. Michelle Drouin: "Yo diría que el sexteo es ahora una parte de la experiencia normativa de la adolescencia y la adultez joven", me dijo. "Así que es muy, muy común enviar algún tipo de mensaje sexualmente explícito. Este puede ser un mensaje sólo de texto. Puede ser una fotografía o un video. Más de la mitad de mis estudiantes adultos jóvenes ha enviado este tipo de mensaje. Y para el momento en que llegan a la adultez joven, más de la mitad han enviado fotografías sexualmente explícitas."[53]

La Dra. Drouin, psicóloga del desarrollo, es profesora de psicología en la Purdue University Fort Wayne. También es una conferencista internacionalmente reconocida, que viaja extensamente para dar pláticas sobre tecnología y relaciones, incluyendo medios sociales y sexteo. Existe cierto consuelo en el hecho de hablar con Drouin sobre el sexteo, porque ella lo contempla como algo realista y en el contexto del comportamiento adolescente normal, y pienso que eso es importante. Aunque los medios y las leyes que actualmente cubren el sexteo (las leyes contra la pornografía infantil) a veces lo pintan como un acto peligroso e ilegal, si lo despojas de la histeria y lo miras desde una perspectiva del desarrollo, se convierte en algo enteramente distinto.

"No es algo malo", explica Drouin. "Más bien, lo que tienes es una tormenta perfecta de sexualidad floreciente combinada con la primera libertad de un niño con su propio dispositivo tecnológico. Encima de todo, esta sexualidad floreciente ocurre mucho antes de que la corteza prefrontal —la parte del cerebro responsable del control de los impulsos— se haya desarrollado plenamente. A los jóvenes adolescentes todavía les falta bastante desarrollo cerebral en términos de la habilidad para pensar en las consecuencias. Así que a menudo los niños envían mensajes sexuales sin pensar."[54]

Tampoco piensan en que pueden atraparlos. Para aquellos pocos desafortunados que sí lo son, las consecuencias pueden ser devastadoras, como en estos casos:

> Siete estudiantes en el Distrito Escolar Storm Lake, en Iowa, entre los quince y los diecisiete años de edad, enfrentaron cargos criminales por compartir mensajes de texto telefónicos que contenían fotografías de desnudos. Tres enfrentaron cargos de delincuencia, mientras que los otros cuatro enfrentaron graves cargos por delitos menores.[55]

> Un jugador estrella de futbol americano de diecisiete años de Michigan, que intercambió fotos de desnudos con su novia de dieciséis años, fue acusado por dos cargos de explotación sexual en segundo grado y tres cargos de explotación en tercer grado. Si lo hallaban culpable, podía pasar diez años tras las rejas y ser obligado a registrarse como delincuente

sexual. Mientras esperaba su juicio, fue expulsado del equipo de futbol de su secundaria. Su novia optó por un trato si se declaraba culpable y fue sentenciado a un año de libertad bajo palabra sin acceso a un teléfono celular, tuvo que inscribirse en un curso sobre tomar mejores decisiones de vida y pagar una multa de dos mil dólares.[56]

> Veinte estudiantes de secundaria de Long Island, Nueva York, fueron suspendidos por hasta cinco días simplemente por recibir o reenviar un video sexual que les fue enviado a través de un grupo de mensajería. Los estudiantes suspendidos incluyeron a los que habían recibido el video y ni siquiera sabían lo que era.[57]

Varios de los expertos con quienes hablé mientras escribía este libro me dijeron que el sexteo se ha convertido en uno de los problemas más graves de las escuelas con las que trabajan. Incluso los adolescentes que no han participado en el sexteo saben o han escuchado de un amigo que ha enviado, le han pedido o ha recibido un mensaje sexualmente explícito a través de un dispositivo electrónico. Eso es también lo que yo he escuchado. En palabras de uno de mis alumnos: "En la preparatoria, *todos* lo hacen". O al menos eso es lo que todo el mundo *piensa*.

No parece probable que el número de niños que participan en el sexteo vaya a disminuir, en especial sin tener educación acerca de sus posibles consecuencias. Como le dijo Jeff Temple, uno de los investigadores del estudio de *JAMA* al *Washington Post*: "A medida que los preadolescentes y los niños que tienen un teléfono inteligente sean más y más jóvenes, vamos a ver un aumento en el número de adolescentes que están sexteando".[58]

QUÉ DECIRLES A LOS NIÑOS ACERCA DEL SEXTEO

Cuando comencé a enseñar Cibercivismo, me costó encontrar el consejo correcto para darles a mis alumnos sobre el sexteo. Después de todo, tendría que ser exactamente lo opuesto a lo que les había dicho acerca de casi cualquier otro peligro en línea: "Tomen una captura de pantalla de la evidencia". Obviamente, alentar a los estudiantes a conservar pornografía infantil en sus teléfonos no era precisamente la mejor orientación. Por fortuna, encontré el consejo que estaba buscando, en un lenguaje que los alumnos entenderían, en un blog escrito por el Dr. Justin Patchin del *Cyberbullying Research Center* (más acerca de esta organización en un momento). Hoy en día comparto este extracto con estudiantes y maestros:

Si recibes una imagen [sexual], es probable que te haya sido enviada por un buen amigo (o un novio o una novia). Como resultado, probablemente no quieres meter a esta persona en muchos problemas, pero también sabes que involucrarte con este tipo de fotografías probablemente no te va a llevar a grandes cosas en la vida. Si lo piensas, es altamente inapropiado, moralmente incorrecto y potencialmente ilegal. ¿Entonces qué haces? Casi todos los adultos te aconsejarían "contárselo a un adulto en quien confíes". Este suele ser un buen consejo para una gran cantidad de problemas que puedas tener. Sin embargo, en el caso de la foto de una persona menor desnuda, esto puede ser devastador para todos los involucrados. Si le enseñas la imagen a un maestro o maestra, probablemente estarán obligados por ley a reportarla a la policía. Los maestros que no lo hagan pueden perder su licencia para dar clases y ser despedidos. Si no saben qué hacer y buscan orientación con otro maestro, pueden meterse en un problema peor. Si le das a tu maestro o maestra tu teléfono celular con una imagen de desnudo, y él o ella se lo muestra a otro maestro, ambos maestros (y tú) pueden ser acusados de "posesión" de pornografía infantil dado que ambos estuvieron en posesión de tu teléfono. Esto, porque la policía suele tratar estas imágenes como pornografía infantil, sin importar la intención del remitente o la relación que haya entre los involucrados. Esto significa que si tomaste la fotografía, pueden acusarte de "creación de pornografía infantil".

Si envías o reenvías la imagen, pueden acusarte de "distribución de pornografía infantil". Si la dejas en tu teléfono, pueden acusarte de "posesión de pornografía infantil". En algunos casos, incluso puedes terminar en los registros de delincuentes sexuales de tu estado.

Mi consejo para los adolescentes que reciben una imagen de desnudo o semidesnudo de un compañero es simple: bórrenla de inmediato. No se lo digan a nadie. Si hay una investigación, y alguien te pregunta si recibiste la imagen, debes decirles que sí, pero que la borraste inmediatamente. Si es necesario, puedes obtener los registros de tu celular del proveedor de servicios de telefonía y buscar el contenido de tu teléfono, lo que demostrará que la borraste segundos después de recibirla. Esta es la mejor situación para ti. A algunos adultos no les va a gustar este consejo, porque quieren "saber" para intentar lidiar con el problema, pero pienso que este es el único consejo seguro que puedo ofrecer a la juventud en este punto.[59]

CIBERACOSO

Aunque este capítulo comienza con una anécdota ligera acerca de una situación mal clasificada como "ciberacoso", es importante reconocer que el ciberacoso *real* es un grave problema no resuelto de la era digital. Si deseas una educación extensiva sobre ciberacoso —una inversión inteligente de tiempo para cualquier padre o madre que tenga un hijo conectado— te recomiendo que te apresures a visitar el Cyberbullying Research Center (https://cyberbullying. org), fundado por el Dr. Sameer Hinduja y el Dr. Justin Patchin. El sitio, que fue lanzado mientras ellos estudiaban el ciberacoso en una universidad en el estado de Michigan, proporciona un tesoro de investigación confiable y otros recursos sobre la prevención y respuesta al ciberacoso.

Hinduja define el ciberacoso como un "daño deliberado y repetido infligido a través del uso de computadoras, teléfonos celulares y otros dispositivos electrónicos", que se alinea con los cuatro indicadores que yo les doy a mis alumnos: es *en línea, intencional, repetido* y *perjudicial*.[60] En términos de prevalencia, Hinduja dice que con base en sus datos nacionalmente representativos de la juventud estadounidense entre los doce y los diecisiete años de edad:

> Setenta y tres por ciento de los estudiantes reportaron que habían sido acosados en la escuela en algún momento de sus vidas (44% dijo que ocurrió en los últimos treinta días).

> Treinta y cuatro por ciento de los estudiantes habían experimentado el ciberacoso en su vida (17% en los últimos treinta días).

> Cada año pido a mis estudiantes que levantan la mano si alguna vez han sido acosados. Aproximadamente la mitad alza la mano. Entonces pregunto si *conocen* a alguien que haya sido acosado. Todos levantan la mano ante esta pregunta. Todos y cada uno de ellos.

Desde cualquier perspectiva, el número de niños que han experimentado o presenciado el acoso es alarmante. El hecho de que, según la investigación de Hinduja, casi tres de cada cuatro niños están siendo acosados en persona en la escuela —un problema que ha existido desde que hay escuela— ya es bastante malo. Pero cuando te das cuenta de que las nuevas tecnologías permiten un nuevo tipo de crueldad, el ciberacoso, y que uno de cada tres niños lo ha experimentado, debe ser una llamada de alarma para todos nosotros. A menudo son los mismos niños los que pasan por ambos tipos de acoso. Un proyecto del Cyberbullying Research Center descubrió que 42.4% de las víctimas de ciberacoso también eran víctimas del acoso fuera de línea.

Es importante hacer notar que aunque muchos niños han experimentado o presenciado la crueldad en línea, muchos de ellos también han experimentado o presenciado la bondad. Según un reporte del Pew Research Center: "69% de los adolescentes que usan los medios sociales piensan que sus compañeros son en su mayoría bondadosos unos con otros en las redes sociales".[61] Lo cual prueba, otra vez, que las vidas digitales de los niños son confusas y complicadas.

Estos datos positivos no deben liberarnos. No hay palabras que expresen la angustia en los ojos de un niño que es acosado. Tenemos que resolver este problema.

PARA ENTENDER EL CIBERACOSO

Aunque el acoso en persona sigue teniendo más prevalencia que el ciberacoso, algunas características de este último lo hacen particularmente intenso:

1. **No hay botón de "borrar" en línea.** Con frecuencia los blancos del ciberacoso viven con el recordatorio constante de la crueldad cuando ésta es en línea. Incluso si bloquean al remitente o borran la evidencia de sus propios dispositivos, otros niños pueden verla, guardarla o compartirla.

2. **Es constante.** Mientras que los niños pueden alejarse del acoso físico, no hay manera de esconderse del ciberacoso cuando llegan a casa. La mayoría de los niños traen sus dispositivos consigo 24/7.

3. **Es público.** *Todo el mundo* ve el acoso cuando éste se da en línea.

Este último factor —que el ciberacoso es visible para muchas personas— ¡puede funcionar en favor de la víctima! Imagina si cada joven "espectador" (alguien que presencia la crueldad en línea) aprendiera cómo ser un "defensor" (alguien que *hace* algo acerca de la crueldad en línea). Esto podría ser un gran avance hacia la erradicación del ciberacoso. Por favor, ve la actividad al final de este capítulo, la cual te muestra cómo enseñarles a tus hijos a ser defensores.

CADA NIÑO ES DIFERENTE

No hay forma de saber cómo reaccionará un niño que está en el lado receptor de la crueldad: el blanco o víctima.

Algunos niños son resilientes, mientras que otros son más sensibles a la crueldad de cualquier tipo. Mientras escribo estas palabras, las historias de niños que se han quitado trágicamente sus propias vidas (el nombre de la era digital para esto es *bulicidio*[*] plagan internet:

> Gabriella Green, doce años, de Panama City Beach, Florida, se suicidó después de soportar un ciberacoso por parte de dos compañeros de clase, también de doce años.[62]

> Ashawnty Davis, diez años, se ahorcó después de que un video de su pelea con otra niña se publicó en la red social Muusical.ly.[63]

> Rebecca Sedwick, doce años, de Lakeland, Florida, saltó a su muerte después de haber sido acosada en línea por dos adolescentes de doce y catorce años de edad.[64]

Cada uno de estos trágicos incidentes, iguales en su dolor, comparte otro común denominador. Los blancos, y la mayoría de los perpetradores, tienen doce años o menos, técnicamente, demasiado jóvenes para tener cuentas en las redes sociales donde tuvo lugar la mayor parte del acoso. Respetar los requerimientos de edad mínima para los sitios de medios sociales parece una solución dolorosamente obvia, y simple, para al menos reducir la crueldad en línea.

Le pregunté a Ross Ellis sobre esto. Ella es la apasionada fundadora y CEO de STOMP Out Bullying™, la organización sin fines de lucro que es líder nacional en Estados Unidos en dedicarse a reducir y prevenir el acoso, el ciberacoso y la crueldad de todo tipo. Su sitio web es otro que debes visitar (https://www.stompoutbullying.org), porque además de proveer excelentes recursos acerca del ciberacoso y otros tipos de crueldad, ofrece HelpChat, una línea de chat en vivo con asesores entrenados para ayudar a los jóvenes que están siendo acosados en línea.

---

[*] En inglés, *bullycide*, formado por las voces *bullying*, acoso y *suicide*, suicidio. (N. de la T.)

"Siempre me sorprende cuando los padres permiten que un preadolescente abra una cuenta en un medio social porque "todos sus amigos tienen una", o cuando le dan a un niño un teléfono de 600 dólares que contiene todas las aplicaciones, y no le enseñan el comportamiento cívico digital responsable que lo mantendrá a salvo", me dijo Ellis. "Es tan importante hablarles a los niños en forma temprana acerca del acoso en línea. Incluso los niños de siete años de hoy saben acerca del suicidio."[65]

¿QUÉ PUEDEN HACER LOS PADRES?

Además de estar conscientes de las restricciones de edad y enseñar a sus hijos a ser responsables con sus dispositivos, ¿qué pueden hacer los padres para protegerlos del ciberacoso? "En primer lugar y sobre todo, los padres deben asegurarse de que sus hijos se sientan a salvo", aconseja Hinduja. Tristemente, "casi dos terceras partes (64%) de los estudiantes que experimentaron ciberacoso declararon que esto realmente afectó su capacidad para aprender y sentirse seguros en la escuela", dice.[66] Los padres deben ser los abogados de sus hijos. Deben tomarse el tiempo para hablar y escuchar. Y deben informar a sus escuelas y si sus hijos se ven involucrados en un incidente.

Los padres también pueden ayudar a sus hijos a recolectar evidencia si ocurre la crueldad en línea (descubre cómo hacer esto al final de este capítulo) y ayudarlos a que esa evidencia llegue a las manos correctas: la escuela, la red social, el sitio de juegos, el proveedor de servicios o cualquier otra entidad que pueda estar involucrada.

Por último, los padres deben preguntar a las escuelas de sus hijos si y cómo enseñan la prevención del acoso y del ciberacoso. Cada escuela debe darse tiempo para esto.

CUANDO LOS DEPREDADORES
BUSCAN RELACIONES EN LÍNEA CON LOS NIÑOS

A finales de 2016, comencé a recolectar preguntas de los padres acerca de una nueva aplicación llamada Musical.ly. Lanzada en 2014 por una compañía de Shanghái, Musical.ly (ahora llamada TikTok) amasó doscientos millones de usuarios registrados casi de la noche a la mañana, y muchos de estos eran niños (niños muy jóvenes).[67] Los niños adoran la aplicación porque les permite hacer videos cortos en donde hacen fonomímica y bailan canciones populares. Piensa en un encuentro entre el karaoke y YouTube. Después publican sus creaciones, se cruzan de brazos y esperan ser bañados con corazones. ¿Quién no ama eso?

De acuerdo con Gary Vaynerchuck, ejecutivo de una agencia de publicidad de medios sociales: "Yo diría que Snapchat e Instagram tienen un sesgo un poco joven". Añade que "con Musical.ly, estás hablando de niños de primero, segundo, tercer grado".[68]

Eso es lo que estaba escuchando de los padres, también. Muchos estaban visiblemente consternados cuando contaban las historias de sus hijos pequeños tratando de convencerlos de que les dejaran descargar Musical.ly, persuadiéndolos de que era "sólo una aplicación musical". Una madre me dijo: "Pensé, '¿qué daño puede haber en eso?' Lo siguiente que supe fue que mi hija tenía 2 200 seguidores. Eso me asustó, así que traté de borrar su cuenta y descubrí que era imposible hacerlo".

La naturaleza social de esta aplicación alienta a los usuarios, muchos de ellos demasiado jóvenes para darse cuenta del peligro, a compartir información personal y de identificación con desconocidos. Cuando descargué la aplicación, fue implacable en pedirme mi edad, número telefónico, contactos, correo electrónico y más. También permite que los usuarios actúen para y se conecten con desconocidos, y a veces estos desconocidos no son quien parecen ser.

Aquí, un ejemplo: una madre australiana permitió que su hija de nueve años, Lilly, descargara Musical.ly. Lilly era fanática de una estrella adolescente de baile de Estados Unidos llamada JoJo Siwa, protagonista del *reality show Dance Moms*. Comprensiblemente, Lilly estaba fuera de sí de alegría cuando recibió lo que pensó que era un mensaje de JoJo en la aplicación.

Esto preocupó a su madre. Fingiendo ser Lilly, respondió el mensaje de "JoJo", que le preguntaba qué estaba haciendo y qué traía puesto. Cuando la madre de Lilly respondió que estaba en su cuarto bailando en pijama, "JoJo" le pidió que enviara un video "sin ropa, luciendo tu cuerpo".

La mamá de Lilly, todavía haciéndose pasar por su hija, le dijo que si lo hacía podía meterse en problemas. Entonces "JoJo" respondió: "Bórralo después, tontita".

Después de este perturbador intercambio, la madre de Lilly contactó a los padres de una de las amigas de su hija, sólo para descubrir que esa niña también había sido contactada por "JoJo". La amiguita había recibido un mensaje pidiéndole que mandara un video de sí misma quitándose la ropa interior.

La madre de Lilly reportó este incidente a la Policía Federal Australiana (AFP) y se enteró de que era común que los depredadores utilizaran falsos perfiles de celebridades para establecer relaciones en línea con los niños. En tan sólo un año, la AFP recibió más de novecientos reportes relacionados con explotación infantil, incluyendo seducción en línea.[69]

MOMENTOS CIBERCÍVICOS

Ten "la plática" (acerca del sexteo)

Tan incómodo como pueda parecerte, *debes* hablar con tus hijos sobre el sexteo. Si piensas que son demasiado niños como para discutir el tema, entonces definitivamente también son demasiado jóvenes para ser dueños de un dispositivo conectado con una cámara. Estos son los puntos de los que debes hablar:

> **Define el sexteo.** No asumas que tus hijos saben lo que es el sexteo. Diles que es *enviar, recibir* o *reenviar* imágenes, mensajes o videos sexualmente explícitos o sexualmente sugestivos a través de un teléfono celular o internet. No te sorprendas si te piden que definas "sexualmente sugestivos". Explícales que enviar esas imágenes de o entre menores es un delito en la mayoría de los estados. (Busca las leyes de tu estado aquí y compártelas con tus hijos: https://cyberbullying.org/state-sexting-laws). Estos ejemplos ayudarán a tus hijos a entender qué tipo de cosas pueden ser clasificadas como "sexteo":
> > Selfies donde apareces desnuda o semidesnuda.
> > Videos que muestran desnudos o actos sexuales.
> > Mensajes de texto que proponen tener sexo o se refieren a actos sexuales.

> **Ignora y no pidas.** Di a tus hijos que si alguien alguna vez les pide que envíen una imagen sexualmente explícita, su respuesta sea no. Explica que ellos nunca, bajo ninguna circunstancia, pueden pedir una tampoco.

> **Borra y no lo repitas.** Si alguien envía a tus hijos una imagen sexualmente explícita, diles que la borren de inmediato. Nunca, bajo ninguna circunstancia, deben compartir una imagen sexualmente explícita con nadie, sin importar cuán tentador pueda parecerles hacerlo.

> **Habla y dilo.** Di a tus hijos que hablen y digan si saben o escuchan que hay una imagen sexualmente explícita de alguien en circulación. Primero deben decirle a la persona que aparece en esa imagen, porque ellos querrían que alguien les dijera, ¿no?

> **Piensa dos veces antes de oprimir "enviar".** Explica a tus hijos, en forma temprana y a menudo, que el momento en que una imagen o mensaje son enviados a través de un dispositivo electrónico, ya no están bajo su control. Nunca podrán quitarla. Probablemente se diseminará más allá de la persona a la que estaba destinada.

> Comparte una historia de advertencia. La forma más fácil de reforzar estos puntos es a través de una historia de advertencia, que se encuentra fácilmente en línea. Si buscas "sexteo", "secundaria" y "preparatoria", tendrás una abundancia de tristes historias para compartir. Elige historias que sean apropiadas para los oídos de tus hijos. No sermonees, más bien haz preguntas guiadas como "¿qué piensas acerca de esta historia?" y "¿qué harías si estuvieras en esta situación?"

Cultiva la bondad

La forma más efectiva de frenar el ciberacoso es detenerlo antes de que empiece. Aquí es donde cultivar la empatía puede ser de ayuda.

Esta simple actividad es una extensión de la que recomendamos en el capítulo 2, "Cuenta una historia". Aun conforme los niños transitan por la escuela primaria y más allá, les gustarán las buenas historias y aprenderán mucho más de un relato cautivante que de un sermón aburrido. El programa de prevención del ciberacoso de Journey School se centra en torno a ricas historias acerca de héroes, gente honorable, buenos modelos y otros defensores de la vida real. Hinduja dice que él y Patchin también son fanáticos de las historias, porque "cultivan la empatía entre los jóvenes para asegurarse de que pueden entender emocionalmente el daño que pueden causar con algunas de sus acciones en línea".[70] Algunos de los libros que recomiendan son: *El Deafo, Wonder, Same Sun Here, Inside Out and Back Again, Night* (por Elie Wiesel), *Where the Red Fern Grows* y *Out of My Mind*.

Utiliza el sistema de calificación de Common Sense Media para encontrar qué otros libros y medios son apropiados para tus hijos: https://www.commonsensemedia.org/reviews.

¿Ves ciberacoso? Esto es lo que hay que hacer

Muchos alumnos me han dicho que no sabrían qué hacer si fueran tratados cruelmente en línea, o si vieran que alguien está siendo tratado así en línea.

Esto es inaceptable, especialmente considerando que 88% de todos los adolescentes que usan medios sociales han presenciado cómo otras personas son malas o crueles en las redes sociales.[71] Eso sin mencionar que 90% de los adolescentes que utilizan esos medios, y que han sido testigos de alguna crueldad en línea la han ignorado; más de una tercera parte lo ha hecho con frecuencia.[72]

Imagina si todos los niños supieran qué hacer si ellos o sus amigos fueran víctimas del ciberacoso, y lo hicieran. Y los pasos son tan simples: *captura, bloquea* y *habla*:

1. **Captura.** Toma una captura de pantalla de la evidencia. Asegúrate de que tus hijos sepan cómo usar sus dispositivos conectados para tomar una captura de pantalla de cualquier mensaje perjudicial y guardarla. Si tú no sabes cómo tomar una captura de pantalla, busca "cómo tomar una captura de pantalla con [tipo de dispositivo]. Tomar esta captura de pantalla les permitirá a tus hijos guardar cualquier comentario cruel como evidencia para compartirla con un adulto en el que confíen, o para reportar el incidente a la red social donde ocurrió esta crueldad.

2. **Bloquea.** Di a tus hijos que no deben ser sometidos a una crueldad en línea. Es fácil bloquear dicha actividad. Hinduja comparte este consejo invaluable: los niños pueden controlar su experiencia en línea bloqueando y reportando a otros usuarios que los han acosado o molestado. Cada aplicación de medio social y de multijugadores en línea principales tiene una función incorporada, y tus niños no tienen que someterse a interacciones con gente mala. Tampoco deben dudar de dejar de seguir o quitar como amigo a cualquiera que comprometa la calidad de su experiencia en línea. A veces es difícil hacer esto —incluso para los adultos—, pero es necesario.[73]

3. **Habla.** Alienta a tus hijos a que hablen con un adulto en quien confíen sobre cualquier cosa en línea que los haga sentir

incómodos. ¡Esperemos que ese adulto seas tú! Aun si no lo eres, alienta a tus hijos a recurrir a un maestro, entrenador, amigo de la familia o pariente. Además, diles que contacten a la compañía del medio social, sitio web, red de juego o proveedor de servicio involucrado en el incidente. La mayoría tienen estrictas políticas que prohíben cualquier tipo de crueldad. El Cyberbullying Research Center ha compilado una lista siempre creciente de información de contacto aquí: https://cyberbullying.org/report. Si tus hijos no cuentan con un adulto con el que sientan la confianza de hablar, hazles saber acerca de la línea confidencial en vivo y gratuita de chat HelpChat para niños de trece a veinticuatro años que ofrece STOMP Out Bullying™ (http://www.stompoutbullying. org/information-and-resources/helpchat-line/). Los niños que están siendo acosados o puedan estar pensando en el suicidio pueden obtener ayuda de voluntarios entrenados. A la fecha, esta línea de chat ha ayudado a más de cinco millones de estudiantes a resolver situaciones de acoso y ciberacoso, y ha salvado más de seis mil vidas. "Sí, hemos ayudado a muchos niños", dice Ellis. "Pero ni siquiera eso es suficiente. Sé que cualquier día voy a entrar en línea y a leer acerca de un niño que no pude salvar."[74]

¡Defiende!

Recientemente, visitando una escuela de educación media, les pregunté a los estudiantes si sabían lo que significaba el término *defensor*. Quizás estaban siendo tímidos, pero ninguno ofreció una definición. Finalmente, después de una larga e incómoda pausa, un niño en el fondo del salón alzó su mano. "Suena como algo que mi mamá dice siempre: 'Sé quien ayuda'". "¡Qué buena definición!", pensé.

Aquí hay tres formas sencillas en que un niño puede ser "quien ayude" en línea:

1. **Ofrece consuelo.** Di a tus niños que no tienen que enfrentarse al perpetrador de la crueldad en línea para ser un defensor. A menudo la confrontación es difícil para los niños, en línea y fuera de ella, y eso está bien. Diles que dar apoyo o compartir una palabra bondadosa con el blanco del ciberacoso puede ser justo la ayuda que necesita.

2. **Reporta el incidente.** Di a tus hijos que no tienen que ser el blanco de la crueldad en línea para reportarla. Pueden tomar una captura de pantalla, contárselo a un adulto en quien confíen, o reportar el incidente a la red social donde esto ocurrió.

3. **Defiende, pero sé bondadoso.** Algunos niños sí tienen el valor de enfrentarse a los perpetradores de la crueldad en línea. A estos niños les digo: "Combate la crueldad con bondad". Aconseja a tus niños que no se rebajen al nivel de la crueldad en línea. En vez de eso, pueden tratar de desarmar al remitente con un mensaje de preocupación o bondad. La comediante Sarah Silverman hizo esto en forma experta respondiéndole a un trol en línea con este mensaje: "Tu ira es un dolor apenas velado... ve lo que ocurre cuando eliges el amor".[75] Imagina un mundo en línea lleno de tal bondad y cuidado. ¡Esto sería verdaderamente defender!

CAPÍTULO 6

Privacidad

> Facebook está cambiando las normas de lo que
> significa ser privado, lo que significa ser un niño, y lo
> que significa ser un "producto humano". Según esta
> frase, si no estás pagando por él, entonces no eres
> el cliente, eres el producto.
>
> —JONATHAN TAPLIN, *Move Fast and Break Things*[1]

Cada año les hago una broma a mis alumnos de séptimo grado. En vez de lanzarme a una de nuestras lecciones regularmente programadas, les hago este anuncio especial: "El director de la escuela acaba de contratar a una firma de investigación para que le ayude a personalizar la escuela para satisfacer mejor sus necesidades. Durante este periodo, estará recolectando información personal acerca de ustedes, como su nombre, edad, dirección y así sucesivamente. También les estará siguiendo y rastreando sus hábitos, como dónde van (incluyendo el baño, el área de comida, el patio, etcétera), cuánto tiempo pasan ahí, con quién pasan su tiempo y básicamente todo lo que hacen durante todo el día".

Como probablemente habrás imaginado, esta trama apunta a que los niños se den cuenta de que cada vez que entran en línea, para descargar una aplicación, participar en un juego, llenar una forma, visitar un sitio web, comprar un producto o hacer cualquier cosa, sus hábitos e información personales se están recolectando, a veces sin su conocimiento o consentimiento. Descubrí este ingenioso método de introducir a los estudiantes al concepto de "información personal y privacidad en línea" en las lecciones de Ciudadanía Digital de Common Sense Media, que ofrecen gratuitamente en línea. Esta lección funciona cada vez.

Puedes imaginarte la indignación de los niños de doce y trece años cuando escuchan este anuncio. Se quejan amargamente de esta flagrante violación a su privacidad. Y cuando lo hacen, yo estoy preparada. Dando a cada alumno una hoja de papel, les invito a expresar sus preocupaciones en una carta al director de la escuela. Para muchos, ¡esta es la primera carta que han escrito jamás! Lo que ponen en el papel es impresionante:

"Para mí esto es una invasión de privacidad y un acoso".

"La llaman 'información personal' por una razón. Si la damos, ya no será 'personal'".

"No me gusta sentirme una rata de laboratorio. Además, mi mamá me dijo que no les diera información personal a desconocidos".

"¿Quién te sigue a todas partes y lleva un registro hasta de tus mínimos movimientos? Esto es un poco espeluznante. Lo voy a poner más claro: ¡esto es muy espeluznante!"

"Usted sabe que es ilegal pedirles a los niños su información personal sin preguntarle primero a sus tutores legales".

"Me gustaría saber qué van a hacer con esta información".

"Creo firmemente en los derechos de los niños a estar a salvo".

"Esta gente no tiene ningún derecho de saber mis hábitos ni mi información personal".

"Yo no voy a hacer esto sin la aprobación de mi madre".

"Simplemente no. Es espeluznante".

¿No piensas que es sorprendente que los niños que tan rápidamente se registran en las aplicaciones y servicios sin preocuparse por la privacidad ni por la aprobación de sus padres, estén tan ansiosos por defenderla en esta situación? De todas formas, cuando les explico que no vendrán investigadores a la escuela, pero que cada vez que ellos entran en línea sus hábitos e información personales son colectados como si los investigadores vivieran en sus teléfonos, se quedan de una pieza. Entonces les leo en voz alta sus propias palabras.

Esto es lo que les llega. Como lo puso un niño de séptimo año: "Wow. Alucinante".

LA REALIDAD ES MÁS EXTRAÑA QUE LA FICCIÓN

Si los niños supieran cuán cercano está este escenario de la realidad, sus jóvenes mentes realmente alucinarían. El abogado Bradley Shear, mencionado en el capítulo 3, explica en su blog, *Shear on Social Media, Law & Tech* [*Shear hablando sobre medios sociales, leyes y tecnología*], la forma en que se colecta la información de los alumnos:

> El tipo y cantidad de datos que están siendo acumulados y almacenados por las escuelas de prescolar a doceavo grado y por terceras partes vendedoras es alarmante. Por ejemplo, algunas escuelas primarias emiten tarjetas de identificación con chips RFID [*radio-frequency identification*, identificación por radio frecuencia] que rastrean cuándo y cuántas veces nuestros niños van al baño, cuánto tiempo pasan dentro de un gabinete del baño mientras se ocupan de sus asuntos personales, y cuántas veces van al bebedero, junto con todos sus movimientos diarios en y dentro de la propiedad de la escuela. Otros planteles utilizan lectores biométricos de palmas que escanean las manos o huellas digitales de nuestros niños para rastrear todo lo que compran en la cafetería de la escuela. Todos estos datos acumulados es un tarro de miel para las universidades, empleadores, compañías aseguradoras, comerciantes de datos, cibercriminales, gobiernos extranjeros, etcétera.[2]

Shear, padre de dos niños de primaria, dice que hoy en día se recaba una enorme cantidad de datos de los alumnos. "Las escuelas están usando aplicaciones gratuitas, y los datos personales colectados por estas aplicaciones se venden, literalmente, frente a la nariz de sus padres", dice Shear.[3] Cuando la revista *Education Week* lo entrevistó sobre este tema, les dijo: "Cuando yo era joven, iba a la biblioteca, sacaba libros sobre todo tipo de cosas locas, y esa información no se almacenaba en la nube para ser analizada por algoritmos o vendida a terceras partes anunciantes. Nuestros niños deberían tener la misma libertad".[4]

Pero no la tienen. Hoy en día, los estudiantes divulgan rutinariamente información personal, una tarea facilitada gracias a la tecnología, sin entender plenamente las posibles consecuencias. Muchos niños de séptimo y octavo grado toman un examen llamado PSAT 8/9. Esta prueba es precursora del popular SAT (en Estados Unidos), un examen del Consejo Universitario que presentan casi todos los alumnos de bachillerato que desean entrar a la universidad. La información personal recolectada por el Consejo Universitario incluye nombre, grado escolar, sexo, fecha de nacimiento, número de ID o de Seguridad Social del estudiante, grupo étnico/racial, relación militar, domicilio, correo electrónico, número de teléfono móvil, promedio escolar, cursos que ha tomado y el nivel educativo más alto de los padres. Aunque no es obligatorio que los estudiantes proporcionen toda esta información (¡buena suerte recolectando estos datos de mis ahora escépticos alumnos el próximo año, Consejo Universitario!), la mayoría de los niños lo hacen de todas maneras, obediente y voluntariamente. ¿Y qué hace el Consejo con esta información sensible? En una carta publicada en el *Washington Post,* Cheri Kiesecher, una madre de Colorado y miembro de la Coalición de Padres para la Privacidad de los Estudiantes, escribe:

> [L]a política de privacidad del Consejo Universitario para los padres y los estudiantes sostiene que no venden los datos de los alumnos. Más bien, venden una licencia para acceder a los datos personales de un estudiante. ¿Cuál es la diferencia? De hecho, esta distinción parece ser sólo semántica.[5]

Considera las docenas, posiblemente cientos o miles, de servicios y aplicaciones educativas gratuitas disponibles en las escuelas hoy en día. Por ejemplo, uno de los más populares es la G. Suite for Education de Google (antes Google Apps for Education), un sistema de gestión de aprendizaje en línea diseñado específicamente para las escuelas. Incorpora el Google Classroom (un servicio web gratuito que permite a estudiantes y maestros compartir fácilmente trabajos y tareas), con otros productos gratuitos Google como Gmail, Calendar, Docs, Sheets y Slides. Es un asombroso recurso que ayuda a los maestros a permanecer organizados, aplicar exámenes, compartir información y comunicarse con sus alumnos, y lo mejor: ¡es completamente gratuito! ¿Quién podría culpar a una escuela o maestro de bajo presupuesto por aprovechar completamente semejante oferta? Más de setenta millones de personas usan activamente G Suite for Education hoy en día. Tal vez no deba sorprendernos que, en 2016, Google reconoció abiertamente que "colecta y realiza minería de datos para algunos propósitos comerciales de un amplio rango de información personal sobre los usuarios estudiantes que se registran en su popular servicio Apps for Education, y después se aventuran en el buscador y otros productos de la compañía".[6] Y no son solamente las aplicaciones las que recaban datos de los estudiantes. También el software en las laptops, tabletas y computadoras que se usan en las escuelas colecta información personal: todo, desde las fechas de nacimiento hasta los historiales de búsqueda.

Google rastrea a sus usuarios a través de otros servicios que ofrece, incluyendo YouTube. A principios de 2018, una queja presentada ante la Federal Trade Commission (FTC) por veinte grupos de defensa civil sostenía que YouTube rutinariamente colecta datos de niños menores a trece años de edad. En su defensa, YouTube dice que sus términos de servicio establecen que el sitio no es para espectadores menores a trece años. Lo cual es difícil de creer, porque ofrece "caricaturas, videos de rimas infantiles y sus siempre populares clips de juguetes" que acumulan millones de reproducciones.[7]

Dentro y fuera de la escuela, los niños dan información personal a las aplicaciones, juegos, sitios web y todo lo demás que usan. "Todos estos datos pueden usarse en formas nunca imaginadas", advierte Shear. "Tenemos que educar a nuestros hijos acerca de lo que realmente está ocurriendo con su información personal cuando usan los servicios y productos digitales llamados 'gratuitos'."[8]

ENSEÑAR A LOS NIÑOS ACERCA DE LA INFORMACIÓN PERSONAL Y LA PRIVACIDAD - PARTE 1

Con todos los posibles peligros que internet representa para los menores, la minería de datos de su información personal parece estar abajo en la lista de las preocupaciones de los padres, pero no es así. Un reporte de 2015 publicado por el Family Online Safety Institute (FOSI) afirma que aunque la mayoría de los padres piensan que la tecnología afecta las vidas de sus hijos en formas positivas, siguen preocupados por su seguridad personal y la privacidad. FOSI encontró que los padres están más preocupados por la privacidad que por el desempeño escolar, las relaciones sociales, la salud física, el uso de la tecnología y el comportamiento.[9]

La privacidad no sólo es importante para los padres. "También es muy importante para los niños", dice Shauna Leff, vicepresidenta de marketing y comunicaciones de PRIVO, la compañía que proporciona un conjunto de soluciones de privacidad para las compañías. "Comenzando en la educación media, la privacidad se vuelve muy importante para los niños", me dijo. "Sus vidas en línea se vuelven como sus dormitorios. Quieren, y esperan, encontrar privacidad ahí."

De acuerdo con Leff, los niños también quieren algo más. "Quieren compromiso; quieren personalización. Quieren poder usar los sitios gratuitos, como YouTube", explica. "Pero piénsalo: ¿qué obtiene Google de esto? Los niños deben entender que no es posible que todo lo que está en línea sea gratuito. Hay un precio que pagar.[1]

Ese precio, es su información personal.

Aprender el precio de "gratuito"

Aprender que su información personal es un bien valioso puede ser la lección más importante para los niños que están comenzando a usar dispositivos conectados. Trato de imbuirles este concepto a mis alumnos a través de varias actividades que siguen al "anuncio" introductorio al principio de este capítulo. Les requiero que lean las políticas de privacidad y los términos de servicio de las aplicaciones que más usan: Snapchat, Instagram, etcétera. Esto viene después de una lección de vocabulario básico que les enseña los significados de palabras y frases que encontrarán en la letra pequeña de cada aplicación o servicio web que usen: *información personal, cookies, terceras partes, licencia, contenido del usuario, información de la ubicación, información para el archivo de registro, monetización,* y términos así. Muchos adultos ni siquiera entienden plenamente estos términos, aun cuando rutinariamente ven estas palabras en las políticas que sólo ojean por encima y que aceptan cuando descargan aplicaciones y servicios en sus propios teléfonos y computadoras.

Términos comunes de la política de privacidad

> Información personal: incluye tu nombre, dirección, correo electrónico, número telefónico, edad, etcétera.
> Cookies: son pequeños archivos que algunos sitios que visitas colocan en tu dispositivo. Las "cookies" permiten que los sitios "recuerden" tus datos.
> Tercera parte: "parte" es el término legal para una persona o entidad. Una *tercera parte* es una persona o entidad distinta a aquella con la que celebraste un convenio.
> Licencia: permiso oficial para hacer, usar o ser dueño de algo.
> Contenido del usuario: incluye palabras, imágenes, videos, audios, memes o cualquier otra cosa que publiques en línea.
> Información de la ubicación: es información de en dónde se ubica el usuario de un dispositivo. Las aplicaciones y los sitios web pueden determinar la ubicación usando el celular, Wifi, GPS, Bluetooth, etcétera.

> Información para el archivo de registro: un archivo de registro graba los eventos que ocurren en un dispositivo, y puede incluir historial de búsquedas, cómo se usaron los servicios web e información acerca de caídas del sistema, especificaciones del hardware, tipo de navegador y más.
> Monetización: el proceso de ganar dinero.

Uno pensaría que los alumnos se quejarían amargamente acerca del tedio de leer estas políticas, terriblemente largas y aburridas. Pero en vez de eso, las atacan con entusiasmo y a menudo se quedan perplejos por lo que encuentran. Algunos de mis estudiantes encontraron esto enterrado dentro de los términos de servicio de Snap Inc.: "Muchos de nuestros Servicios te permiten crear, subir, publicar, enviar, recibir y almacenar contenido. Cuando haces eso, retienes cualesquiera derechos de propiedad sobre ese contenido que tenías. Pero *tú nos otorgas una licencia para usar ese contenido.* Cuán amplia será esa licencia depende de los Servicios que uses y de los Ajustes que hayas seleccionado"[11] (el énfasis es mío).

La parte en cursivas captó su atención. "Snap" es el diminutivo de Snapchat, la aplicación que ellos conocen y adoran porque el contenido de usuario supuestamente "desaparece" después de que es visto por la persona con la que se compartió. Cierto, la mayoría de los niños se da cuenta de que sus amigos pueden hacer una captura de pantalla del contenido para tenerlo y usarlo en otra parte, pero pocos sospechaban que Snapchat usaba ese contenido. Después de un escrutinio más minucioso, los estudiantes descubrieron que con respecto a todo el contenido subido a la aplicación, "le otorgas a Snap Inc. o a nuestros afiliados una licencia mundial, libre de regalías, sublicenciable y transferible para alojar, almacenar, usar, desplegar, reproducir, modificar, adaptar, editar, publicar y distribuir ese contenido".[12]

Además, los estudiantes se enteraron de que si establecían que sus "Historias Snapchat" para que "todos" las vieran, cualquier contenido en esa historia es "contenido público", lo cual significa:

[L]a licencia que nos otorgas para este contenido es más amplia. Además de otorgarnos los derechos mencionados en el párrafo previo, también nos otorgas una licencia perpetua para crear obras derivadas de, promover, exhibir, transmitir, sindicar, sublicenciar, ejecutar en forma pública y desplegar en forma pública el Contenido Público en cualquier forma y por todos y cualquier medio o método de distribución (existentes o por existir). En la medida que sea necesario, cuando apareces en, creas, subes, publicas o envías Contenido Público, también otorgas a Snap Inc., nuestros afiliados y nuestros socios de negocios el derecho y licencia irrestrictos, mundiales y perpetuos para *usar tu nombre, imagen y voz, incluyendo en conexión con contenido comercial o patrocinado*[13] (el énfasis es mío).

Quizás tendrás que leer estos extractos un par de veces para entender el punto. Mis estudiantes lo comprendieron de inmediato. Descubrieron que, incluso en esta aplicación llamada de "desaparición", la información personal y el contenido que comparten no desaparecen en absoluto.

Una *tercera parte* pregunta qué piensan los estudiantes

Un par de semanas después de empezar a dar estas lecciones, me contactó un productor del programa *Today Show*, de la NBC, quien me preguntó si podía enviar un equipo de grabación a Journey School. Quería incluirnos en una serie que estaban produciendo acerca de los niños y la tecnología. Cuando les di estas emocionantes noticias a mis alumnos de séptimo grado, no me creyeron. ¡Yo había perdido toda credibilidad con ese grupo después de mi "anuncio especial"!

De todas formas, unas semanas más tarde, apareció un equipo de noticias en la escuela, y cuando Jacob Soboroff, corresponsal de NBC le preguntó a un grupo de cinco estudiantes qué estaban aprendiendo en Cibercivismo, no perdieron tiempo para responder: "Hemos estado aprendiendo acerca de las políticas de privacidad y los términos de aceptación", dijo Nicolas, un niño brillante. Me sorprendió cuán ansiosos estaban de contarle a Soboroff todo acerca de la aburrida jerga legal que habían estado leyendo, y yo creo que él también se sorprendió. Especialmente cuando le dijeron que lo que habían descubierto los "había asustado" tanto, que habían decidido borrar algunas de sus aplicaciones.

—Obviamente ustedes, niños, tienen amigos fuera de esta escuela y fuera de esta clase. ¿Alguno de ellos leyó los términos de aceptación de las redes sociales? —preguntó Soboroff.

—No —respondieron ellos, riendo.[14]

Cuando les preguntó si pensaban que sabían más que sus amigos acerca de las aplicaciones que usaban, las cinco cabezas asintieron.

—Absolutamente —respondió un estudiante—. No puedo creer qué poco sabe la mayoría de los niños.

Entender la información personal = decisiones inteligentes

NBC transmitió al aire este segmento el mismo día que Mark Zuckerberg, de Facebook, rompió el silencio acerca del escándalo de privacidad que involucraba a su red social y a Cambridge Analytica, una compañía de perfil de votantes que recabó y utilizó la información personal de decenas de millones de "facebuqueros". Cuando *The New York Times* y *The Guardian* publicaron esta historia, las acciones de Facebook se desplomaron rápidamente en 7% (eso es un golpe de 37 mil millones de dólares, por cierto). Aún peor para la aplicación de redes sociales, muchos consideraron renunciar a Facebook a medida que el *hashtag* #DeleteFacebook comenzó a ser tendencia en la red. Fue algo importante. Pero si excavas más profundamente en esta historia, te hace preguntarte si las cosas podrían haber sido diferentes si los usuarios de Facebook hubiesen estado más educados, o al menos hubiesen sido más curiosos acerca de la forma en que la información personal que proporcionaron voluntariamente a la red social podría ser usada. Esto es lo que ocurrió: "Un investigador llamado Aleksandr Kogan desarrolló un test de personalidad para Facebook… Unas 270 mil personas instalaron la aplicación de Kogan en su cuenta de Facebook. Pero como sucedía con cualquier desarrollador de Facebook en esa época, Kogan tenía acceso a los datos de los usuarios *o de sus amigos*"[15] (el énfasis es original).

Hay mucho más detrás de esta historia, pero el hecho más destacado es que los usuarios cuya información personal fue compartida probablemente no leyeron con cuidado las políticas de privacidad de Facebook. O no entendieron que tenían la opción de no hacer el test. O no supieron cómo personalizar sus ajustes de privacidad. Cada vez es más aparente que estas son habilidades de supervivencia básica para los ciudadanos de la era digital.

Por eso es esencial enseñar a los niños que "gratis" tiene un precio: su información personal. Pero, aún más importante, deben saber que pueden y deben decidir cuánto de su información personal compartir en la red.

Sé consciente de que los niños seguirán compartiendo

Incluso armados con este conocimiento, los niños se sentirán tentados a compartir su información personal en línea. "Vivimos en una era de Facebook, donde la gente está tan entusiasmada por compartirlo todo, todos y cada uno de sus momentos", dice Leff. "Y está bien, es genial, si la gente ha tomado la decisión de hacerlo. Pero todos deberían poder elegir lo que quieren compartir y lo que quieren obtener a cambio."[16]

Personalmente, yo he decidido, una y otra vez, compartir mi información personal a cambio de servicios maravillosos. Comparto mi historial de escucha con Spotify (una aplicación musical), y a cambio me da una "mezcla diaria" de canciones hecha para mí, con las canciones que piensa que me gustarán, con base en mis datos. Strava, una aplicación de ejercicio que rastrea mis paseos en bicicleta, me pide compartir mi edad, lo cual hago rápidamente (¡aun cuando no lo hago tan rápidamente en la vida real!). A cambio, la aplicación compara mi desempeño con el de otros ciclistas que caen dentro de mi rango de edad. De esa manera, no tengo que sufrir la humillación de ser superada sin piedad por un "Match Racer". Vale la pena totalmente.

Pero como en todos los intercambios justos, ambas partes deben estar plenamente conscientes de cómo funciona el intercambio, incluso si una de esas partes es un niño de nueve años que tú has decidido tiene la edad suficiente para jugar *Roblox* o *Minecraft*. Cuando los niños descargan o se registran para usar juegos, aplicaciones, música u otros servicios inevitablemente se les pedirá que compartan información personal. La mayoría compartirá su información personal, o la tuya. Así es. Cuando los niños usan el dispositivo de uno de sus padres, lo cual muchos hacen, las contraseñas, las direcciones de correo electrónico, los números de las tarjetas de crédito, la fecha de nacimiento, la dirección, los contactos, y otros datos almacenados en el dispositivo a menudo están a un clic de distancia de ser compartidos por el niño que usa ese dispositivo.

¿Ya capté tu atención? Bien. Porque ayudar a tus hijos a entender que la información personal debe ser protegida y compartida con discreción es realmente importante. Y esto es sólo el principio de lo que deben saber acerca de la privacidad y la información personal. ¿Por qué? Porque no saber acerca de lo que sigue pone en peligro nuestra democracia.

ENSEÑAR A LOS NIÑOS ACERCA DE LA INFORMACIÓN PERSONAL Y LA PRIVACIDAD - PARTE 2

Allá por los días del naciente internet, hace tan sólo veinticinco años más o menos, muchos creyeron que esta magnífica, nueva plataforma sería un gran beneficio para la humanidad, porque daría a todos y a cualquier persona una voz, sin importar su raza, edad, género, estatus social o filiación política. Esta "nueva plaza pública", como muchos la llamaron, estaría rebosante de nuevas ideas, perspectivas mundiales divergentes y soluciones alternativas para los problemas —sin filtro ni edición—, haciendo que el mundo fuera mejor por ello.

En 2001, el académico legal Cass Sunstein, más tarde director de la Oficina de Información y Asuntos Regulatorios en la administración Obama, explicó que un internet así beneficiaría a la democracia:

> [L]a gente debe exponerse a materiales que no hubiese elegido previamente. Los encuentros no planeados ni anticipados son vitales para la democracia en sí misma. A menudo, tales encuentros involucran temas y puntos de vista que las personas no han buscado y que tal vez les parezcan bastante irritantes. Son importantes en parte para asegurarnos contra la fragmentación y el extremismo, que son resultados predecibles de cualquier situación en la que las personas que piensan igual hablan sólo con ellas mismas.[17]

Esta visión idealista de internet nunca se materializó del todo. En vez de eso, y dado que el modelo de negocios explorado en la Parte 1 (internet extrae información personal y proporciona a cambio experiencias personalizadas y gratuitas), la humanidad terminó con algo enteramente distinto a lo que imaginaron los optimistas. Hoy en día, tenemos un internet que en gran parte decide por nosotros lo que deseamos y queremos.

Aunque esto puede sonar como una exageración, piensa en eso. Los algoritmos sofisticados contenidos en casi cualquier experiencia en línea rastrean lo que nos gusta y lo que hacemos, según la información que les damos. Esto no sólo incluye la información personal que entregamos voluntariamente, sino también nuestros hábitos de búsqueda, compra y navegación. Esto también es información personal.

Ahora considera esto: internet está siendo cada vez mejor en analizar todos los datos que absorbe. Sabe lo que nos gusta y lo que queremos, a veces mejor que nosotros mismos. Por ejemplo, ¿buscaste un nuevo par de zapatos en línea? Bingo: ahora probablemente te aparezcan anuncios de zapatos en los sitios que visitas. ¿Te gustan o compartes artículos noticiosos con tendencia a la izquierda en Facebook? Eso explica por qué estás obteniendo más historias del *Huffington Post* y *Mother Jones* en tu sección de noticias en vez de Fox News y *The Weekly Standard*.

Bienvenido al mundo de las "burbujas de filtro" y las "cámaras de eco". Has llegado a la parte *realmente* importante de la información personal.

¡Auxilio, estoy atrapado en una burbuja de filtro!

En una convincente plática TED de 2011, Eli Pariser, ex director ejecutivo de MoveOn.org, introdujo al mundo al término "burbuja de filtro". "Tu burbuja de filtro es tu propio, personal, único universo de información que vives en línea. Y lo que hay en tu burbuja de filtro depende de quién eres, y de lo que haces."[18] Además, Pariser advirtió: "si no le ponemos atención, puede convertirse en un verdadero problema".[19]

Google es particularmente adepto a este negocio de las burbujas de filtro. Cada vez que usas el buscador, "hay cincuenta y siete señales que Google examina —todo, desde en qué tipo de computadora estás, hasta qué tipo de navegador estás usando, dónde estás ubicado— y usa para personalizar tus resultados de búsqueda".[20]

Google analiza cuidadosamente tus búsquedas, más una gama de otros datos, para determinar lo que piensa que estás buscando o lo que podría gustarte, y *voilá!* Eso es exactamente lo que obtienes. Puede que ni siquiera sepas lo que Google decide filtrar para ti. Para ilustrar este punto, aquí hay un ejercicio que pido a mis estudiantes que hagan en casa: elige cualquier palabra o frase, aunque de alguna manera los temas controvertidos funcionan mejor (por ejemplo, Irán, cambio climático, presidencia). Después, pide a cinco miembros de tu familia o amigos que busquen en Google la palabra o frase en sus propios dispositivos —móviles o de escritorio— y comparen los resultados. Muy probablemente, descubrirán que los resultados de cada persona son únicos. Estarán hechos a la medida y personalizados para quien está realizando la búsqueda (nota que también los anuncios estarán personalizados).

¿Por qué pertenece este asunto a la juventud actual? Porque se supone que los jóvenes se esfuerzan en descubrir quiénes son, qué les gusta y en lo que creen. Es plausible que esta tarea se logre en forma más exitosa cuando se exponen a un amplio espectro de ideas e información. Si Google, Facebook, Instagram u otros sitios los alimentan con una corriente personalizada de información con base en sus búsquedas previas e información personal, para pedir prestadas las palabras de uno de mis estudiantes, "es espeluznante".

Pariser pone este asunto en términos más racionales: "Tenemos que asegurarnos de que ellos [los servicios de internet] también nos muestren cosas que sean incómodas, o desafiantes, o importantes… Realmente necesitamos que internet sea esa cosa que soñamos que sería. Necesitamos que nos conecte a todos. Necesitamos que nos introduzca a nuevas ideas, y a nuevas personas, y a distintas perspectivas. Y no lo va a hacer si nos deja aislados en una red de una sola persona".[21]

Cómo evitar las burbujas de filtro

Si bien Google y Facebook se han atraído la ira por la minería de datos que hacen de la información de los usuarios a cambio de experiencias personalizadas, este fenómeno ocurre en toda la red. Netflix y YouTube nos presentan películas y videos que piensan que nos gustarán, con base en nuestras vistas previas. Así que si acabas de ver *Los caza-novias*, es más probable que Netflix te ofrezca algo similar, como *Virgen a los cuarenta*, que *La guerra civil*. Amazon ha personalizado sus ofertas por años, comenzando con los libros. Hoy, el minorista en línea más grande del mundo sugiere todo tipo de productos basándose en lo que hayamos comprado o buscado la última vez.

Concedido, mucha gente joven no está usando Facebook ni comprando en Amazon (demasiado) todavía, pero están viendo Netflix y YouTube. También están usando Instagram, que es propiedad de Facebook. Una encuesta de 2017 reveló que 76% de los adolescentes estadounidenses entre los trece y los diecisiete años usan esta red social.[22] Instagram emplea muchas de las mismas exitosas técnicas de personalización de Facebook. En 2016, Instagram anunció: "Para mejorar tu experiencia, tus noticias pronto serán ordenadas para mostrar los momentos que creemos que son los más importantes para ti. El orden de fotos y videos en tus noticias estará basado en la probabilidad de que estés interesado en el contenido, tu relación con la persona que publica y oportunidad de la publicación".[23]

A menos que seas uno de mis estudiantes y se te pida que leas esto, probablemente pasaste por alto este anuncio completamente. En resumen, Instagram decidió seguir a Facebook en reordenar las publicaciones con base en factores tales como cuán recientemente se compartió la publicación, las interacciones con la persona que la compartió, y si el usuario pensó que la publicación era interesante o no. Basándose en estos datos, Instagram decide lo que piensa que el joven usuario debe ver.

A juzgar por las quejas que he escuchado entre los adolescentes, no están precisamente encantados de que los algoritmos tomen decisiones por ellos, así como no les gusta que mamá decida cómo deben vestirse para ir a la escuela. Pero eso lo oigo sobre todo de niños que están aprendiendo qué buscar. Por cada uno de estos estudiantes, millones más no han aprendido por qué o cómo se recaba la información personal ni cómo funcionan los algoritmos. Si no conocen o entienden el proceso, ciertamente les va a importar un rábano.

Bill Gates, el fundador de Microsoft, es uno más del creciente número de tecnólogos que han expresado su preocupación con respecto a las burbujas de filtro. Le dijo a un reportero de *Quartz* que *existe* una solución: "La educación es un contrapeso para las burbujas de filtro… ya que expone a la gente a 'una base común de conocimiento'".[24]

Por ahora, la oportunidad que provee internet de que todos sean escuchados puede pesar más que el impacto negativo de las burbujas de filtro, pero es crítico que los niños entiendan cómo funcionan y, más importante, cómo evitar caer presa de su influencia. sonar hiperbólico decir que nuestra propia democracia está en riesgo, pero considera las consecuencias a largo plazo de ignorar este problema. ¿Qué tal si los niños terminan consumiendo sólo una estrecha, predeterminada tajada de la vasta gama de ideas, información y perspectivas del mundo que internet tiene para ofrecer? Eso no me suena como un uso inteligente de este poderoso y extraordinario recurso.

Las paradójicas prácticas de privacidad de los adolescentes

Andie es una niña de catorce años que conocí una fresca mañana de febrero mientras visitaba una escuela de prescolar, primaria, secundaria y preparatoria en Los Ángeles. Fui ahí para dar lecciones a sus estudiantes de primaria y secundaria, pero en la tarde pasé algún tiempo con los de noveno grado. Había planeado hablarles de la privacidad en línea, pero estos estudiantes no estaban nada interesados en saber lo que *no* debían publicar en línea. "Ya hemos escuchado el sermón", me dijeron. De lo que realmente querían hablar es de lo que *sí debían* publicar en línea. Me acribillaron a preguntas:

> ¿Necesito tener una cuenta en LinkedIn para obtener un empleo?

> Yo juego futbol soccer, y quiero que los reclutadores de las universidades me vean jugar. ¿Debo hacer un video? ¿Cuánto debe durar? ¿Dónde lo publico?

> En mi tiempo libre le doy clases a los niños. ¿Sería una invasión de su privacidad publicar sus fotos en línea?

> Estoy saliendo mucho en obras de teatro. ¿Piensas que debo grabar mis actuaciones para YouTube? ¿Debería crear mi propio canal?

Estaba impresionada con sus preguntas y por cuán ansiosos estaban de hablar. La hora que pasamos juntos no fue suficiente ni de cerca.

Cuando la clase terminó, Andie se quedó y se presentó conmigo. Esta niña pequeña, con una cascada de cabello negro, fue la única alumna que no había dicho palabra durante toda la clase. Pero una vez que comenzamos a platicar, no tardó mucho en revelar su burbujeante personalidad. Incluso preguntó si me podía mostrar sus noticias de Instagram. Cuando le dije que sí, desplegó con orgullo una cuenta con 3 800 seguidores. Entonces me contó su historia:

> Hace como un año, una amiga de mi mamá comenzó una línea de ropa. Estaba haciendo playeras, trajes de baño y cosas para adolescentes. Como su compañía era totalmente nueva, no podía pagarle a una modelo, así que le preguntó a mi mamá si yo podía modelar sus cosas. Mi mamá me preguntó a mí y yo estuve de acuerdo, y entonces comencé a poner algunas de las fotos en mis noticias de Instagram, y al poco tiempo un montón de niños de la escuela lo descubrieron y quisieron seguirme.

Andie me contó cómo esto había hecho crecer su autoestima. Pronto, algunos de sus nuevos amigos en línea se convirtieron en amigos fuera de línea, y ella dijo que esto "me está ayudando a ser menos tímida en la escuela".

—Creo que es bueno que quieras hablarles a los niños sobre publicar cosas positivas en línea —me dijo Andie—. Por lo general los adultos sólo nos dicen que las redes sociales son malas. Los niños oyen eso y de todas maneras siguen publicando las cosas malas, pero en cuentas privadas o falsas. A los adultos se les olvida que no usar los medios sociales no es una opción para nosotros.

Cuando conducía de regreso a casa, pensaba en lo que Andie había dicho. Qué delicado acto de equilibrismo tienen que realizar los niños de hoy entre satisfacer su necesidad (y deseo) de presentarse a sí mismos en línea y al mismo tiempo conservar cierta privacidad. Se necesita una gran cantidad de sabiduría para lograr el equilibrio correcto.

¿Compartir o no compartir?

En 2015, un extenso estudio sobre la relación entre la juventud y la privacidad en línea reveló que a los adolescentes "les importa más la privacidad social que la privacidad en el contexto de terceras partes y la privacidad con respecto a los grandes datos/información".[25] Los investigadores pensaron que eso se debe al hecho de que los adolescentes "no captan lo que sucede con sus datos después de que han sido publicados". Y yo creo que esto se debe a una falta de educación. Paradójicamente, de acuerdo con este reporte, aun cuando a los adolescentes les preocupa profundamente su privacidad social, siguen compartiendo en línea una gran cantidad de información. Los adolescentes comparten sus nombres verdaderos (92%), fotografías de sí mismos (91%), intereses (84%), fecha de nacimiento (82%), y el nombre de su escuela y de la ciudad/pueblo donde viven (71%) a través de las plataformas de los medios sociales. Al mismo tiempo, llegan a grandes extremos para mantener esta información privada con respecto a ciertas audiencias usando una combinación de medidas no técnicas (creación de falsas identidades y cuentas), así como medidas técnicas (usando ajustes de privacidad). Los adolescentes usan otros métodos creativos para mantener la privacidad en línea, particularmente para evitar la vigilancia de sus padres, como moverse a nuevos sitios o codificando mensajes secretos en sus publicaciones usando referencias culturales, argot y emoticones.

Las prácticas de privacidad de los adolescentes son todo un estudio de las contradicciones. Por una parte, parece que están compartiendo indiscriminadamente *demasiaaaaada* información, mientras que por otra parte parece que hacen un gran esfuerzo para limitar lo que es visto, usando métodos que dejan completamente perplejos a los espectadores adultos. Pero como ocurre con cualquier nueva actividad digital, la perspectiva que uno tiene depende de la generación desde la cual la está viendo.

Un ejemplo perfecto de este problema de perspectiva es la "selfie". En caso de que hayas estado viviendo debajo de una roca durante los últimos diez años, una selfie son un autorretrato que uno se toma con un teléfono. Aunque los adultos suelen preocuparse de que las numerosas selfies que los niños se toman y publican revelan demasiada información, tanto literal como figurativamente, los niños para nada lo ven así. Para la mayor parte de los niños que tienen un teléfono celular, las selfies es una parte normal de su vida. ¿Y por qué no lo serían? Compartir la autoimagen no es algo nuevo. De hecho, solía considerarse una forma de arte. Rembrandt lo hizo, así como Claude Monet y Vincent van Gogh (pintó más de treinta autorretratos entre 1886 y 1889). La pintora mexicana Frida Kahlo creó cincuenta y cinco autorretratos en su tiempo de vida, a menudo documentando las tragedias personales por las que pasó. Cuando le preguntaron por qué pintaba tantos cuadros de sí misma, contestó: "Porque soy el sujeto que mejor conozco".[26]

La tecnología sólo ha simplificado el antiguo acto de la autorrevelación. "Solía ser que los retratos sólo estaban disponibles para la gente que era lo bastante acaudalada para contratar a Leonardo da Vinci para que la pintara o para contratar un fotógrafo retratista", dice la Dra. Pamela Rutledge. "Pero con un teléfono celular y la capacidad de subir la imagen a Facebook o Instagram sin costo, se ha democratizado por completo al retratismo."[27]

Apuesto a que si alguien como van Gogh estuviera vivo hoy, estaría tomándose selfies, particularmente si hubiese reencarnado como un adolescente ensartado en medio de la tarea de descubrir quién y cómo presentar ese ser al mundo. ¿Qué mejor forma de documentar este proceso que tomar y compartir autoimágenes?

"Las selfies ponen a las personas a cargo de su propia autoimagen", dice Rutledge. "Creo que las selfies juegan un gran papel en permitir que las personas documenten su crecimiento y su progreso. Y exploren sus identidades. Y piensen en sí mismas. Así que pienso que esa parte es muy positiva."[28]

De todas formas, muchos padres se preocupan, y con razón, de que las autoimágenes publicadas en línea puedan revelar demasiada información personal que podría dañar las reputaciones digitales de sus hijos o ponerlos en el camino de que alguien les haga daño, mientras que a los niños esto no les preocupa en absoluto. Y *ese* es mi punto.

Cuando se miran a través de las rosadas lentes de la juventud, las actividades digitales parecen estar llenas de posibilidades y promesas. Rara vez se ven tan color de rosa para los padres. Esto se aplica a todos los temas que hemos cubierto hasta ahora: reputación, tiempo de pantalla, relaciones y privacidad. Cada una de estas, las cuatro piedras angulares de una estructura sólida que mantendrá a tus hijos seguramente protegidos en su mundo digital, es compleja y a veces confusa. Los niños necesitan que estén rodeadas de conversación y educación.

¡Necesitan que de vez en cuando nosotros miremos el mundo digital a través de sus lentes!

MOMENTOS CIBERCÍVICOS

El peligro de los desconocidos virtuales

En todas partes se les enseña a los niños acerca del "peligro de los desconocidos" en el mundo real, ¿pero qué hay del "peligro de los desconocidos virtuales"? Los niños entrarán en contacto con muchos, muchos más desconocidos en línea que en su vida real. Aun cuando los estudiantes que he conocido representan una pequeña muestra del mundo en su conjunto, no creerías cuántos me han dicho que algún desconocido les ha pedido información personal en línea. Aún más desconcertante es cuántos dicen que conocen a niños que han proporcionado voluntariamente esa información a desconocidos.

En el momento en que les das a tus hijos un dispositivo conectado, es vital que compartas con ellos estas duras, rápidas reglas con respecto a la información personal. Pégalas en tu refrigerador, tu laptop, tu computadora de escritorio o en las frentes de tus hijos. Donde se necesite.

1. Di a tus hijos que nunca *jamás* compartan la siguiente información (suya o de otros) con un desconocido en línea sin tu consentimiento expreso:
   > Nombre completo
   > Dirección física
   > Dirección de correo electrónico
   > Número de teléfono
   > Nombre de su escuela
   > Ubicación actual
   > Claves para futuras ubicaciones
   > Contraseña
   > Fotografías

A medida que tus hijos crezcan, comenzarán a usar su propio criterio acerca de cuándo es seguro compartir esta información. Hasta entonces, asegúrate de que entiendan y acepten tus reglas.

2. Di a tus niños que nunca *jamás* se involucren con desconocidos en línea. Explica que, en internet, es Día de Brujas todos los días. La gente oculta su identidad detrás de máscaras que se conocen como pantallas. Aunque muchas de estas personas son buenas, algunas pueden no serlo. A medida que tus hijos crezcan, comenzarán a usar su propio criterio acerca de cuándo involucrarse con desconocidos en línea, pero hasta entonces asegúrate de que sigan tus reglas.

3. Di a tus hijos que nunca *jamás* se reúnan en la vida real con alguien que han conocido en línea. Puede tomar más tiempo que tus hijos desarrollen el buen juicio que necesitarán para

decidir cuándo está bien saltarse esta regla, así que mantén con ellos una comunicación abierta acerca de sus amistades, en línea y fuera de ella.

La contraseña perfecta

Las contraseñas son nuestra primera línea de defensa para proteger nuestra información personal en línea. Aunque existe una gran cantidad de programas en línea que crearán y recordarán contraseñas para ellos, es importante enseñar a los niños cómo hacer y recordar sus propias contraseñas. Esto subraya cuán crucial es tener contraseñas seguras y fuertes y también puede ser algo muy divertido.

1. Enseña a tus hijos estas siete reglas para crear una gran contraseña. Una gran contraseña debe:
   - Tener al menos ocho caracteres.
   - Incluir una combinación de mayúsculas y minúsculas, símbolos y números.
   - Nunca incluir información personal (como fecha de nacimiento o número de seguridad social).
   - Nunca incluir el nombre de miembros de la familia, amigos o mascotas.
   - Nunca incluir secuencias, como *abcde* o *12345*.
   - Nunca incluir una palabra de diccionario (a menos que se haya cambiado una letra por un símbolo).
   - Ser cambiada con regularidad, al menos cada seis meses.
2. Explícales el término "nemotecnia". En términos simples, una nemotecnia es una herramienta de la memoria que ayuda a retener información.
3. Pide a tus hijos que piensen en su celebridad, atleta, músico o figura histórica favoritos (asegúrate de que no te digan quién es). Esto será su nemotecnia.
4. Enseña a tus hijos a usar la nemotecnia para crear una gran contraseña. Por ejemplo: Diles que tu nemotecnia es Taylor

Swift (ayúdame aquí) y que tu canción favorita de ella es "We Are Never Ever Getting Back Together". Usa la primera letra de cada palabra del título de esta canción para comenzar tu contraseña (WANEGBT). Después, convierte esto en una mezcla de letras mayúsculas y minúsculas (WaNeGbT). Como necesitas agregar un número o símbolo, cambia la última palabra, "together", a "2gether" (WaNeGb2). Finalmente, como tienes que agregar un caracter más para que tu contraseña tenga el largo correcto, y Swift parece sentir empatía acerca de que nunca podrán estar juntos (back together), añade un signo de admiración al final. Y aquí está tu contraseña: WaNeGb2!

5. Haz que tus hijos sigan este ejemplo, creando su propia gran contraseña. Cuando terminen, trata de adivinar quiénes son sus nemotecnias con base en las contraseñas que crearon. Haz otra contraseña para ti, y pídeles que la adivinen, o las nemotecnias de sus hermanos o sus amigos. Yo he hecho esto en el salón de clases muchas veces y siempre me sorprende lo buenos que son los niños en este juego. Además, *¡nunca jamás* olvidarán cómo crear y recordar grandes contraseñas!

¡Véndemela!

El crédito para esta actividad es para una de mis alumnas, quien me dijo que si quiere descargar una aplicación, su padre hace que primero la investigue cuidadosamente. Después tiene que hacer una presentación en PowerPoint y usarla para "venderle" la aplicación. "¡Brillante!", pensé. Esta idea me encantó de tal forma que la he simplificado para que puedas realizarla en casa.

1. Así que tus hijos (que al menos tienen trece años de edad) quieren descargar Snapchat. Invítales a que primero investiguen la aplicación. Esto es fácil de hacer; la política de

privacidad y los términos de servicio están accesibles con una búsqueda de Google.

2. Pide a tus hijos que creen para ti una presentación de la aplicación. No tienen que usar el Microsoft PowerPoint para esta tarea. Esta es una maravillosa oportunidad para que practiquen usando una de las muchas herramientas de presentación gratuita que hay en línea. Una de mis favoritas es Prezi. Di a tus hijos que usen las siguientes preguntas como guía cuando creen su presentación:

> ¿Cuál es la edad mínima del usuario para esta aplicación?

> ¿Qué información personal pedirá la aplicación?

> ¿Qué recibirás a cambio de la información personal que proporciones?

> ¿Compartirás tu contenido de usuario en esta aplicación? Si es así, ¿quién será el dueño del contenido?

> ¿La aplicación compartirá tu información con terceras partes? Si es así, ¿cómo?

> ¿La aplicación rastreará tu ubicación?

> ¿Qué conducta espera la aplicación de sus usuarios? ¿Hay alguna forma de reportar un mal comportamiento?

> ¿Habrá anuncios en la aplicación? ¿En qué otra forma puede monetizarse la aplicación?

> ¿Qué tipo de ajustes de privacidad ofrece la aplicación?

Si esto parece ser demasiado trabajo para tus adolescentes, por favor, considera la cantidad de trabajo que estarán poniendo en la aplicación en los próximos años. Toma tiempo y esfuerzo tomar, editar y publicar las fotografías. Etiquetar, comentar, gustar y leer lo que otros publican también toma tiempo. Si tus adolescentes no tienen tiempo para investigar esta aplicación, ¡entonces seguramente no tienen tiempo para usarla!

Mi selfie, yo mismo

Si una imagen vale más que mil palabras, ¿cuánto vale una selfie? Esa es la pregunta del millón de dólares hoy, porque los jóvenes comparten indiscriminadamente toneladas de información sobre sí mismos a través de las selfies que toman y comparten. Explora este fenómeno con tus hijos y lleguen a un entendimiento común de qué tipo de información personal está bien o no compartir en línea.

1. Pide a tus hijos que te digan *a ti* qué es una selfie. Probablemente saben que es "una foto que uno se toma a sí mismo", pero pregúntales: ¿cuál piensas que es el propósito de una selfie? ¿Cuán a menudo tomas y publicas fotografías de ti mismo? ¿Por qué piensas que las selfies se han vuelto tan populares? Cuéntales que, en 2012, la revista *Time* declaró a "selfie" una de las diez palabras más de moda del año, y que fue añadida al Diccionario Oxford en 2013.[29] ¡Quizá queden impresionados por lo mucho que sabes!

2. Pregunta a tus hijos si alguna vez han juzgado a alguien que no conocen por su selfie. Pide ejemplos.

3. Diles que, aunque tomarse selfies puede ser muy divertido, es importante pensar en lo que estas imágenes les transmiten a los demás. Discutan qué tipo de información pueden estar compartiendo. (¿Las selfies les dicen a los demás dónde estás? ¿Dónde vives? ¿O que estás solo en casa?) *Cómo* comparten sus selfies y *con quién* las comparten son importantes temas de discusión.

4. Explícales que mucho antes de que hubiera selfies, artistas famosos como van Gogh y Rembrandt, entre otros, compartieron imágenes de sus personas a través de autorretratos.

5. Después viene la parte divertida. Busquen en Google a algunos de estos artistas y vean sus autorretratos. Pregunta a tus hijos qué piensan que estos artistas estaban tratando de

transmitir. Descubre lo que ellos pueden deducir acerca del artista mirando las imágenes que encuentren.

6. Considera visitar tu museo local de arte o una galería para hacer lo anterior. ¡Quizá sea inspirador para tus hijos ver un museo o galería que han visitado antes bajo una luz totalmente nueva!

PARTE TRES

UNA COMUNIDAD VIBRANTE

CAPÍTULO 7

El pensamiento crítico

> La desinformación y las noticias falsas existirán mientras existan los humanos; han existido desde que se inventó el lenguaje. Depender de algoritmos y de mediciones automatizadas dará como resultado varias consecuencias indeseables. A menos que equipemos a la gente con conocimiento de los medios y habilidades de pensamiento crítico, prevalecerá la diseminación de la desinformación.
> —SU SONIA HERRING[1]

Hace algunos años, Erin Reilly visitó una de mis clases en Journey School. Acababa de comenzar un nuevo proyecto que requería colectar datos de estudiantes de carne y hueso. Aunque ella disfrazó ingeniosamente su objetivo como una actividad de alfabetismo digital, mis estudiantes pudieron ver lo que había detrás. En vez de someterse plácidamente a su plan, la asaltaron con preguntas: ¿quién creó tu lección? ¿Quién va a ver nuestras respuestas? ¿Te pagan por estar aquí? ¿Quién te paga? ¿Por qué deberíamos ayudarte gratuitamente?

Aunque un poco apenada por la forma en que mis estudiantes bombardearon furiosamente a la pobre Reilly, también estaba orgullosa de ellos por flexionar su naciente musculatura de alfabetismo mediático. Las personas que son alfabetas mediáticas hacen preguntas acerca de los mensajes que reciben. Francamente, creo que Reilly también disfrutó este asalto. Ella ha sido una figura central en el movimiento de alfabetismo mediático por años, y actualmente es presidenta de NAMLE, la National Association of Media Literacy Education. Sabe muy bien cuán importante es que los estudiantes desarrollen críticas habilidades de alfabetismo mediático.

"Ese día salí de ahí pensando '¡bien por ellos!', dice Reilly. "Algo que no queremos es que los niños sólo digan que sí y estén de acuerdo con todo lo que decimos. Queremos que sean consumidores críticos de información. Queremos que estén alfabetizados con respecto a los medios."[2]

¿QUÉ ES EL ALFABETISMO MEDIÁTICO?

"Definimos al alfabetismo mediático como la capacidad de acceder, analizar, crear, evaluar y actuar utilizando todas las formas de comunicación, lo cual significa que es una definición expandida del alfabetismo", dice Michelle Ciulla Lipkin, directora ejecutiva de NAMLE.[3] Bajo su liderazgo, esta organización se ha convertido en la principal coordinadora, líder de pensamiento y recursos para el alfabetismo mediático en Estados Unidos. Ciulla Lipkin es una fuerza de entusiasmo, y en cinco minutos te convencerá de que el alfabetismo mediático puede ser la cosa más importante que tus hijos deberían estar aprendiendo en la escuela.

Si bien comparto el entusiasmo de Lipkin por el alfabetismo mediático —el nivel final completo de Cibercivismo está dedicado a él—, no pienso que su larga, académica definición capture la urgencia de enseñar a los niños cómo entender y contribuir al asalto mediático que llega a ellos a través de sus teléfonos, televisores, computadoras, relojes de pulsera inteligentes, consolas de juegos, etcétera. Hasta que el alfabetismo mediático sea completamente apreciado y comprendido, no recibirá el énfasis que merece. Matemáticas, inglés, historia y ciencias será lo que los estudiantes, particularmente en educación media, pasen estudiando la mayoría del tiempo. Esto es irónico cuando consideras que lo que aprenden en la escuela probablemente será usado en línea, y que para ser un miembro vital de la comunidad en línea tienes que ser un ilustrado mediático.

Pensé en esto un día cuando estaba guiando a una clase de octavo grado a través de una lección de alfabetismo mediático. Estaban aprendiendo cómo distinguir los sitios web falsos de los reales —una tarea nada fácil—, cuando escuché a dos niñas hablando.

—No me queda claro por qué sólo tenemos Cibercivismo una vez a la semana, pero tenemos álgebra todos los días —le dijo una niña a la otra—. Yo voy a usar esta materia mucho, mucho más.

Aunque no quería despreciar la importancia de resolver ecuaciones utilizando símbolos de raíz cúbica y cuadrada, sí estoy de acuerdo con esta alumna en que probablemente encontrará más sitios web que ecuaciones algebraicas en su futuro. Pero no es así como la mayoría de los padres o las escuelas ven este asunto. Al menos no lo hacían hasta 2016, el año en que las noticias falsas catapultaron al alfabetismo mediático a las noticias reales.

NOTICIAS FALSAS

En 2016, los Diccionarios Oxford declararon a "posverdad" la palabra del año, definiéndola como "relacionar con o denotar circunstancias en donde los hechos objetivos tienen menos influencia en moldear la opinión pública que las apelaciones a la emoción y a las creencias personales".[4] Aunque el término apareció por primera vez en 1992, en 2016 su uso se había disparado en 2000%, gracias a dos eventos: el Brexit y la elección presidencial en Estados Unidos. Un tumultuoso entorno político, combinado con enormes cantidades de personas que obtenían sus noticias de los medios sociales —dentro de sus burbujas de filtro privadas— propició un caldo de cultivo para fraudes, falsedades y teorías de conspiración, de otra manera conocidos como "noticias falsas" o *fake news*. Indudablemente, estás familiarizado con este término.

Le pregunté a Ciulla Lipkin si las noticias falsas finalmente habían otorgado su momento al alfabetismo mediático.

"Sí, las noticias falsas ciertamente dirigieron los reflectores a la conversación", me dijo. "De pronto, temas como '¿Cómo entendemos la información?' '¿Cómo desciframos la información?' llegaron a la conversación cultural pública. De esa forma, la conversación sobre las noticias falsas ha sido muy, muy importante para el alfabetismo mediático."

Pero con la atención, advierte, viene un lado oscuro. "El peligro es que es tan limitante. No podemos sólo enfocarnos en lo que es verdadero y lo que es falso, porque la mayor parte de la información está a medio camino entre esos dos puntos. La mayoría de la información que existe ahora es opinión. Así que tenemos que entender cómo ponderar las opciones y la agenda y todas esas cosas."

Eso, por cierto, es lo que el alfabetismo mediático enseña a los niños a hacer. Entonces, pensarías que enseñarles esto sería la solución obvia para las "noticias falsas", uno de los más grandes problemas actuales. Pero no es así.

"Mi frustración más grande es que la mayoría de las soluciones propuestas no son soluciones educativas. Son más acerca de '¿Cómo hacemos que los sitios de medios sociales determinen lo que es falso y se aseguren de que no se convierta en tendencia?' o '¿Cómo creamos una aplicación que identifique los sitios buenos y los malos?' El dinero debería estar yéndose hacia nuestro sistema educativo."[5]

MOMENTOS PARA ENSEÑAR ALFABETISMO MEDIÁTICO

En vez de esperar a que el dinero fluya para la educación en alfabetismo mediático, hay una forma mejor de preparar a los niños para un mundo lleno de medios. Toma cartas en el asunto aprovechando los abundantes momentos para enseñar que los medios proveen. Aunque las noticias falsas pueden ser malas para los medios, son excelentes para enseñar alfabetismo mediático. No tienes que buscar mucho para encontrar una cautivante historia falsa que contar a tus hijos, como esta que comparto con mis estudiantes:

Había una vez un pueblo de sólo cuarenta y cinco mil habitantes llamado Veles, en la antigua República Yugoslava de Macedonia, donde vivían algunos adolescentes y adultos jóvenes expertos en la red. Durante los meses que condujeron a la elección presidencial de Estados Unidos en 2016, estos jóvenes descubrieron un ingenioso método de hacer dinero rápido y fácil difundiendo noticias falsas a los estadounidenses. El resultado de nuestra elección no les importaba ni un poco; su interés era puramente económico. En un pueblo donde el salario anual promedio es el equivalente a 4 800 dólares, la posibilidad de ganar miles de dólares simplemente republicando las historias noticiosas estadounidenses parecía algo demasiado bueno para ser verdad. Así que los jóvenes de Veles se aprovecharon de nuestros medios sociales existentes y enteramente legales, y de nuestros sistemas de publicidad generadores de ganancias, y la mayoría de los estadounidenses no fueron tan listos.

Para empezar, jóvenes empresarios macedonios crearían un sitio web que se pareciera tanto como fuera posible a un sitio noticioso estadounidense legítimo (se podía hacer gratuitamente un sitio WordPress autoalojado). Después, le darían a su sitio un nombre que sonara estadounidense. Algunos de los nombres más populares que se usaron fueron WorldPoliticus.com, TrumpVision365. com, USConservativeToday.com y USADailyPolitics.com. Después, irían a la caza de historias noticiosas. Buscaron principalmente contenido a favor de Trump porque, según habían descubierto a través de la prueba y error, el contenido sobre Trump funcionaba mejor que las historias de izquierda que habían probado. No importaba si estas historias eran verdaderas o no; en su mayoría no lo eran. El único criterio real era que tenían que ser sensacionalistas. Los jóvenes copiarían las historias, les darían encabezados atractivos como "El papa Francisco prohíbe a los católicos que voten por Hilary", y los publicarían en sus propios sitios web.

Como dos terceras partes de los adultos estadounidenses obtenían sus noticias de las redes sociales, en especial de Facebook, la juventud macedonia decidió compartir ahí sus historias.[6] Le pagaron a la red social para dirigir y compartir sus noticias falsas con la audiencia perfecta, algo fácil de hacer usando las baratas herramientas de determinación de audiencia de Facebook, o publicaron sus historias directamente en las páginas de grupos de Facebook de filiación derechista. Cuando los usuarios de Facebook vieron un encabezado atractivo, asumieron que eran noticias legítimas, hicieron clic en la historia, le pusieron "me gusta" y la compartieron con otros usuarios, que hicieron lo mismo. Esto generó tráfico *de regreso* a los sitios web donde estaban alojadas las historias, y así fue como los jóvenes ganaron dinero. Sus ingresos vinieron de los anuncios de Google AdSense que pusieron en sus sitios. Muchos sitios web ganan dinero usando este servicio de publicidad en línea. Mientras más personas dieran clic en estos anuncios, más dinero ganarían los niños macedonios.

En un momento dado, las organizaciones noticiosas de Estados Unidos identificaron más de 140 de esos sitios web que eran operados desde Veles. Un macedonio de diecisiete años que había ideado este esquema le contó a BuzzFeed News: "Comencé el sitio como una forma fácil de hacer dinero. La economía en Macedonia es muy débil y no se permite que los adolescentes trabajen, así que tenemos que encontrar formas creativas de ganar algo de dinero. Soy un músico, pero no puedo costear instrumentos musicales. Aquí en Macedonia la ganancia que proviene de un sitio pequeño es suficiente para poder comprar muchas cosas".[7]

Recuerdo haber visto algunos de los encabezados de estas noticias falsas generadas por los jóvenes macedonios en mi propia sección de noticias de Facebook. Incluían joyas como las siguientes:

"Última hora: Surgen pruebas de que Obama nació en Kenia —¡Trump siempre tuvo razón!"

"Rush revela el pervertido pasado de Michelle después de que ella habló mal de Trump."

"ÚLTIMA HORA: ¡Obama transfirió ilegalmente dinero de DOJ a la campaña de Clinton!"

Un análisis realizado por BuzzFeed News descubrió que, durante los meses previos a la elección de 2016, las principales veinte historias de noticias falsas superaron a las principales veinte historias noticiosas legítimas en Facebook, es decir, fueron más compartidas, y recibieron más reacciones y comentarios.[8] Las noticias falsas difundidas por los jóvenes macedonios no sólo clamaban que el papa avalaba a Trump, sino también que Mike Pence había dicho que Michelle Obama era "la primera dama más vulgar que hemos tenido", una historia desmentida que todavía puedes encontrar en un sitio-de-noticias-falsas-que-parecen-reales.[9] Publicaciones como estas generaron millones de publicaciones compartidas, reacciones y comentarios en Facebook. Eso generó una enorme cantidad de tráfico a estos sitios web falsos, lo que resultó en una significativa ganancia por publicidad para sus propietarios. Los perdedores en este intercambio fueron los incautos usuarios de Facebook que cayeron en la trampa de las noticias falsas.

Cuando terminé de contarle esta historia a mi clase, permanecieron en silencio, algo bastante inusual para este grupo parlanchín. Una niña finalmente rompió el silencio:

—Wow —dijo—, eso hubiera sido una forma mucho mejor de reunir fondos que nuestra venta de pasteles.

Espero que haya estado bromeando.

SE NECESITAN HABILIDADES DE PENSAMIENTO CRÍTICO

La única manera infalible de resolver el problema de que los usuarios de internet caigan en la trampa y compartan información falsa es enseñar a la siguiente generación de usuarios a ser pensadores críticos. Esta es una tarea en la que debemos trabajar, y rápido, porque los niños de hoy no son mucho mejores en evaluar críticamente la información en línea que nosotros los adultos.

En 2016, investigadores de la Stanford Graduate School of Education descubrieron que la capacidad de la gente joven para evaluar efectivamente la información que encuentran en línea es, en una palabra, "desalentadora". Su estudio, que se enfocó en el "razonamiento cívico en línea" de los estudiantes de secundaria, bachillerato y universidad en doce ciudades, reveló: "Nuestros 'nativos digitales' pueden ser capaces de revolotear entre Facebook y

Twitter mientras simultáneamente suben una selfie a Instagram y le mandan un mensaje de texto a un amigo. Pero cuando evalúan la información que fluye a través de los canales de las redes sociales, son embaucados con facilidad".[10]

He aquí un resumen de lo que descubrieron esos investigadores:

> Más de 80% de los estudiantes de secundaria fueron incapaces de distinguir una historia pagada etiquetada como "contenido patrocinado" de una historia noticiosa real.

> Cuando se les presentó una publicación que incluía una imagen de margaritas junto con una afirmación de que las flores tenían "defectos de nacimiento" por el desastre nuclear de Fukushima, la mayoría de los estudiantes de bachillerato no cuestionó la dudosa fotografía o buscó su fuente.

> Los estudiantes de bachillerato no reconocieron la diferencia entre dos publicaciones, una del Fox News real y otra de una cuenta que se parecía a Fox News.

> Cuando se les mostró un tuit de la organización de defensa liberal MoveOn.org, los estudiantes universitarios no detectaron el sesgo.

> Gran parte de los estudiantes universitarios de Stanford no pudo percibir la diferencia entre una fuente principal de noticias, la Academia Americana de Pediatría, y una fuente de noticias alternativa, un grupo que se separó de la AAP, llamado ACPeds.

Desde la secundaria hasta la universidad, los estudiantes que participaron en este estudio desplegaron una impresionante incapacidad para evaluar la credibilidad de la información en línea.

¿Comienzas a ver la necesidad de tener una educación de alfabetismo mediático?

LA ENSEÑANZA DEL ALFABETISMO MEDIÁTICO

Hace mucho tiempo, después de nuestro primer año de enseñar Cibercivismo en Journey School, el director Shaheer Faltas y yo nos sentíamos bastante orgullosos de nuestros resultados. Los incidentes sobre mala conducta en línea, ciberacoso, o incluso drama digital habían virtualmente desaparecido. Además, nos habían honrado en una ceremonia de premios otorgados por la Orange County Tech Alliance y Project Tomorrow, dos organizaciones que reconocen la "innovación en la educación". Era tentador felicitarnos a nosotros mismos y dar por terminado el asunto.

Sin embargo, cerca del final del año escolar, un niño llamado Jamal arruinó nuestra fiesta de autocongratulación. Uno de los niños más sociales de la escuela, Jamal anunció: "Después de todo lo que he aprendido este año, he decidido salirme de la red. No más teléfono, internet, nada de eso para mí. Simplemente no lo vale".

"Ay", pensé para mis adentros, "¡este no es el resultado que yo esperaba!" Amo la tecnología y todas las oportunidades positivas que permite, y había esperado que mis estudiantes sintieran lo mismo.

Ahí fue cuando nos dimos cuenta de que teníamos que añadir un segundo y tercer año al programa. Ahora que sabían cómo usar la tecnología en forma segura y con sabiduría, era tiempo de abordar los temas *realmente* importantes: alfabetismo de la información (cómo encontrar, recuperar, analizar y usar la información en línea) y el alfabetismo mediático (lo que acabas de leer aquí). No podíamos dejar a los estudiantes colgados con lo mínimo. Sería como mostrarles una fotografía de un auto de carreras Fórmula Uno, darles las llaves, y sugerirles que se fueran a dar una vuelta por el país. Armados ya con el concepto de "ciudadanía digital", claramente estaban listos —y necesitados— para aprender cómo usar la tecnología a toda su capacidad. Este es el verdadero lustre de su pastel de alfabetismo digital, el techo que corona su sólida estructura.

Hay tantas lecciones importantes más allá de aprender a usar la tecnología en forma segura y sabia —punto en donde se detienen casi todas las escuelas y los padres— que apenas podemos hacerlas caber en un curso de dos años. Los niños deben aprender que realizar una búsqueda en Google no significa usar el primer resultado que ves. Deben aprender cómo escribir los términos para hacer búsquedas efectivas, usar palabras clave significativas, analizar la página de resultados y distinguir los anuncios del contenido real. Deben entender cómo funciona Wikipedia y cómo usarla, qué es el copyright y el derecho de autor, cómo evitar el plagio, usar Creative Commons, permanecer fuera de las burbujas de filtro, citar las fuentes en línea, y mucho más.

Pero tal vez la única cosa más importante que deben aprender es cómo identificar la mierda.

CÓMO DETECTAR LA MIERDA EN LÍNEA

Si estás familiarizado con los niños de secundaria, entonces sabes que adoran cualquier cosa que sea remotamente escatológica (piensa en las bromas sobre flatulencias). Por eso me encanta decirles a los niños que les voy a enseñar algunas cosas sobre la mierda. No falla en captar su atención.

Yo aprendí sobre la "detección de la mierda" del experto en cibercultura Howard Rheingold en su libro *Net Smart: How to Thrive Online* [*Inteligencia en la red: cómo progresar en línea*]. Rheingold es un brillante, y algo estrafalario, autor, periodista, editor y futurista que ha escrito numerosos libros convincentes acerca de la cultura digital. Me convertí en su fanática de hueso colorado mientras leía *Smart Mobs: The Next Social Revolution* [*Multitudes inteligentes: la próxima revolución social*], publicado en 2002. Devoré el libro casi de una sentada, todo el tiempo preguntándome si había tomado equivocadamente una novela de ciencia ficción. Rheingold describió, con asombroso detalle, el futuro social y tecnológico que hoy estamos viviendo, abordando todo desde la tecnología usable hasta el teléfono móvil, que sería como un "control remoto" para las vidas de las personas.[11] Esto fue mucho antes del debut del reloj de pulsera inteligente o del iPhone.

En *Net Smart*, una especie de manual para la era digital, Rheingold sugiere que una habilidad crucial de "conocimiento digital" que se necesita hoy es la "detección de la mierda". Define "mierda" como "la información contaminada de ignorancia, comunicación inepta o engaño deliberado".[12] Según este autor: "Aprender a ser un consumidor crítico de la información de la red no es como la ciencia espacial. Ni siquiera es álgebra. Familiarizarse con los fundamentos de poner a prueba la credibilidad de la red es más fácil que aprender las tablas de multiplicar. La parte difícil, como siempre, es ejercitar nuestra flácida musculatura de 'piensa por ti mismo'.[13]

Yo trato de ayudar a mis estudiantes a ejercitar estos músculos usando una fórmula para la detección de mierda, ACAP*. Una herramienta inolvidable para valorar la veracidad de la información en línea, ACAP es un grupo de cuatro preguntas que puedes hacerte a ti mismo cada vez que te encuentres con algo dudoso en línea. Las variaciones pueden encontrarse por todo internet, y estas son las mías:

Actualidad
> ¿Qué tan actual es la información?
> ¿Qué tan recientemente se publicó? ¿Está actualizada?

Confiabilidad
> ¿Qué tan confiable es la información?
> ¿El autor proporciona fuentes o referencias?
> ¿Qué prueba tienes de que la información es confiable?

Autor
> ¿Quién es el creador o autor de la información? ¿Cuáles son sus credenciales?

---

* La autora usa el acrónimo CRAP, que significa "mierda" en inglés, y que son las primeras letras de *Currency* (Actualidad), *Reliability* (Confiabilidad), *Author* (Autor) y *Purpose/Point of view* (Propósito/Punto de vista). (*N. de la T.*)

> ¿Quién es el editor o patrocinador de la información? ¿Es una fuente de información con buena reputación?

Propósito/**P**unto de vista

> ¿Cuál es el propósito de esta información? ¿Pretende informar, entretener o convencer?

> ¿La información suena como un hecho o como una opinión? ¿Tiene algún sesgo o tendencia?

> ¿El autor o creador está tratando de venderte algo?

Personalmente, confío mucho en esta prueba de la fórmula ACAP. Como mucha gente, soy inocente en lo que respecta a los encabezados escandalosos. Pero si parecen sospechosos, los pongo a prueba (por favor, ten en cuenta que la desinformación en línea es imparcial, hay ejemplos en ambos lados de la arena política). Aquí hay un ejemplo:

Un día que estaba recorriendo mis noticias en Facebook, la publicación de una amiga llamó mi atención. El encabezado que compartió decía: "Escandalosa revelación: La administración de Obama saboteó el sistema de verificación de antecedentes para las armas". Intrigada, le di clic al artículo y descubrí que estaba publicado en un sitio web llamado Conservative Tribune.[14] Aunque el sitio web y el artículo parecían ser lo bastante *actuales*, ninguno me parecía completamente *confiable*. El sitio estaba lleno de encabezados en los que aparecían palabras como "vil", "despampanante" y "desgraciado". Chequé el *autor*, y su biografía humorística y algunos seguidores en Twitter (sólo tres personas cuando revisé) me hicieron preguntarme si era un periodista auténtico. Así que busqué Conservative Tribune en Media Bias/Fact Check. Se trata de un sitio de recursos de sesgos mediáticos —uno de los muchos que hay en línea— que presume de ser un sitio independiente "dedicado a educar al público sobre los sesgos mediáticos y las prácticas noticiosas engañosas".[15] Ahí me enteré de que Conservative Tribune es una "fuente cuestionable" que "exhibe uno o más de los siguientes: sesgo extremo, propaganda evidente, fuentes dudosas o inexistentes de información creíble y/o son noticias falsas". También descubrí que el sitio "consistentemente falla en la verificación de los hechos, glorifica la violencia contra los estadounidenses y musulmanes" y más.[16] Finalmente, una nueva visita al sitio web de Conservative Tribune reveló un *propósito y punto de vista* distintos.

Me pareció que el artículo calificaba como mierda.

De regreso en Facebook, volví donde estaba publicado el artículo, y en el ángulo superior derecho seleccioné "Reportar publicación". Apareció un recuadro que decía: "Ayúdanos a entender lo que está ocurriendo", bajo el cual seleccioné "Noticias falsas". Facebook me ofreció algunas opciones. Podía bloquear, dejar de seguir o eliminar de mis amigos a la persona que había publicado la historia. No seleccioné ninguna de estas opciones, porque no quería terminar en una burbuja de filtro. En vez de eso seleccioné "Marcar esta publicación como noticias falsas" y listo.

Todo este proceso no tomó mucho tiempo más del que tardaste en leer los pasos que completé. ¡Y también se sintió muy bien! Es la pequeña parte que puedo jugar para ayudar a frenar el flujo de noticias falsas en línea. Siempre aliento a mis estudiantes a que entren en acción cuando vean falsa información en línea. Para ellos es importante usar su musculatura del pensamiento crítico *y* sentirse como ciudadanos digitales empoderados.

MÁS ALLÁ DEL PENSAMIENTO CRÍTICO

Hace unos años, después de que mi esposo y yo firmamos el contrato de restricción de medios de Journey School, leí el libro de Stephen Johnson *Everything Bad Is Good for You* [*Todo lo malo es bueno para tí*]. Vaya, qué cubetada de agua fría. A pesar de algunas transgresiones, comencé a sentirme bastante cómoda con el caballo "cero medios" que estaba montando. A medida que pasó el tiempo, más y más gente estaba convenciéndose de lo que los niños de Waldorf habían sostenido durante años: que la tecnología y los niños son una mala mezcla. Al principio sólo un puñado de enterados tecnológicos estaban diciéndolo, pero pronto se unieron más voces, desde la de Tim Cook, de Apple (quien dijo que no quería que su sobrino entrara a los medios sociales) hasta la de Melinda Gates, de Microsoft ("Probablemente hubiera esperado más antes de poner una computadora en el bolsillo de mis hijos").[17] Pensar en los medios como enemigos de la infancia se estaba convirtiendo en una moda.

Entonces Johnson me introdujo a la teoría de "la curva del durmiente", un término que él extrajo de la película de Woody Allen *El durmiente*, una parodia de ciencia ficción "donde un equipo de científicos de 2173 se sorprende de que la sociedad del siglo xx no hubiese entendido los méritos nutricionales de los pasteles de crema y el *hot fudge*".[18] "Vaya", pensé, ¿podía estar pasando por alto los méritos nutricionales de los medios?

Henry Jenkins, el gurú de los medios presentado en el capítulo 2, descubrió la respuesta a esta pregunta hace mucho tiempo. Además de identificar "el nuevo alfabetismo mediático", acuñó el término "cultura participativa". Esto, dice él, es un entorno donde la gente no sólo *consume* medios, sino que también los *crea* y los *distribuye*. Actualmente, vivimos en una cultura participativa que ofrece oportunidades maravillosas para crear y compartir contenido. Nunca en la historia de la humanidad la gente común había tenido este tipo de poder en sus manos. Un poder que ha transformado la definición de alfabetismo y perdernos sus beneficios sería una lástima.

"Si ves la definición de alfabetismo mediático", explica Erin Reilly, "sabrás que no se trata sólo de ser capaz de cuestionarse críticamente acerca de los medios… También se trata de cómo podemos crear y participar y actuar dentro de los medios con los que nos involucramos. El alfabetismo mediático tiene que ver con las relaciones. Ahí es donde los medios se han ido hoy. Se han movido de la expresión y consumo individuales a la participación social y el involucramiento con la comunidad."[19]

Para entender mejor de qué está hablando Reilly, ayuda contemplar el fenómeno de *fandom*, un término formado por la contracción de *fan* y *kingdom*, lo que nos da el significado en español de Reino de los Aficionados. *Fandom* es una subcultura de aficionados apasionados que se unen a través de sus libros, programas de televisión, películas o bandas favoritos, o cualquier otra forma de expresión de la cultura pop. (Los "Potterheads", que son los fanáticos de las series de libros de Harry Potter, son un buen ejemplo.) En una cultura participativa, los aficionados no tienen que esperar a la próxima reunión de su club de lectura para compartir sus pasiones. Pueden expresar y compartir su entusiasmo con miles, a veces millones, de otros aficionados en línea en una miriada de formas.

Hoy en día, muchos niños aprovechan con entusiasmo las oportunidades que ofrece una cultura participativa. Por ejemplo, asómate al mundo de *The Guardian Herd*. Se trata de una serie de novelas de fantasía para los jóvenes, escritas por Jennifer Lynn Alvarez, protagonizada por mágicos caballos voladores o Pegasos. Estos libros han hecho surgir numerosas y vibrantes comunidades en línea, donde los ejemplos de expresión individual y participación social superan la escala de Richter.

"Comenzó bastante rápidamente después de la publicación de *Starfire*", me dijo Alvarez. *Starfire* es el primer libro de la serie. "Los niños inmediatamente quisieron responder creativamente a la historia, así que comencé a recibir arte de los fanáticos muy pronto. Los niños me mandaban imágenes de los personajes."[20] Alvarez, cuyos hijos van de los trece a los veinte años, dice que la edad promedio de sus fanáticos probablemente sea de alrededor de once años. Estos jóvenes lectores le mandan sus dibujos de sus propios personajes originales. "Usando los constructos de la historia, el tipo de manadas que creé, y el tipo de nombres que usé para mis Pegasos, ellos inventaron sus propios personajes, decidieron en qué manada estaban, y después les dieron un nombre de Pegaso basándose en la serie."

Los fanáticos de Alvarez llegan a extremos impresionantes en la creación de sus Pegasos. "Un niño hizo todos mis personajes con Legos; los he visto hechos en barro, y uno hizo mi personaje principal con mosaicos", me dijo ella. Junto con estas creaciones hechas a mano, sus aficionados también crearon arte digital, usando sitios web como Doll Maker. "Es una herramienta de fantasía con la que puedes hacer tus propias hadas", dice Alvarez. "Puedes hacer unicornios, puedes hacer Pegasos, puedes hacer diferentes personajes."

Muchos de los fanáticos de Alvarez comparten sus creaciones en un sitio llamado DeviantArt.com, conocido también como DA. Es la red social en línea más grande del mundo para artistas y entusiastas del arte. Sus fanáticos han publicado miles de imágenes en DA, y muchas incluyen vívidas descripciones de los personajes que han creado. "Lo más grande es que ellos reciben realimentación inmediata sobre su trabajo", me dijo Alvarez. "Creo que los niños de hecho mejoran más rápido cuando obtienen retroalimentación, en vez de sólo hacer cosas solos en su cuarto sin mostrárselas a nadie."

Además de la creación artística, los libros de Alvarez han inspirado un tesoro de "fanfiction", donde los fanáticos de una obra de ficción crean su propia historia con base en el original y lo comparten con otros aficionados. Muchos de los fanáticos de Alvarez comparten su trabajo en Wattpad, una aplicación gratuita que permite que los autores noveles compartan públicamente sus escritos de ficción en un formato de blog, y lean y comenten la obra de otras personas. Según *The Guardian*, Wattpad fue "descubierto" por las adolescentes, que lo han convertido en una "sensación global" de la literatura para los jóvenes adultos.[21] "Lo que me encanta de la fanfiction es que los niños exploran sus propios finales alternativos, escriben sobre personajes secundarios e inventan historias laterales", dice Alvarez. "Despegar de un mundo existente es más fácil para los jóvenes escritores que inventar uno de cero. Pero a través de este proceso, aprenden a construir mundos y a usar esa técnica del escritor que es preguntarse '¿Qué pasaría si…?'"

También puedes encontrar una activa comunidad de aficionados a *Guardian Herd* en Fandom, un sitio tipo wiki (piensa en Wikipedia), donde los usuarios comparten sus pasiones y su conocimiento enciclopédico de libros, programas de televisión y películas. De acuerdo con Alvarez, los aficionados también comparten sus obras inspiradas en el libro en Instagram, YouTube, Vimo, Snapchat y otros sitios. Una comunidad activa de aficionados incluso publica en el tablero de mensajes de su sitio web. "Todavía no cumple un año, y ya he obtenido casi cuarenta o cincuenta mil opiniones", dice la autora.

Es importante hacer notar que algunas de las redes sociales mencionadas aquí exigen que los niños tengan al menos trece años de edad para poder usarlas. Alvarez siempre alienta a sus fanáticos a obtener el permiso de sus padres antes de entrar en línea. Pero no tener la edad suficiente para unirse a las redes sociales no impide que algunos de sus fanáticos más jóvenes le manden sus creaciones por correo electrónico.

Involucrarse con sus lectores, y que sus lectores se involucren entre sí, es algo que "ha explotado con los medios digitales", dice Alvarez. "Los niños se están convirtiendo en autores, ilustradores, y se están conectando con otros fanáticos para compartir su trabajo. Muchos incluso tienen sus propios grupos de fanáticos. Otros leen sus historias y les ruegan que escriban más."

Una de las fanáticas de Alvarez que tiene sus propios seguidores es Lilly, una niña de trece años de Oregon. Alvarez me envió un vínculo a uno de los videos de Lilly en YouTube, un trabajo muy bien hecho titulado "Cómo hacer un Pegaso de la Manada de Guardianes" (estoy casada con un tipo que tiene ocho Emmys por cinematografía, así que no felicito a los medios con ligereza). También entré a Wattpad para leer algo de la fanfiction de Lilly y me pareció tan bien escrita que lo que Alvarez me dijo a continuación no me sorprendió. "Ella está inspirada para convertirse en autora… conoció a otra aficionada en línea. Ambas niñas son más o menos de la misma edad, y acaban de escribir un libro juntas, su primer libro."

"Quisiera haber tenido esto cuando era niña", dice Alvarez. "Siento como que es una puerta abierta para nuestra sociedad. Para que los niños creen arte, encuentren su propia tribu, su propio *fandom*. Además, está alentando la creatividad."

La pasión y creatividad inspiradas por los libros de Alvarez me recordaron a una historia que Reilly me contó acerca de un amigo de su hijo, que es igualmente apasionado de la serie de Netflix *Stranger Things*. "Este niño incluso se vistió como el personaje Lucas para Halloween", dijo Reilly. Cuando descubrió que nadie había creado un grupo de fanáticos de la serie en Snapchat, comenzó uno él mismo.

"Este niño está compartiendo su pasión, recolectando información acerca de algo que ama. Hay muchas habilidades de aprendizaje que están sucediendo aquí", dice Reilly, "todo impulsado por la pasión."[22]

Escuchar a Alvarez y a Reilly describir cómo la red ofrece oportunidades ilimitadas para que los jóvenes expresen su pasión y su creatividad, no pude evitar asombrarme ante los encabezados que dominan la misma red donde progresan esta pasión y esta creatividad. Cada día leemos sobre adolescentes deprimidos o arruinados por sus teléfonos inteligentes. Es como si estuviéramos atrapados en nuestro propio episodio de *Stranger Things*, donde hay dos universos paralelos: uno donde todo parece genial, y otro donde todo parece infernal. Extrañas cosas, en verdad.

PRODUCIR CONTRA CONSUMIR

Si aprendes una lección de este libro, por favor que sea esta: *la tecnología es sólo una herramienta*. Un martillo puede ser útil para crear una hermosa estructura; también puede usarse para destruir una. Quien blande la herramienta tiene, en las manos, el poder de la creación o la destrucción.

Piensa en eso la próxima vez que mires los dispositivos de tus hijos y te asalte la preocupación. Trata de recordar que ellos pueden estar usándolos para hacer videos maravillosos, escribir una elaborada fanfiction y dibujar un Pegaso mágico. Alienta y ayuda a tus hijos a participar de los beneficios de la "cultura participativa" de la que escribe Jenkins: "Una cultura participativa es una cultura con barreras relativamente bajas a la expresión artística y la participación cívica, un fuerte apoyo a crear y a compartir nuestras creaciones, y algún tipo de tutoría informal, donde el conocimiento de los más experimentados es pasado a los novatos. Una cultura participativa es también una en donde los miembros piensan que sus contribuciones importan, y sienten cierto grado de conexión social unos con otros (al menos les importa lo que otras personas piensan acerca de lo que han creado)."[23]

Aunque muchos niños intuitivamente aprovechan los beneficios de una cultura participativa, hay muchos más que necesitan un empujoncito. Así que muéstrales cómo pueden participar en línea. Inspíralos con historias de otras personas que están contribuyendo a una red vibrante de ideas, recursos y conocimiento. Esto es lo que hacemos durante nuestro año final de Cibercivismo. Uno de los increíbles recursos en línea que estudiamos y donde ellos pueden ver, para tomar prestadas las palabras de Jenkins, que "sus contribuciones importan", es Wikipedia.

LAS MARAVILLAS DE WIKIPEDIA

Wikipedia es la quintaescencia en cuanto a ejemplos de cómo funciona una cultura participativa. Cualquier persona, en cualquier lugar, que esté conectada a internet, puede contribuir con Wikipedia para hacer de este recurso gratuito en línea "una fuente de información precisa tan buena como la Británica, la venerable enciclopedia que marcó el estándar de la presentación de los hechos".[24] Wikipedia incorpora el argumento que James Surowiecki hace en *The Wisdom of Crowds* [*La sabiduría de las masas*] de que "los grupos son notablemente inteligentes, y a menudo mucho más listos que las más listas de las personas que los forman".[25]

Lo bueno de Wikipedia es que *cualquiera* que sepa *algo* sobre *cualquier cosa* puede ser un editor. Este año, mientras se celebraban las Olimpiadas de Invierno, les dije a mis estudiantes que yo era probablemente una de las pocas personas en el mundo que sabía *algo* acerca de dos deportes olímpicos relativamente nuevos: el *ski cross* y el *boardercross*. Hace años trabajé en marketing deportivo con Jim "Too Tall" [demasiado alto] Essick (en caso de que te preguntes, sí es alto). Nuestra pequeña compañía, Recreational Sports Marketing, producía eventos deportivos para patrocinadores corporativos, incluyendo carreras de ski que según pensaba Essick podrían ser más emocionantes poniendo a competir a cuatro corredores entre sí en la pista al mismo tiempo, como el motocross. Como mi trabajo era tomar sus ideas, ponerlas en el papel y tratar de convencer a las marcas de que las patrocinaran, eso fue lo que hice. Volé a Nueva York y les presenté la idea a un puñado de compañías. Todas me rechazaron. Pero años después, una de esas compañías produjo el concepto de Essick, cambiando los esquís por tablas de nieve y llamándolo *boardercross*. Unos años después de eso, se convirtió en un deporte olímpico, y el *ski cross* le siguió poco después.

Essick leyó sobre esto en Wikipedia, y yo me sentí muy mal de haber revelado su idea. "¿Cuán a menudo alguien tiene la oportunidad de concebir una idea para un deporte olímpico?", preguntó. "Sería bueno que me dieran el crédito en algún lado."

Yo decidí darle el crédito que merecía convirtiéndome en editora de Wikipedia y escribiendo la breve historia que aparece hoy en la página del *ski cross*.[26]

Mis estudiantes se sorprendieron al saber que cualquiera, incluso su maestra, podía ser autor de contenido en Wikipedia, y que yo supiera algo acerca del *snowboarding*. ¡Espero haberlos inspirado a intentar hacer ambas cosas!

CAMBIA TU PERSPECTIVA

Hoy en día mis grupos en Journey School son grandes, de sesenta niños por grado, así que toma más tiempo conocer a cada alumno tan bien como quisiera. A veces catalogo a los niños equivocadamente, como lo hice con Mark. Un niño larguirucho con el cabello rubio desgreñado, hablaba interminablemente acerca de

YouTube, así que asumí que se dedicaba a ver maratones de algo ridículo, o peor, como ver los horriblemente ofensivos videos de "Jeffy" que tan de moda están entre muchos niños de diez a doce años. Cuando me tomé el tiempo de *preguntar* qué veía, me dijo que había descubierto algunos videos sobre cómo construir una computadora con partes de repuesto. Cosa que hizo.

Debido a que incidentes como éste suceden con más frecuencia en Journey School, la perspectiva de la escuela hacia los medios ha cambiado lentamente. Para los grados de prescolar a quinto año, la escuela sigue pidiendo la eliminación de los medios electrónicos durante la semana escolar, desde la tarde del domingo al viernes después de clases, para que los alumnos puedan usar ese tiempo valioso para pulir las habilidades sociales y conductuales que necesitarán cuando entren en línea. Sin embargo, para sus alumnos de educación media, la escuela alienta la "producción" sobre el "consumo" de los medios. Así es como se lee hoy la política de medios:

> En reconocimiento a las capacidades y necesidades de maduración de los alumnos de doce a catorce años, alentamos y apoyaremos a los padres a que dialoguen con sus hijos de los grados seis al ocho acerca del uso apropiado de los medios y la tecnología... Sugerimos que su hijo o hija deben participar en los medios, no simplemente consumirlos. Recomendamos limitar los medios de una sola vía de la tarde del domingo hasta la noche del jueves (ver una película). Sin embargo, en vez de simplemente consumir los medios, alentamos el uso de medios participativos durante la semana (crear una película). Hay una vasta diferencia entre crear un video corto que capture los múltiples intentos de tu amigo por surfear (y su éxito final), que simplemente ver una película.[27]

Shelley Glaze-Kelley, la directora educativa de Journey School a quien conociste en el capítulo 1, dice que la escuela ha dado un giro dramático. "Nuestros niños han pasado de ver maratones en YouTube a interesarse en codificar, bloguear, filmar y producir piezas de arte", dice. "En un periodo de cinco años, la cultura ha cambiado de una cultura de consumo mediático a una mucho más productiva."[28]

Yo los animo a que hagan este cambio también, que alienten la participación más que el consumo de los medios, dentro de sus propias familias y comunidades. Cuando lo hagan, den un paso atrás y prepárense para sorprenderse. Porque ahí es cuando cosas *realmente* buenas comienzan a suceder en línea.

MOMENTOS CIBERCÍVICOS

Detectar la mierda

Enseña a tus hijos cómo detectar la desinformación que seguramente encontrarán en línea enseñándoles la fórmula ACAP y su significado. Incluso puedes añadir otra letra, E-ACEAP y explica que representa "exactitud". Si el término ofende tu sensibilidad, puedes llamarlo "basura". Tus hijos pueden poner a trabajar esta fórmula:

1. Busquen noticias falsas. Una gran forma de hacer esto es sentarte con tus hijos y revisar tus noticias en Facebook, o en cualquier red social que uses para obtener y compartir noticias. Juntos, busquen historias. Mantengan los ojos abiertos para detectar aquellas que tienen encabezados enganchadores que incluyan palabras y frases como "escandaloso", "increíble" o "¡espera a que veas esto!" Haz clic en una de las historias que encuentres, y apliquen la prueba encontrando respuestas a las siguientes preguntas (se requiere alguna búsqueda en Google):

   > ¿El sitio web/historia es actual?
   > ¿El sitio web/historia parece confiable?
   > ¿Quién es el autor? ¿Cuáles son sus credenciales?

> ¿La información que se presenta en exacta?
> ¿Cuál es el propósito del sitio web/artículo? ¿Detectas algún punto de vista?

2. Si no usas Facebook, busca en otros sitios de medios sociales que compartan noticias. Muchos niños obtienen sus noticias de Snapchat, a través de una característica llamada "Discover". Si tus hijos usan Snapchat, pídeles que te muestren algunas de las historias que se presentan en Discover. La mayoría son producidas por organizaciones prestigiadas como *The Food Network*, *Seventeen*, *The New York Times* y *National Geographic*. Ve si puedes ayudar a tus hijos a detectar la desinformación en sus propias aplicaciones.

3. Explícales que, hoy en día, cualquiera que tenga un dispositivo conectado puede publicar cualquier cosa en línea. Diles que mucha gente usa los medios sociales para obtener sus noticias, y a veces incluso encuentran historias falsas que son más creíbles que las verdaderas. (Un estudio de la Universidad de Yale reveló que las noticias falsas que se repiten, a través de "me gusta" o de compartirlas en los medios sociales, son percibidas como más exactas que las historias reales.[29]) Tanto Google como Facebook han empezado a tomar medidas con respecto a este fenómeno. Di a tus hijos que los usuarios de Facebook pueden reportar las historias falsas. Muéstrales cómo hacerlo refiriéndote a los pasos que describí al comienzo de este capítulo.

¿Eres consumidor o productor?

Este es un giro distinto a la actividad de "Evalúa" en el capítulo 4. Esta vez, cuando tus hijos evalúen sus dietas digitales, no verán *cuánto* tiempo pasan con los medios, sino si pasan ese tiempo consumiendo o produciendo.

1. Pide a tus hijos que rastreen su uso de los medios durante veinticuatro horas en un día típico sin clases (¡tú también

puedes hacerlo!). Pídeles que anoten todos los medios digitales que usen, desde el momento en que se despiertan hasta el momento en que se quedan dormidos.

2. Al terminar las veinticuatro horas, pídeles que organicen su uso de los medios en dos categorías: *medios consumidos* y *medios producidos*. Después, pídeles que sumen el tiempo pasado en cada categoría. Esto es más difícil de lo que parece, porque algunos medios estarán a caballo en cada categoría. Aquí tienes algunos ejemplos generales: si tomaron y publicaron fotografías, eso es producir; si se dedicaron a ver maratones de videos en YouTube, eso es consumir. Sin embargo, si usaron YouTube para hacer y publicar un video, o comentaron sobre el video de otra persona, eso es producir.

3. Ayuda a los niños a visualizar el consumo contra la producción, así que anímalos a convertir sus datos en una gráfica de pastel, que es una gran habilidad matemática. Aquí hay un ejemplo de uno de mis estudiantes:

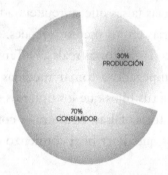

4. Observen sus listas y sus gráficas de pastel y hablen. Pregúntales: ¿pasaste más tiempo produciendo o consumiendo? ¿Qué produjiste? ¿Qué habilidades aprendiste o usaste como productor? ¿De qué manera puedes producir más y consumir menos en el futuro? (Recuerda, ¡todos necesitamos un poco de consumo de vez en cuando!) Esto ayudará a tu familia a cambiar sus conversaciones sobre los medios lejos de "tiempo pasado en línea" y hacia "uso positivo del tiempo pasado en línea". ¡Buena suerte!

CAPÍTULO 8

Liderazgo digital

> Así que parece que nos enfrentamos a una notable iro-
> nía: en una era de creciente artificialidad, los niños nece-
> sitan primero hundir sus manos profundamente en lo que
> es real; que en una era de comunicación a la velocidad
> de la luz, es crucial que los niños se tomen el tiempo para
> desarrollar su propia voz interior; que en una era de má-
> quinas increíblemente poderosas, debemos primero en-
> señar a nuestros niños a usar los increíbles poderes que
> están muy dentro de sí mismos.
>
> —LOWELL MONKE, *"The Human Touch"*[1]

Cada año les digo a mis alumnos que aunque nuestro tiempo juntos ofrecerá muchas oportunidades para discusión
en clase, la regla es: *cuando hablo, ellos escuchan.* Obedecer
esta regla era difícil para Luis, un niño enjuto con energía desatada.
Estaba mucho más interesado en charlar con sus compañeros que
en escucharme. Francamente, nada de lo que yo dijera parecía atrapar a Luis. Siempre estaba ansioso porque terminara Cibercivismo,
para poder dirigirse a su actividad favorita, el recreo. Yo estaba a
punto de perder la esperanza de poder conectar con él alguna vez.
Pero eso cambió el día de nuestra clase de "aplicaciones".

Durante un par de meses de cada año, desafío a los niños de sexto grado a aplicar los principios de la buena ciudadanía —*honestidad, compasión, respeto, responsabilidad* y *valentía*— a las comunidades
en línea a las que puedan unirse o que inventen. Su tarea es crear

—en el papel— un sitio web o aplicación donde al menos uno de estos principios sea una doctrina central.

Luis estaba puestísimo. Siendo un ávido ciclista de montaña, decidió "inventar" una aplicación llamada *Hurt Alert*, que hiciera más fácil para los ciclistas, excursionistas y otras personas mostrar compasión uno por el otro cuando estaban allá afuera en un sendero. La aplicación funcionaría así: imagina que estás en la montaña solo con tu bicicleta, y de pronto te lastimas. La aplicación automáticamente avisaría a los ciclistas, excursionistas, corredores u otras personas en las cercanías que también usan la aplicación, para decirles que necesitas ayuda. Si te estás preparando para subir en bicicleta o caminar, puedes ingresar en *Hurt Alert*, y la aplicación les avisará a otros que te vigilen o que estás disponible para ayudar si se necesita. Luis estaba tan entusiasmado con su idea, que este estudiante normalmente indiferente me siguió por todo el salón durante toda la clase, bolígrafo y papel en mano, explicando cada característica de su aplicación al mínimo detalle. Incluso cedió una buena parte de su codiciado tiempo de recreo a terminar de contarme acerca de *Hurt Alert*.

Para ser justa, y dado que yo también soy una ávida ciclista de montaña, es posible que haya alentado a Luis con mi propio entusiasmo. "Qué gran idea", pensé al día siguiente, mientras me dirigía sola a la montaña en mi bicicleta. Estaba pensando en Luis y su aplicación cuando, a medio giro, golpeé tierra suelta, perdí tracción y caí. No me lastimé, pero sí me encontré en una posición incómoda y temporalmente incapaz de sacar mi pie del pedal en el que estaba atorado. Mientras yacía ahí, tratando de soltarme, pensé cuán particularmente útil hubiera sido tener la aplicación de Luis en mi teléfono.

La próxima vez que vi a Luis le conté lo que había sucedido y cómo había yo deseado tener su aplicación. Su cara se iluminó. Entonces se puso serio y me amonestó: "Señora Gaber, no es una buena idea que vaya sola. Es mejor que termine cuanto antes esa aplicación".

NO DEBERÍA SER TAN DIFÍCIL HACER EL BIEN

Si Luis da o no el siguiente paso —aprender cómo hacer una aplicación— todavía está por verse. Pero el punto es que, a través de esta simple actividad, Luis y sus compañeros pudieron imaginar cómo podrían usar sus poderosos dispositivos en formas positivas que mejoren al mundo. Esto parece importante cuando vemos tantas aplicaciones y sitios web añadir características socialmente benéficas como una ocurrencia tardía, o sólo en respuesta a un clamor público. Déjame presentarte algunos ejemplos:

> › Un reporte de 2017 que calificó a Instagram como la peor red social para la salud mental y bienestar, recomendó que la aplicación, y otras aplicaciones, "identificaran a los usuarios que pudieran estar padeciendo problemas de salud mental mediante sus publicaciones y otros datos, y les proporcionaran información discreta acerca de dónde pueden encontrar ayuda".[2] Poco después, Instagram añadió "tres nuevas características de seguridad y bondad", incluyendo una que permite a los usuarios marcar a otros que pueden necesitar ayuda.[3] Ahora, si se le notifica, Instagram enviará a esos usuarios un mensaje de apoyo y proporcionará opciones de dónde buscar ayuda.

> › Después de ser ampliamente criticado por no abordar el ciberacoso en su sitio, Twitter comenzó a poner a los acosadores en línea en "tiempo fuera" a principios de 2017. Hoy en día, los acosadores "tendrán temporalmente restringido el acceso a sus tuits. Durante este tiempo, los tuits de los abusadores sólo se les mostrarán a sus seguidores".[4]

> › A través de una campaña llamada "Detén, Habla, Apoya", el príncipe William, del Reino Unido, convenció a Facebook y a Snapchat para que iniciaran un programa de prueba que daría apoyo a las víctimas del ciberacoso e implementaran directrices de seguridad para los usuarios de internet. Según

un reporte: "Por primera vez en la historia, las firmas de medios sociales del mundo están adaptando sus plataformas para proporcionar acceso directo a apoyo cuando sean víctimas de acoso".[5] El príncipe William declaró que espera que este programa "pueda convertirse en un proyecto global".[6]

Aunque estos son desarrollos maravillosos, plantean la pregunta: ¿por qué diablos tardaron tanto?

Las características para proteger a los usuarios y combatir la crueldad en línea no deberían ser añadidos, deberían ser prerrequisitos. Deberían ser la responsabilidad de cualquier creador de aplicaciones. Deberían ser tan ubicuos como los cinturones de seguridad en los autos.

Por estas razones, yo reto a mis estudiantes a imaginar las características que incorporarían en las aplicaciones/sitios/servicios que algún día pudieran desarrollar. He aquí algunas de las ideas que han aportado:

> Algoritmos que detecten y transformen automáticamente los comentarios malvados en comentarios bondadosos.

> Software que les envíe a los acosadores dos advertencias y después, a la tercera transgresión, borre de inmediato sus cuentas. Además, si los acosadores tratan de abrir nuevas cuentas, incluso bajo diferentes nombres de usuarios, "el software los detectaría y los bloquearía".

> Una aplicación que facilitara la entrega de comida a los indigentes (mediante un dron, por supuesto), cada vez que un cliente que paga ordene su comida.

En una época en la que Facebook, la red social más grande e influyente del mundo, nació en el dormitorio de una universidad, cualquier cosa parece posible. El único obstáculo que está entre las buenas ideas y la realidad son algunas líneas de un código, e incluso eso no es un freno en estos días.

Rutinariamente, mis alumnos me preguntan si van a aprender a codificar durante nuestras clases de Cibervicismo. "Lo siento, pero no", le dije a un rubio niño de sexto grado llamado Jake cuando me hizo esa pregunta un año. "Pero deberías checar Codeacademy. com", le sugerí.

Codeacademy es un sitio en línea que ofrece clases gratuitas de codificación en veinte distintos lenguajes de programación, incluyendo HTML, CSS, JavaScript y muchos más. Había escuchado de niños que aprenden a codificar usando este sitio, y de hecho había intentado algunas clases yo misma y descubierto que era algo bastante fácil y divertido. Yo se los recomiendo a mis estudiantes y por lo general ya no vuelvo a escuchar sobre eso.

Salvo por la tarde en que estaba ayudando a un grupo de octavo grado con sus presentaciones de final de año. Estaban usando varias herramientas de presentación en línea que yo les había mostrado, cuando una de las niñas tuvo un problema técnico; no podía hacer que su audio sonara en sincronía con su presentación. Como no tenía idea de cómo ayudarle, preguntó si podía buscar asistencia técnica. "Claro", le dije, y unos minutos después vi a Jake entrar al salón. En el tiempo que me tomó descubrir que Jake era la "asistencia técnica" a la que ella se refería, había entrado al sitio y estaba escribiendo un código que permitiera que el audio de su hermana se reprodujera correctamente.

—Jake, ¿dónde aprendiste a hacer eso? —pregunté.

—En Codeacademy —respondió, recordándome que yo se lo había recomendado.

—Entro a Codeacademy una hora cada noche antes de acostarme. Mi mamá me toma el tiempo —dijo—. Tuve que hacer dos de los lenguajes dos veces, pero ahora soy bastante eficiente en ambos —y con una rápida sonrisa se deslizó fuera del salón y regresó a su clase de sexto grado.

CUANDO LOS NIÑOS HACEN BUENAS APLICACIONES

Una mañana temprano recibí una llamada telefónica de Lucy Cadova, quien estaba respondiendo a mi solicitud de información acerca de FaceUp.com, una aplicación antiacoso que conecta a los estudiantes amenazados o acosados con los miembros adultos del personal de una escuela. Según el impresionante sitio web de la aplicación, un grupo de amigos tuvo la idea de FaceUp porque descubrieron que la vida en la secundaria era "todo menos arcoíris y unicornios".[7]

Cadova estaba llamando desde Brno, una ciudad ubicada en la región sudeste de la República Checa (yo había visto una dirección de California en el sitio web de FaceUp, así que esto me sorprendió). Ella se disculpó de inmediato por su inglés (el cual, aparte de un ligero acento, era casi perfecto) y dijo que "había estado estudiando inglés durante más tiempo" que nadie en el reducido personal de FaceUp, que en su mayoría todavía estaba en secundaria; Cadova me dijo que acaba de cumplir trece años. Entonces, le encargaron regresar las llamadas de Estados Unidos, cosa que hacía después de clases.

FaceUp no era la primera empresa del grupo. Ellos habían lanzado ya un sitio web donde los estudiantes reportaban el acoso en forma anónima. Según Cadova, 20% de las escuelas en la República Checa lo utilizaban.

El éxito animó a los amigos a pensar en grande. Como me dijo Cadova: "No hay tiempo de parar cuando quieres ayudar a alguien".

Aunque cada uno de los niños del equipo FaceUp había experimentado el acoso de primera mano, la aplicación —el bebé de Jan Slama— fue diseñado principalmente con los observadores en mente. Cadova me dijo que a menudo los niños sólo observan el acoso porque no tienen idea de cómo ayudar sin exponerse ellos mismos a él. "FaceUp permite que cualquiera hable en favor de un amigo, en favor de alguien que no conoces mucho, o incluso por ti mismo sin el riesgo de quedar expuesto", explicó.

Qué giro tan interesante para el anonimato, pensé. Usualmente, las aplicaciones anónimas como Ask.fm, Whisper, After School y otras se ganan automáticamente una mala reputación simplemente por ser anónimas. Todos piensan que, como los niños esconden sus verdaderas identidades, usan las aplicaciones principalmente para el acoso. FaceUp pone de cabeza esta noción, con la premisa de que los niños que necesitan ayuda o quieren ayudar a otros pueden querer permanecer en el anonimato también.

Cadova dijo que FaceUp, una aplicación gratuita para las escuelas, tiene tres características principales. Primero están los "reportes", una "forma fácil y anónima de denunciar y buscar ayuda para ti o para otra persona". La siguiente característica, el "mensajeo", es un chat en tiempo real que permite que los niños busquen en forma anónima la ayuda de un maestro, consejero o administrador escolar. "A veces no es fácil hablar de los problemas cara a cara", explicó Cadova. Finalmente, hay un botón de SOS para situaciones de emergencia "como una pelea en la escuela, o algo que necesita acción inmediata", me dijo.

Cuando le pregunté cómo estaba el equipo comercializando la aplicación, ella soltó una risita. "Es difícil llamarlo comercialización, sólo somos un grupo de niños." Pero estos niños acababan de regresar del Silicon Valley, donde se reunieron con mentores, maestros y representantes de las escuelas que estaban considerando usar la aplicación. Dos escuelas en el área de San Francisco ya habían firmado. Cadova me dijo que en las últimas dos semanas probablemente había hablado con más de cuarenta escuelas en Estados Unidos, "pero con las clases y las vacaciones de primavera, realmente tengo que ponerme al día", explicó.

FaceUp es una de las muchas aplicaciones creadas por jóvenes emprendedores que esperan hacer del mundo un lugar mejor. Aquí hay algunas más:

> Después de ver a su madre luchar para hacer que su abuelo, quien sufría de demencia, recordara tomarse sus medicinas,

Elfie Tilforn, de trece años, y cinco de sus compañeros de educación media crearon Pharm Alarm. Además de recordar a los usuarios tomar sus medicamentos, esta aplicación envía un mensaje pregrabado a tres contactos de emergencia si el usuario se olvida. Si los contactos no responden en una cantidad establecida de tiempo, se notifica al doctor del usuario.

> Natalie Hampton, de dieciséis años, creó la aplicación Sit With Us para ayudar a los niños a encontrar a alguien con quién sentarse a la hora del almuerzo. Usando su aplicación, los niños pueden comunicarse en forma privada para establecer mesas seguras, donde pueden almorzar en compañía de otros sin tener que sufrir la humillación de hacerlo solos.

> Unas niñas adolescentes usaron el MIT App Inventor, una herramienta gratuita para crear aplicaciones, para crear Paani, una aplicación que ayuda a las mujeres y a los niños a permanecer a salvo cuando están recolectando agua en el pozo de la comunidad en el barrio bajo de Dharavi, en Bombay. Esta aplicación crea una fila en línea y alerta a los hogares cuándo es su turno para recolectar agua, lo que les ayuda a evitar la espera en largas filas, que a veces son inseguras.

Descubrir estas increíbles aplicaciones creadas por los niños me hizo preguntarme qué sucedería si todos los niños tuvieran la oportunidad o fueran animados a usar su creatividad, ingenio, empatía y bondad en línea. ¿Qué tal si pasamos menos tiempo enfocándonos en las formas terribles en que los niños usan la tecnología, o en las cosas horribles que ésta les hace, y dirigimos nuestras energías en ayudar a que los niños se vuelvan creadores positivos en línea, en vez de consumidores pasivos? ¿Qué tal si celebramos a los niños que tienen esta visión? A Dios gracias, hay alguien que lo hace.

CELEBRAR LO BUENO

Matt Soeth es un californiano alto y amable. Este ex maestro de secundaria es el fundador, junto con la maestra Kim Karr, de #ICANHELP, una organización que apunta "a educar y empoderar a los estudiantes a usar los medios sociales en forma positiva".[8]

"Tanto de la conversación allá afuera es sobre las cosas negativas que les ocurren a los niños", me dijo Soeth. "Cada historia noticiosa, cada reporte, cada advertencia, cada miedo y pánico moral, es acerca de cómo necesitamos proteger a los niños y que ellos no pueden cuidarse a sí mismos. Nuestra realidad en la escuela es que, con la guía y el entrenamiento correctos, los niños pueden hacer cosas realmente sorprendentes."[9]

Soeth y Karr decidieron destacar esas cosas lanzando "Digital-4Good", un evento que celebra "la voz y el liderazgo digital de los estudiantes en los medios sociales". Él me dijo que este evento de un solo día, que se llevó a cabo en las oficinas generales de Twitter en 2017, honra a niños notables que usan sus dispositivos en formas positivas. Cada uno es nominado por sus compañeros y seleccionado por un panel de educadores y representantes de la industria.

Cuando le pedí a Soeth que recordara al ganador más memorable del año pasado, pensó en una niña de trece años llamada Maeve. "Ella fue nuestra ganadora más joven", dijo. "Ella padecía múltiples alergias a los alimentos y le encantaba hornear. Así que comenzó a investigar recetas, y después a crear algunas propias, y las publicaba en un sitio web, hasta que la cosa de alguna manera despegó." De acuerdo con Soeth, otros con restricciones dietéticas similares gravitaron a su sitio, llamado *Baker Delights: Gluten and Dairy Free Desserts Made from Scratch* [Delicias horneadas: postres libres de gluten y de lácteos hechos desde cero], y ahora "tiene un gran número de seguidores".

En el evento #Digital4Good, todos los ganadores presentan sus proyectos. "Maeve estaba muy nerviosa", recuerda Soeth. Eso es comprensible, porque no sólo tenía que dirigirse a unas cien personas en las oficinas de Twitter, sino que el evento también se transmitía en vivo a miles más. Según Soeth: "Maeve subió al escenario y preguntó: 'Sólo porque tenga una alergia, eso no significa que no pueda comer alimentos que sepan bien, ¿no?' Fue totalmente adorable, deberías ver su video".[10]

Vi su video y, en un ángulo de la pantalla, capturando con su teléfono la presentación de Maeve, estaba su madre, Liz Repking, de Cyber Safety Consulting.

Sorprendida de que Repking no hubiese presumido descaradamente acerca de su hija cuando hablé con ella unas semanas antes, la llamé para preguntar sobre el proyecto de Maeve. "Bueno, todo empezó hace algunos años", dijo Repking, "cuando le dije a Maeve que quería que comenzara a hacer periodismo durante el verano. Ella sólo me miró como si estuviera loca".

Ahí fue cuando el padre de Maeve entró en escena para ayudarle a crear un blog, donde ella podría compartir su amor por la cocina. Aunque inicialmente enseñó a Maeve cómo crear un sitio web —"pasaban horas trabajando juntos en eso", dice Repking—, hoy Maeve administra el sitio por sí misma, y sube todas sus recetas, fotografías y más. "Se mete a su cuarto y pasa mucho tiempo modificando las cosas", me dijo Repking. "Pero su pasión es hornear. La tecnología es simplemente el medio para compartir esa pasión."

"Lo que hemos descubierto es esto: los niños son capaces de hacer cosas realmente buenas, pero lo que están buscando es un adulto que los apoye, que los guíe y que realmente los impulse", me informó Soeth.[12]

Después de eso, míralos volar.

SI QUIERES QUE TUS NIÑOS VUELEN, DALES ALAS

La mayoría de los padres que buscan ayuda para esto de la crianza digital no se divierten con estas historias acerca de niños que hacen cosas increíbles en línea. Ese fue mi caso. Recuerdo asistir a mi primera presentación de "seguridad en línea" hace casi diez años. El orador, que era propietario de una compañía local de reparación de computadoras, tenía la reputación de dar presentaciones atractivas e informativas. Yo fui a una en mi vecindario, bolígrafo y papel en mano, y me encontré rodeada de cerca de otros doscientos padres ansiosos. Por dos horas estuvimos al borde de nuestros asientos mientras el orador narraba una historia de horror tras otra acerca del ciberacoso, los depredadores, la pornografía y así sucesivamente. ¡Fue aterrador!

Esa noche volví a casa con las notas que había garabateado metidas en mi bolsa. Incluían una larga lista de "malas aplicaciones", las cuales el orador recomendó que "borráramos de inmediato de los dispositivos de nuestros hijos". Me pregunté cuál era el índice de éxito de los padres que hacían eso. ¿Cuánto tiempo pasaría antes de que esos niños curiosos regresaran directo a la lata de galletas que sus padres habían escondido en un nuevo lugar?

Eso fue hace mucho tiempo, y uno podría presumir que hemos recorrido mucho camino desde entonces. Error. Tan sólo la semana pasada, Peter Kelley, que trabaja conmigo, recibió una llamada de un grupo comunitario local que buscaba una presentación para niñas de educación media y sus padres. Él estaba preparado para conducirlas a través de una de nuestras actividades de reputación digital cuando recibió una segunda llamada de la organizadora, que quería confirmar si eso iba a "asustar terriblemente a las niñas". Kelley explicó cortésmente que "eso no es lo que nosotros hacemos", porque, según nuestra experiencia, enseñar a los niños a través del miedo resulta contraproducente. El miedo desata una reacción fisiológica en los humanos que se conoce como "la respuesta de pelear o huir". Aunque los niños probablemente no "pelearán" contigo durante una presentación, mentalmente *sí* "huirán", lo cual significa que responderán a las cosas aterradoras que les dices simplemente escuchándote. Así que si quieres que los niños aprendan algo, asustarlos terriblemente no funciona.

Kelley perdió la presentación. La mujer al otro lado de la línea le dio las gracias y contrató a otro tipo mucho más aterrador para que hiciera el trabajo.

"Este es el problema", dice Michele Ciulla Lipkin, de NAMLE, "pasamos la mayor parte del tiempo preocupándonos acerca de las cosas negativas que ocurren en línea, y casi ningún tiempo celebrando y empoderando las cosas buenas. ¿Qué pasa con la tecnología que todo lo que hacemos es pensar en el peor escenario? ¿Por qué les hacemos eso a nuestros niños? ¿Por qué nos lo hacemos a nosotros mismos? ¿Y por qué los medios sólo cubren ese tipo de cosas?"[13]

Además de su trabajo a tiempo completo en NAMLE, Ciulla Lipkin visita regularmente las escuelas para realizar su presentación "Crianza en la era digital". Comienza sus pláticas evaluando los sentimientos de los padres acerca de la tecnología, y ha descubierto, como yo, que la angustia de los padres es alta todo el tiempo. "Me asombran las luchas que los padres siguen librando", dice. "He tenido a padres conmovidos hasta las lágrimas porque todo lo que hacen es pelear con sus hijos sobre los medios sociales digitales. Entonces cuando hablo con los niños, no puedo creer lo nerviosos que están con respecto a la vida digital, todo porque sus padres están petrificados. Esto *realmente* no tiene por qué ser tan difícil".

Ciulla Lipkin piensa que la razón de que la crianza en la era digital parezca tan difícil es porque resulta tan nueva. "*Siempre* ha existido una desconexión entre los adultos y los adolescentes", dice, "pero ahora los cambios en la sociedad están ocurriendo tan rápido, que realmente luchamos por descubrir cómo podemos criar a nuestros hijos en un nuevo mundo."

Como lo pone Thomas Friedman, tres veces ganador del premio Pulitzer, en su más reciente libro: *Thank You for Being Late: An Optimist's Guide to Thriving in the Age of Accelerations* [*Gracias por llegar tarde: una guía optimista para progresar en la era de las aceleraciones*]: "el ritmo del cambio tecnológico está acelerando ahora tan rápidamente que se ha elevado por encima del ritmo en que la mayoría de la gente puede asimilar todos estos cambios".[14] Como resultado, la mayor parte de las personas no pueden seguir el paso. La solución de Friedman a este acertijo es la "estabilidad dinámica", que equipara con andar en bicicleta. Al igual que cuando vas en bicicleta, no puedes quedarte quieto. Debes seguir pedaleando.

Como nunca he encontrado una metáfora sobre el ciclismo que no me guste, déjame llevar la de Friedman un poco más lejos y aplicarla a mi tipo favorito de bicicleta, la bicicleta de montaña. En lo alto de una pendiente inclinada, avanzar es tu mejor amigo. Lo peor que puedes hacer es tomarla con demasiada lentitud. Mientras más rápido vayas, incluso forzándote a una velocidad que se sienta incómoda, más éxito tendrás en navegar el terreno.

La crianza digital es lo mismo. Tienes que moverte hacia adelante, aun si te parece incómodo abrir una cuenta de Snapchat o intentar jugar *Minecraft*. Y tienes que mirar más allá de la deprimente investigación, para ver lo que tus hijos realmente están haciendo, o pueden estar haciendo, en línea.

Como dice Ciulla Lipkin: "Por cada estudio que lees acerca de que los niños son adictos a los medios sociales, encontrarás otro que dice que los medios sociales los empoderan. Así que esa es la parte difícil. Hay muchas cosas que simplemente no sabemos".

Veamos lo que *sí* sabemos. Según Ciulla Lipkin: "Sabemos que pasamos mucho tiempo con los medios, y sabemos que los medios son realmente importantes para nosotros. Sabemos, sin asomo de duda, que los medios nos afectan. Sabemos que eso puede ser positivo o negativo. Sabemos que hay un riesgo al usar los medios, y sabemos que hay una oportunidad. También sabemos que los padres están verdaderamente preocupados y abrumados".

"Y eso", dice ella, "es todo lo que *realmente* sabemos."[15]

VETE CON LO QUE SABES

El objetivo principal de este libro ha sido equiparte con las herramientas para ayudar a tus hijos a construir una relación saludable con la tecnología. Aunque no necesitas tener habilidades técnicas para este trabajo, sí debes basarte en lo que ya sabes acerca de ser una madre o un padre.

"La cosa más grande que los padres subestiman es su experiencia de vida como seres humanos", dice Soeth. "Todos han estado en relaciones. Han tenido buenos amigos; han tenido malos amigos. Han conocido gente que es falsa y gente que es auténtica entrando y saliendo de sus vidas durante todo el tiempo que han estado en esta Tierra. Pero creo que hay una muralla que se alza cuando la tecnología está involucrada. Los padres piensan: 'no entiendo a la tecnología; por lo tanto, no puedo ayudarte."[16]

Soeth piensa que los padres perciben una diferencia distintiva entre la vida en línea y la vida fuera de línea. "Pero para la gente joven, no existe 'en línea' y 'fuera de línea'", explica. "*Todo es vida.*" Y los niños de hoy necesitan la ayuda de sus padres para navegar por sus vidas.

Ciulla Lipkin está de acuerdo: "Con gran frecuencia veo a padres que ceden su poder a la tecnología. Se olvidan de que la mayoría de los problemas que surgen con los niños y la tecnología o los medios sociales no son problemas tecnológicos: son problemas sociales".

Déjame darte algunos ejemplos:

> Un padre dice: "Le digo a mis hijos que no tienen permiso de ver [llena el espacio en blanco]. Entonces se van a casa de Timmy, y lo ven ahí, ¡y sé que me están mintiendo!" La respuesta de Ciulla Lipkin es: "Okay, ese no es un problema de tecnología, es un problema de mentir. ¿Cómo responderías si te estuvieran mintiendo acerca de otra cosa?"

> Una madre dice: "Mi hija está molesta por algo que sucedió en Snapchat, y yo no puedo ayudarla. Ciulla Lipkin responde: "Claro que puedes. ¿Nunca hiciste un drama cuando eras adolescente?"

> Este es uno de mis favoritos: un padre dice: "Mi hija de nueve años realmente quiere tener una cuenta en Snapchat, y yo no

sé qué decirle". Mi respuesta: "Muy fácil. Dile que N-O". Esta es una respuesta probada y verdadera que ha resistido la prueba del tiempo. Cuando tu hija de nueve años se deshaga en lágrimas y diga: "¡Pero es que tú no entiendes!", contesta: "¡Claro que entiendo! Cuando yo tenía catorce años, realmente quería conducir un auto, pero las reglas eran que tenías que haber cumplido dieciséis. Así que esperé, y sobreviví. Y tú también lo harás".

¿Ves qué fácil es? Básate en esa sabiduría duramente ganada, obtenida en los años que has pasado en esta Tierra, para ayudar a tus hijos a navegar por nuevos terrenos. Empatiza con ellos y conversen. ¿Tu hijo adolescente acaba de romper con su primera novia? Puede ser que esté experimentando el dolor adicional de ver publicaciones y fotografías que muestran cómo se está divirtiendo sin él, o peor aún, con alguien más. Habla con él sobre esto. ¿Tu hija pasa más tiempo con los videojuegos que leyendo libros? Tal vez está aprendiendo algo a través del juego que no puede aprender en ninguna otra parte. O quizás está experimentando mucho estrés en la escuela, y jugar le da un respiro. O puede ser que para ella sea más fácil conectarse con sus pares a través del juego que en la vida real. Habla con ella de esto. Busca en lo profundo de tus propios recuerdos para rememorar cuando un novio o una novia te cortaron, o viste un programa de televisión que te enseñó algo nuevo, o te era más fácil hablar con tus amigos por teléfono que cara a cara. Tú *puedes* hacer esto.

Recuerda, no estás solo en esto. En todas partes, los padres están luchando con los mismos problemas. Habla con ellos también.

"Creo que los padres tienen que abrirse al diálogo acerca de estos problemas en sus comunidades y encontrar apoyo", dice Ciulla Lipkin. "Los padres y las escuelas deben trabajar juntos, porque ya no vivimos en un mundo donde podemos separar la casa de la escuela. Los administradores escolares deben apoyar a los maestros para desarrollarse profesionalmente, porque los educadores también tienen que entender estos problemas. Todos tenemos que preguntarnos si estamos teniendo estas conversaciones en nuestras comunidades."

¡HACIA ADELANTE!

Cuando se aproxima el momento de decirle adiós a otra cosecha de estudiantes a los que he tenido la suerte de pastorear a través de los tres años de clases de Cibercivismo, cruzo los dedos y rezo por haberlos preparado adecuadamente para lo que sea que traiga consigo el futuro tecnológico. ¿Quién sabe lo que hay más adelante? ¿Volar, autos de Uber sin conductor que entregan pizzas? ¿Un internet donde puedes buscar en un pestañeo? ¿Delgadas membranas de plástico que puedes pegar en tu cuerpo y que se convierten en diminutos despliegues de computadora? (Esto último ya existe).

Creo que la mejor forma de preparar a los estudiantes para un futuro tecnológico incierto es inspirarlos con historias de cómo otros jóvenes han usado la tecnología a su disposición en formas positivas y productivas. Yo solía encontrar mis mejores historias buscando en otras culturas. Por ejemplo, les cuento acerca de la Primavera Árabe, la ola de protestas y levantamientos prodemocracia que tuvo lugar en el Medio Oriente y en África del norte en 2010 y 2011. Ahí, los estudiantes usaron las redes sociales para orquestar la rápida y relativamente pacífica desintegración de los regímenes autoritarios. Facebook proporcionó un lugar donde pudieron organizarse, reunirse y compartir ideas. Incluso usaron Facebook para orquestar lo que muchos consideran como la primera protesta organizada de Egipto, que resultó en una manifestación de dieciocho días en casi todo el país contra el presidente egipcio Mubarak. El presidente Obama elogió el papel de la tecnología en el levantamiento, que dio como resultado que Mubarak abdicara, y alabó a los jóvenes egipcios que "usaron su propia creatividad y talento, y la tecnología, para convocar a un gobierno que representara sus esperanzas y no sus miedos".[17]

Hoy en día, no tengo que salir de las fronteras de Estados Unidos para encontrar una historia inspiradora para compartir. He comenzado a contarle a mis alumnos cómo los estudiantes de la Secundaria Marjory Stoneman Douglas en Parkland, Florida, utilizaron sus herramientas para impulsar un significativo cambio social y cultural.

Cuando un tiroteo masivo en el campus de su escuela el Día de San Valentín de 2018 dejó diecisiete estudiantes y maestros muertos, los afectados alumnos decidieron que querían abogar por nuevas leyes de control de armas, así que tomaron sus dispositivos y se pusieron a trabajar. Al principio, usaron sus teléfonos para capturar, en tiempo real y con detalle gráfico, la horrible escena durante el tiroteo y sus reacciones a él, y las compartieron en línea. Después, estos niños publicaron sus pensamientos en Facebook e Instagram, lo que condujo a apariciones en vivo y discursos apasionados que se hicieron virales. Pronto, aún más estudiantes recurrieron a las redes sociales, en especial Twitter, subtuiteando y retuiteando con gran celo. El movimiento #NeverAgain había nacido y, con él, un ejército de jóvenes cívicamente comprometidos. Usando su conocimiento de los medios sociales por cuyo uso con frecuencia habían sido ridiculizados, los estudiantes lideraron la conversación sobre el control de armas y exigieron acción inmediata a los legisladores. En el tiempo que le habría tomado a un adulto promedio escribir un boletín de prensa, estos niños levantaron más conciencia con respecto a este problema que todos los políticos de Washington combinados.

Don Tapscott, autor de *Grown Up Digital* [*Crecer siendo digital*], le dijo al *New York Times* que él pensaba que los adolescentes actuales son mejores comunicadores que cualquier generación previa. "Ellos no crecieron siendo los receptores pasivos de la transmisión de alguien más... Crecieron interactuando y comunicando."[18] En el mismo artículo, la psicóloga clínica Wendy Mogel, autora de *Voice Lessons for Parents: What to Say, How to Say It, and When to Listen* [*Lecciones de voz para los padres: qué decir, cómo decirlo y cuándo escuchar*], dijo acerca de los jóvenes de hoy: "Son valientes, energéticos, optimistas y realmente inteligentes".[19]

Estoy de acuerdo. Subestimamos completamente a los jóvenes cuando los calificamos como no comprometidos, apáticos o deprimidos. Peor aún, definir una generación entera por los encabezados que leemos sobre ellos exhibe nuestra ignorancia acerca del complejo —y sí, a veces deprimente— mundo en el que no tuvieron más remedio que crecer. Un mundo que, nos guste o no, está inextricablemente entrelazado con la tecnología. En caso de que lo olvidemos, fue nuestra generación la que hizo que los dispositivos conectados fueran parte de sus vidas. Ponemos los dispositivos en sus pequeñas manos virtualmente sin guía, sin modelos a seguir, y a veces incluso años antes de que estén cognitivamente preparados para usarlos bien. Aun así, muchos jóvenes lo están haciendo condenadamente bien *a pesar* de haber sido abandonados a sus propios recursos. ¿Cuántos más lo hubieran hecho aún mejor, me pregunto, con una pequeña ayuda de nuestra parte?

SER HUMANO EN LA ERA DIGITAL

En uno de los últimos fines de semana de mayo, durante un taller de Cibercivismo en Journey School, un maestro visitante les preguntó a nuestros niños de octavo grado: "¿Cuál fue la habilidad más importante que aprendieron?" Ninguno de nuestros estudiantes contestó de inmediato, lo cual me preocupó un poco. Después de lo que me pareció una eternidad, Seb, un joven muy consciente de ojos café oscuro, respondió: "No aprendimos habilidades digitales". Pude ver que el maestro estaba tan sorprendido como yo por esa respuesta. Para mi alivio, Seb continuó: "Aprendimos habilidades de vida". Podía ver que el maestro todavía no entendía. "Básicamente", añadió, "aprendimos a ser humanos, en línea y fuera de ella."

En esta época de algoritmos y robots, aprender a ser humanos es más desafiante que nunca. Los mensajes de texto son cortantes, Siri no espera un *gracias* y los contestadores no pueden detectar cuándo el emisor necesita una palabra amable o un abrazo. Para criar niños que usen la tecnología con empatía, comprensión, consideración y compasión —y todas las otras antiguas capacidades humanas que hacen que la vida valga la pena vivirse—, debemos sembrar las semillas de cada una de estas cualidades fuera de línea, cuando los niños son pequeños. De esa forma, a medida que crezcan y sean más inteligentes, tendrán estas cualidades humanas esenciales para apoyarse y usarlas cuando realmente lo necesiten, en el mundo en línea. Tal vez también recordarán dejar sus dispositivos de vez en cuando y cosechar las recompensas de la vida fuera de línea, como abrazos reales, sonrisas genuinas y chocar "los cinco". Espero que este libro pueda ayudarte a ayudar a tus hijos a lograr exactamente eso.

Para cerrar este capítulo, quise encontrar una frase fácil de recordar, un lema simple, o una breve sinopsis para resumir lo que significa ser humano en un mundo digital, algo que pudieras decirles a tus hijos, y que ellos comprendieran de inmediato. Como comencé a preocuparme acerca de mi ingesta de cafeína hace un par de capítulos, cambié a beber Kombucha —una alternativa "saludable" que aporta una dosis moderada de cafeína— y en un momento de aburrimiento leí la etiqueta en la parte trasera de la botella que tenía frente a mí. Y hete aquí que, bajo el título de "Palabras de iluminación", estaba la breve máxima que había estado esperando. Coincidentemente, yo sabía quién era el autor de las palabras también: Conrad Anker, un compañero de escalada de mi esposo. No el tipo de compañero de escalada que prefiere ir al muro de escalada en el gimnasio, sino más bien el que dice: "Vamos a una expedición, y con algo de suerte regresaremos en dos meses con todos nuestros dedos de las manos y los pies intactos", ese tipo de amigo. En el transcurso de los años, ellos han sobrevivido algunas experiencias de alta montaña, con problemas a elevadas altitudes, desde sus primeros ascensos al Queen Maud Land en la Antártida, a filmar la recreación del épico viaje de Sir Ernest Shackleton a través

Epílogo

Si has leído este libro y completado todos los "Momentos Cibercívicos" con tus hijos, ¡terminaste tu trabajo! Entiendes la importancia de tender un cimiento sólido de habilidades sociales y emocionales, y sabes cómo ayudar a tus hijos a construir una estructura robusta con cuatro pilares fuertes que resistirán todas las tormentas digitales que puedan pasar por su camino. Los alentarás a participar con comunidades en línea en formas positivas y productivas, y entiendes que esto toma una tonelada de tiempo y esfuerzo. ¿Vale la pena?

Yo me preguntaba eso también, y decidí que la mejor forma de descubrirlo era checar a mi primera cosecha de estudiantes de Cibercivismo, comenzando desde 2010, con la generación de mi hija Piper. Estos niños fueron esencialmente mis conejillos de Indias, y participaron con entusiasmo en todas las actividades con las que los desafié, a medida que descubríamos juntos cuáles funcionaban mejor. Me pregunté si eso había tenido un impacto en sus vidas digitales actuales, ahora que estaban en la universidad o trabajando.

Le pedí a Anna Dieckmeyer, mi asistente, que lo investigara. A sus diecinueve años, tiene la misma edad que mis antiguos estudiantes, así que me imaginé que serían más sinceros con ella. Le di una sola directriz: encontrar cómo era su relación con sus herramientas digitales. También le dije que podíamos asignar un pseudónimo a cada estudiante, como he hecho con todos los otros niños y niñas en este libro. Fue interesante que todos accedieran a usar sus nombres verdaderos. Yo lo tomé como una buena señal.

El recuento de primera mano de Anna viene a continuación:

> Cuando Diana me pidió que entrevistara a sus antiguos estudiantes acerca de su "relación actual con sus herramientas digitales", me detuve primero a considerar las mías. Personalmente, nunca pensé en internet, los medios sociales y la tecnología como *herramientas*, es decir, claro que uso estas cosas todo el tiempo, como todos. Pero como la mayoría de la gente que conozco, tiendo a asociarlas directamente con las malas consecuencias que se derivan de su mal uso. Además, la tecnología siempre ha sido esta gran cosa invasora. Algo que no puedes ignorar —y que necesitas— sin importar cuánto desearías que fuera lo contrario. Creo que lo que trato de decir es que yo nunca vi a internet como una innovación benéfica, por extraño que parezca esto viniendo de alguien de mi generación. Eso cambió con estas entrevistas. Esto fue lo que aprendí:

GARRET WALLACE

La primera persona a la que entrevisté fue Garret Wallace, un estudiante de primer año en Saddleback College. Aunque admitió, hablando en forma bastante lacónica, que no podía recordar lecciones especiales, descubrí que el uso que le da a sus medios sociales es único. Por ejemplo, la mayor parte de la gente de mi edad tiene perfiles públicos de Instagram junto con una "Finsta" privada por separado, donde puede compartir cosas (a menudo cosas que califican como NSFW, siglas en inglés para "no es seguro para el trabajo") que sólo sus amigos cercanos pueden ver. Garret explicó: "Yo me mantuve lejos de eso". Y describe sus publicaciones como "bastante amigables para la familia… no pongo palabrotas ni publico videos de mis amigos y yo haciendo cosas malas". Permanece siendo inteligente y cauteloso, eliminando cualquier cosa que pudiese dañar su reputación. Para mí, esto suena mucho como lo que se enseña en Cibercivismo.

QUINN SHAW

Después entrevisté a Quinn Shaw, una carismática estudiante de primer año en la Universidad Estatal de Sonoma, que está haciendo la doble carrera de inglés y psicología y un curso extra en gerontología. Conozco a Quinn más o menos desde que conocí a Piper, la hija de Diana, así que sabía que usa los medios sociales en forma limitada. Cuando le pregunté si cree que el Cibercivismo le ayudó con su vida digital, dijo: "Yo no necesariamente estaba *no preparada*, nunca iba a mandar desnudos en primer lugar". Se rio. "Pero en el sentido de entender que tu huella digital jamás se borra [esas clases] solidificaron la noción de que yo no debía hacer nada parecido."

Quinn recuerda haber tenido discusiones en clase y participar en juegos alrededor de ejemplos de la vida real de actividades en los medios sociales que salieron mal. Tiene sentido que ella recuerde esas cosas, ya que cualquier tipo de actividad práctica o interactiva es clave para captar el interés de los niños y los adolescentes. También le pregunté si pensaba que su uso de los medios sociales era único y ella respondió con un buen ejemplo: "Cuando estoy hablando con mis amigas y digo que quiero deshabilitar mi Instagram, y ellas: '¿Por qué alguna vez en la vida querrías hacer esto?' Y yo sólo les digo que porque de alguna manera quedas atrapada ahí y que es irritante, y ellas: '¿Qué?' Así que, aunque pienso que parte de esto es obviamente debido a quién soy, pienso que es más típico de niños que han tomado clases acerca de esto".

Personalmente, aunque también he sentido la necesidad de tomarme un descanso de aplicaciones como Instagram y Snapchat, nunca pude hacerlo. Pero a medida que hablaba con Quinn y con los otros, comencé a darme cuenta de cuánto más estaban ellos en paz con la idea de una vida sin medios sociales digitales, tal vez porque habían aprendido antes los pros y los contras.

ELIAS BURLISON

Elias Burlison, un brillante ingeniero mecánico y con un grado en ciencias de la computación en el programa de licenciaturas de la Universidad Estatal de Sacramento, tenía mucho que decir acerca de los medios sociales. Como Quinn, Elias cree en el uso limitado de Instagram y aplicaciones similares, y se preocupa de que haya un descenso en la interacción social cara a cara: "Conozco a mucha gente de nuestra edad que no piensa lo mismo, pero veo a los [medios sociales] reemplazando las interacciones básicas con otras personas. Ya sabes, en vez de reunirte con alguien para comer, terminas hablándole por teléfono o por FaceTime, o enviándole un mensaje, y eso es un problema".

Y continuó: "Creo que no deberías limitarte a sólo una interacción digital. Deberías tener más que eso. Obviamente, todavía tengo todas esas cosas, pero si tuviera la opción, optaría por no usarlas".

Me gustaría creer que hay muchas personas como Elias y Quinn en mi grupo de edad, y que somos más sociales en el mundo "real" de lo que dicen los medios. Pero en realidad, parece que nuestras filas se están adelgazando, lo que hace que este tipo de educación sea aún más crucial.

Elías también señaló: "[Los niños] realmente no tienen a nadie que les diga lo que es aceptable, pública o socialmente, poner en línea. Nosotros hablamos de eso. Soy el mayor de cuatro hermanos, así que comparto con mis hermanos todo lo que aprendí".

Y siguió explicando: "Aprendimos a usar [los medios sociales] en nuestro beneficio, en vez de publicar cosas que nos afectarían más tarde en forma negativa. Diana fue muy puntual en explicarnos todo, lo que pienso que es increíble, especialmente cuando eres pequeño y alguien te dice que hagas algo. Usualmente no escuchas a menos que lo entiendas".

SOPHIA FAZLI

En este punto de las entrevistas, noté que el impacto de la reputación digital realmente se le quedó a esta primera ola de estudiantes, incluyendo a Sophia Fazli, una simpática comerciante en modas. "Eso definitivamente me obligó a estar más consciente", me dijo. Para ella, las lecciones han definido su uso actual de los medios sociales. "Soy muy cuidadosa con lo que publico", dice.

Las consecuencias de exagerar al compartir información personal y contenido controvertido la afectaron indirectamente cuando una amiga de la universidad fue atrapada publicando una fotografía inapropiada en una cuenta privada. Sophia explicó: "[Es arriesgado] aun si tu cuenta es privada, como si ella hubiera recibido un aviso, y fue algo importante. Tuvo que asistir a una reunión con todas las cabezas de su facultad".

Sophia habló también de la importancia de publicar contenido que sea apropiado para las familias, y cómo el permitir que su familia viera sus publicaciones la mantiene alejada de cualquier situación como la que experimentó su amiga.

NICHOLAS ROCHA

Nicholas Rocha, un agradable estudiante de primer año en Saddleback College, que planea transferirse a UC Santa Cruz para continuar estudiando y graduarse en biología marina, inmediatamente recordó aprender cómo crear contraseñas seguras y memorables: "Nos separaron a toda la clase en distintos grupos, y tuvimos que pensar en contraseñas creativas usando las reglas. Esto enfatizó la importancia de tener contraseñas diferentes para las cosas importantes, como usar una contraseña distinta para tu correo electrónico, o tu Facebook y cosas así".

Nicholas recordó que los medios sociales apenas estaban comenzando a ser grandes cuando tomó la clase, especialmente Instagram: "Yo tomé Cibercivismo cuando todo eso estaba comenzando.

Aprendimos que iba a usarse más en el futuro para los empleos, la universidad, y así. En secundaria, por supuesto que muchos de mis amigos no tomaron esa clase. Ni siquiera pensaban en eso".

Aquí, lo que Nicholas descubrió recientemente cuando aplicó para dos empleos diferentes:

Me preguntaron: "Oye, ¿puedes venir mañana, y así podemos revisar tus cuentas de redes sociales y ver qué está pasando ahí? Porque queremos asegurarnos de que no haya nada demasiado inapropiado".

Por suerte, Nicholas no tenía nada de qué preocuparse. Ya entendía que hay muchas cosas que no debes publicar en línea.

MI CONCLUSIÓN

Después de hablar con todos, descubrí dos grandes diferencias entre estos estudiantes y otros de mi generación. Primero, entienden cómo usar internet con eficiencia y en formas positivas, y están más conscientes del tipo de errores que podrían dañar sus reputaciones digitales. Segundo, a diferencia de muchos otros en nuestra generación, nadie parecía ser esclavo de sus dispositivos.

En palabras de Elias Burlison: "Creo que eventualmente esto se integrará en algún tipo de currículo en la educación pública, porque ¿cómo podría no ser así? Especialmente porque cada niño capaz de mover sus dedos tiene un iPad en sus manos. Ahora es una enorme parte de la sociedad. De una forma u otra, la educación va a encontrar su camino en esto".

Agradecimientos

Si toma un pueblo para criar a un niño, ciertamente toma una bulliciosa metrópolis para ayudar a un novel autor a convertir su idea en un libro. Estoy muy agradecida con tantas personas por su ayuda y aliento.

En primer lugar, gracias a mi familia. Por más tiempo de lo que odio admitir, han estado mirando mi nuca mientras yo miraba mi pantalla. Gracias a mis hijas, Elizabeth y Piper, por permitirme graciosamente hurgar en los recovecos de sus vidas digitales. Sin embargo, mi gratitud más profunda está reservada para mi esposo, Michael. Él ha sido mi más grande animador, alentándome durante cuatro años de universidad que, según le aseguré, encajarían fácilmente en mi ya de por sí ocupado calendario de mamá, y después ocho años más de trabajo, estudio y viajes cuando caí todavía más hondo en ese agujero de conejo que es el alfabetismo digital. Tener el apoyo incondicional de tu pareja realmente es uno de los regalos más preciosos de la vida.

Este libro nunca hubiera sido posible sin la ayuda de los muchos expertos a los que entrevisté. Es posible que no conozcas algunos de estos nombres, pero deberías. Cada uno trabaja diligentemente para hacer que el mundo en línea sea más seguro y saludable. Gracias Alan Katzman, Brad Shear, Brittany OIer, Chip Donohue, Cynthia Lieberman, David Greenfield, David Kleeman, Erin Reilly, Gabe Zichermann, Jack McArtney, Jason Ohler, Jennifer Lynn Alvarez, Jim Essick, Joani Siani, Kelly Mendoza, Liz Repking,

Lucy Cadova, Matt Soeth, Michele Borba, Michelle Ciulla Lipkin, Michelle Drouin, Michele Whiteaker, Ouri Azoulay, Pamela Hurst-Della Pietra, Pamela Rutledge, Patti Connolly, Peter Kelley, Richard Guerry, Ross Ellis, Sameer Hinduja, Shaheer Faltas, Shauna Leff, Shelley Glaze-Kelley y Sue Scheff.

Nunca hubiera escrito este libro sin el ánimo que me dio la autora Sue Scheff, quien me convenció de que podía hacerlo. Mi gratitud para ella también por presentarme a mi agente, la infatigable Jacqueline Flynn de Joelle Delbourgo Associates. ¡Sobrevivir a su rigurosa tutoría para elaborar la propuesta del libro, hizo que escribir el libro pareciera casi fácil! Gracias también a mi editor, Tim Burgard de HarperCollins Leadership, por guiarme pacientemente desde el primer borrador al manuscrito final, a Amanda Bauch, Jeff Farr y Leigh Grossman por aplicar la magia de su edición a mis palabras, y a Hiram Centeno y Sicily Axton por su visión mercadotécnica. Mi gratitud también a mi trabajador colega Peter Kelly y a mi esposo Michael por editar mis primeros borradores.

Mi viaje desde la idea hasta el libro comenzó con la increíble educación que recibí en la Fielding Graduate University mientras estudiaba una maestría en "psicología de los medios y cambio social". Aunque cada profesor con quien estudié era increíble, gracias especiales a la Dra. Pamela Rutledge por compartir conmigo el profundo pozo de su conocimiento y su consejo práctico y, por encima de todo, por inspirarme con su optimismo incondicional acerca del potencial positivo de las nuevas tecnologías.

De la experiencia Fielding obtuve un precioso grupo de amigos inteligentes y apasionados: Cynthia Lieberman, Tina Hoover, Carla Casilli, Lisa Snow Macdonald, Lara Hoefs y Cynthia Vinney. Estoy agradecida por muchos años de desayunos bimestrales para ponderar la humanidad y la tecnología. Gracias principalmente a Cynthia Lieberman. Hace ocho años, armadas solamente con nuestras nuevas maestrías y una pasión mutua, lanzamos Cyberwise (es decir, "Ningún adulto será excluido"), determinadas a compartir nuestro conocimiento sobre los medios digitales con los padres y los maestros. ¡Gracias por hacer ese viaje conmigo!

Gracias a todos los amigos que me han dado su apoyo en el transcurso de los años, especialmente a Patti Connolly y Shelley Glaze-Kelley, ¡quienes me convencieron de "dejarme llevar"!

Escribir un libro acerca de cómo criar a los niños inevitablemente le recuerda a uno su propia infancia. Tengo la bendición de haber vivido una crianza maravillosa —aunque un poco estridente— rodeada de cuatro hermanos independientes y francos que todavía hacen que las conversaciones en la cena sean interesantes. Gracias a mis padres, Elizabeth y Donald Schulz, por hacer que nuestro hogar de la infancia estuviera lleno de amor y de risas, y por conservarlo así.

Estoy particularmente agradecida con la cálida comunidad de Journey School. Gracias a Shaheer Faltas, el antiguo director de la escuela, que se arriesgó con el Cibercivismo y me alentó a que estuviera disponible para otras personas. Le estaré eternamente agradecida por eso. Gracias también a Gavin Keller, la maestra de sexto año de mi hija, y actual directora de Journey, por invitarme graciosamente a su salón de clases para dar las primeras lecciones.

Un sentido agradecimiento a los estudiantes de la clase del señor Keller, especialmente a quienes aceptaron a que mi brillante asistente, Anna Dieckmeyer, los entrevistara para este libro. Gracias, Elias Burlison, Garrett Wallace, Nicholas Rocha, Quinn Shaw y Sophia Fazli.

Por último, pero ciertamente no menos importante, mi más profunda gratitud a cada niño con el que he tenido el privilegio de compartir mis clases de Cibervicismo, a aquellos a quienes he enseñado directamente y a quienes han recibido las clases de sus propios maestros. Estoy especialmente agradecida con los muchos maestros y escuelas que dan Cibercivismo —o cualquier tipo de alfabetismo digital— en sus propias comunidades. Gracias por la parte que juegan en formar humanos amables, buenos y felices en un mundo digital.

Notas

Introducción

1. Shriver, Lionel, *We Need to Talk About Kevin: A Novel* (Nueva York: Harper Perennial, 2006), p. 177.
2. A menos que se indique de otra manera, todos los nombres de los estudiantes son pseudónimos.
3. Third, Amanda, *et al.*, "Young and Online: Children's Perspectives on Life in the Digital Age", *The State of the World's Children 2017 Companion Report* (Sydney: Western Sydney University, 2017): 6. DOI:10.4225/35/5a1b885f6d4db.
4. Lenhart, Amanda, "Teens, Technology, and Friendships," Pew Research Center (6 de agosto de 2015), p. 6. Recuperado el 27 de octubre de 2017 de http://www.pewinternet.org/2015/08/06/chapter-4-social-media-and-friendships.
5. *Ibid.*, p. 5.
6. Common Sense Media, "Social Media, Social Life: How Teens View Their Digital Lives", *A Common Sense Research Study* (verano de 2012), p. 22.
7. Reich, S. M., Subrahmanyam, K. y Espinoza, G., "Friending, IMing, and Hanging Out Face-to-Face: Overlap in Adolescents' Online and Offline Social Networks", *Developmental Psychology* 48(2), 2012, pp. 356-368; Coyne, S. M., Padilla-Walker, L. M., Day, R. D., Harper, J. y Stockdale, L. A., "Friend Request From Dear Old Dad: Associations Between Parent-Child Social Networking and Adolescent Outcomes," *Cyberpsychology Behavior and Social Networking* 17(1), enero de 2014, pp. 8-13.
8. Middaugh, Ellen, Lynn Schoefield Clark y Parissa J. Ballard, "Digital Media, Participatory Politics, and Positive Youth Development", *Pediatrics* 140 (Suplemento 2), noviembre de 2017, S127-S131; DOI: 10.1542/peds.2016-1758Q: S129.

9. Schaffer, Russell, "Kaplan Test Prep Survey: College Admissions Officers Say Social Media Increasingly Affects Applicants' Chances." Kaplan Test Prep (10 de febrero de 2017). Recuperado el 1 de diciembre de 2017 de http://press.kaptest.com/press-releases/kaplan-test-prep-survey-college-admissions-officers-say-social-media-increasingly-affects-applicants-chances.

10. Wanshel, Elyse, "Teen Makes 'Sit With Us' App That Helps Students Find Lunch Buddies", *Huffington Post* (16 de noviembre de 2016). Recuperado el 2 de diciembre de 2017 de https://www.huffingtonpost.com/entry/teen-creates-app-sit-with-us-open-welcoming-tables-lunch-bullying_us_57c5802ee4b09cd22d926463.

11. Theocharis, Y. y Quintelier, E. "Stimulating Citizenship or Expanding Entertainment? The Effect of Facebook on Adolescent Participation", *New Media and Society* 18(5), 2016, pp. 817-836.

12. Third, A., Bellerose, D., Dawkins, U., Keltie, E. y Pihl, K., "Children's Rights in the Digital Age", *Children Around the World* (2a. edición) (Melbourne: Young and Well Cooperative Research Centre, 2014), p. 36.

13. Common Sense Media, "The Common Sense Media Census: Media Use by Tweens and Teens", 2015. Recuperado el 10 de octubre de 2017 de https://www.commonsensemedia.org/sites/default/files/uploads/research/census_executivesummary.pdf.

14. Kelly Mendoza (directora sénior de los programas de educación para Common Sense Media), en una discusión con la autora 23 de abril de 2018. Usado con permiso.

15. Anderson, Monica, "How Having Smartphones (Or Not) Shapes the Way Teens Communicate", Pew Research Center (20 de agosto de 2015). Recuperado el 2 de diciembre de 2017 de http://www.pewresearch.org/fact-tank/2015/08/20/how-having-smartphones-or-not-shapes-the-way-teens-communicate/;Lenhart,Amanda."Teens, Technology, and Friendships", Pew Research Center (6 de agosto de 2016). Recuperado el 23 de enero de 2018 de http://www.pewinternet.org/2015/08/06/teens-technology-and-friendships/.

16. Jack McArtney (ex director de mensajeo en Verizon), en discusión con la autora, 20 de noviembre de 2017. Usado con permiso.

17. Dokoupil, Tony, "Is the Internet Making Us Crazy? What the New Research Says", *Newsweek* (9 de julio de 2012). Recuperado el 2 de diciembre de, 2017 de http://www.newsweek.com/internet-making-us-crazy-what-new-research-says-65593.

18. Twenge, Jean M. PhD., *iGen: Why Today's Super-Connected Kids Are Growing Up Less Rebellious, More Tolerant, Less Happy-and Completely Unprepared for Adulthood* (Nueva York: Atria Books, 2017), p. 5.

19. Twenge, Jean, "Have Smartphones Ruined a Generation?", *The Atlantic* (septiembre de 2017). Recuperado el 28 de noviembre de 2017 de https://www.theatlantic.com/magazine/archive/2017/09/has-the-smartphone-destroyed-a-generation/534198/.

20. *Ibid.*

21. Felt, Laurel y Robb, M. B., "Technology Addiction: Concern, Controversy, and Finding Balance", Research Brief (San Francisco: Common Sense Media, 2016), p. 25.

22. Jamieson, Sophie, "Children Ignore Age Limits By Opening Social Media Accounts", *The Telegraph* (9 de febrero de 2016). Recuperado el 12 de diciembre de 2017 de http://www.telegraph.co.uk/news/health/children/12147629/Children-ignore-age-limits-by-opening-social-media-accounts.html.

23. Sitio web del Capistrano Unified School District. Recuperado el 1 de diciembre de 2017 de http://capousd.ca.schoolloop.com.

24. "U.S. News Best High School Rankings", *U.S. News & World Report* (2017). Recuperado el 2 de diciembre de 2017 de https://www.usnews.com/education/best-high-schools/rankings-overview.

25. Oppenheimer, Todd, "Schooling the Imagination", *The Atlantic* (septiembre de 1999). https://www.theatlantic.com/magazine/archive/1999/09/schooling-imagination/309180/.

26. Jenkin, Matthew, "Tablets Out, Imagination In: The Schools That Shun Technology", *The Guardian* (2 de diciembre de 2016). Recuperado el 2 de diciembre de 2017 de https://www.theguardian.com/teacher-network/2015/dec/02/schools-that-ban-tablets-traditional-education-silicon-valley-london.

27. "The Incredible Growth of the Internet Since 2000", Solarwinds Pingdom (22 de octubre de 2010). Recuperado el 10 de diciembre de 2017 from http://royal.pingdom.com/2010/10/22/incredible-growth-of-the-internet-since-2000/.

28. Rideout, V. J., Foehr, U. G. y Roberts, D. F., "Generation M2: Media in the Lives of 8-18 Year Olds", Kaiser Family Foundation (10 de enero de 2010). Recuperado el 1 de diciembre de 2017 de https://www.kff.org/other/event/generation-m2-media-in-the-lives-of/.

29. Shaheer Faltas (ex director de Journey School), en discusión con la autora, 6 de noviembre de 2017. Usado con permiso.

30. Graber, Diana y Mendoza, Kelly, "New Media Literacy Education (NMLE): A Developmental Approach", *Journal of Media Literacy Education* 4(1), 2012. Recuperado el 22 de diciembre de 2017 de http://digitalcommons.uri.edu/jmle/vol4/iss1/8/.

31. Faltas, discusión.

32. Lieu, Eric, "Why Ordinary People Need to Understand Power", TED Ideas Worth Spreading (septiembre de 2013). Recuperado el 27 de noviembre de 2017 de https://www.ted.com/talks/eric_liu_why_ordinary_people_need_to_understand_power.

33. *Ibid.*

34. Media Smarts Website. Recuperado el 28 de diciembre de 2017 de http://mediasmarts.ca/digital-media-literacy-fundamentals/digital-literacy-fundamentals.

35. Williams, Lauren, "Digital Literacy Yields Test Gains, Better Behavior", *District Administration* (agosto de 2015). Recuperado el 3 de diciembre de 2017 de https://www.districtadministration.com/article/digital-literacy-yields-test-gains-better-behavior.

36. "Plato, The Phaedrus-A Dialogue Between Socrates and Phaedrus Written Down by a Pupil of Socrates, Plato, in Approximately 370 B.C.", Digital Humanities (n.d.). Recuperado el 2 de diciembre de 2017 de http://www.units.miamioh.edu/technologyandhumanities/plato.htm.

37. Bell, Vaushan, "Don't Touch That Dial!", *Slate* (15 de febrero de 2010). Recuperado el 15 de diciembre de 2017 de http://www.slate.com/articles/health_and_science/science/2010/02/dont_touch_that_dial.html.

38. "Teaching Good Citizenship's Five Themes", *Education World* (s. f.). Recuperado el 2 de noviembre de 2017 de http://www.educationworld.com/a_curr/curr008.shtml.

Capítulo 1

1. Aiken, Mary, *The Cyber Effect: A Pioneering Cyberpsychologist Explains How Human Behaviour Changes Online* (Nueva York: Spiegel & Grau, 2016), pp. 113-114.

2. Rideout, V., "The Common Sense Census: Media Use by Kids Zero to Eight", Common Sense Media (2017), p. 3. Recuperado el 5 de diciembre de 2017 de https://www.commonsensemedia.org/sites/default/files/uploads/research/csm_zerotoeight_fullreport_release_2.pdf.

3. Kabali, Hilda K., Irigoyen, Matilde M., Nunez-Davis, Rosemary, Budacki, Jennifer G., Mohanty, Sweta H., Leister, Kristin P. y Bonner, Robert L., "Exposure and Use of Mobile Media Devices by Young Children", *Pediatrics* 136.6 (noviembre de 2015), peds.2015-2151; DOI: 10.1542/peds.2015-2151. Recuperado el 6 de diciembre de 2017 de http://pediatrics.aappublications.org/content/early/2015/10/28/peds.2015-2151.

4. Wilson, Jacque, "Your Smartphone Is a Pain in the Neck", CNN (20 de noviembre de 2014). Recuperado el 27 de noviembre de 2017 de

http://www.cnn.com/2014/11/20/health/texting-spine-neck-study/index.html.

5. Kabali, H. *et al.*, "Exposure and Use of Mobile Media Devices by Young Children", *Pediatrics* 136.6 (2015): 1044-50.

6. Hirsh-Pasek *et al.*, "Putting Education in 'Educational' Apps: Lessons From the Science of Learning", *Association for Psychological Science*, Vol. 16(1), 2015, pp. 3-34. DOI: 10.1177/1529100615569721.

7. Shuler, C., "iLearn II: An Analysis of the Education Category of the iTunes App Store", The Joan Ganz Cooney Center at Sesame Workshop (enero de 2012), p. 3. Recuperado el 30 de diciembre de 2017 de http://www.joanganzcooneycenter.org/wp-content/uploads/2012/01/ilearnii.pdf.

8. Courage, Mary, "Chapter 1-Screen Media and the Youngest Viewers: Implications for Attention and Learning", *Cognitive Development in Digital Contexts* (2017), pp. 3-28. Recuperado el 22 de diciembre de 2017 de http://www.sciencedirect.com/science/article/pii/B9780128094815000018.

9. Kardefelt-Winther, Daniel, "How Does the Time Children Spend Using Digital Technology Impact Their Mental Well-Being, Social Relationships, and Physical Activity? An Evidence Focused Literature Review", UNICEF (diciembre de 2017), p. 25. Recuperado el 11 de diciembre de 2017 de https://www.unicef-irc.org/publications/pdf/Children-digital-technology-wellbeing.pdf.

10. Dr. Pamela Hurst-Della Pietra (fundadora y presidenta de Children and Screens: Institute of Digital Media and Child Development), en discusión con la autora, 13 de diciembre de 2017. Usado con permiso.

11. United Nations Children's Fund, "The State of the World's Children 2017: Children in a Digital World", UNICEF (diciembre de 2017), p. 3. Recuperado el 14 de diciembre de 2017 de https://www.unicef.org/publications/index_101992.html.

12. Lerner, Claire y Barr, Rachel. "Screen Sense: Setting the Record Straight", Zero to Three (2014), p. 1. Recuperado el 22 de diciembre de 2017 de https://www.zerotothree.org/resources/1200-screen-sense-full-white-paper.

13. Campaign for a Commercial-Free Childhood, Alliance for Childhood, and Teachers Resisting Unhealthy Children's Entertainment, "Facing the Screen Dilemma: Young Children, Technology and Early Education", Campaign for a Commercial-Free Childhood (October, 2012), p. 6. Recuperado el 11 de diciembre de 2017 de http://www.allianceforchildhood.org/sites/allianceforchildhood.org/files/file/FacingtheScreenDilemma.pdf.

14. Louv, R., *Last Child in the Woods: Saving our Children from Nature-Deficit Disorder* (edición aumentada y revisada). (Nueva York: Algonquin Press, 2008), p. 48.
15. Institute of Medicine, *From Neurons to Neighborhoods: The Science of Early Childhood Development* (Washington, D. C.: The National Academies Press, 2004), p. 190.
16. Begley, S., "Your Child's Brain", *Newsweek*, 127.8 (1996), pp. 55-61.
17. Aiken, Mary, *The Cyber Effect*, p. 91.
18. Radesky, Jenny S., *et al.*, "Patterns of Mobile Device Use by Caregivers and Children During Meals in Fast Food Restaurants", *Pediatrics* 133(4), abril de 2014; DOI: 10.1542/peds.2013-3703: e843-e849.
19. Adamson, L. y Frick, J., "The Still Face: A History of a Shared Experimental Paradigm", *Infancy* 4(4), 2003, pp. 451-473, DOI: 10.1207/S15327078IN0404_01.
20. Fulwiler, Michael, "The Research: The Still Face Experiment", The Gottman Institute (s. f.). Recuperado el 6 de diciembre de 2017 de https://www.gottman.com/blog/the-research-the-still-face-experiment/.
21. Aiken, Mary, *The Cyber Effect*, pp. 113-114.
22. Hurst-Della Pietra, discusión.
23. Kardaras, Nicholas, Glow Kids: *How Screen Addiction is Hijacking Our Kids and How to Break the Trance* (Nueva York: St. Martin's Press, 2016), p. 65.
24. Christakis, D. A., Zimmerman, F. J., Digiuseppe, D. L. y McCarty, C. A., "Early Television Exposure and Subsequently Attentional Problems in Children", *Pediatrics* 113 (2014), pp. 708-713.
25. Lillard, A. S. y Peterson, J., "The Immediate Impact of Different Types of Television on Young Children's Executive Function", *Pediatrics* 128(4), 2011, pp. 644-649.
26. Anderson, Daniel R. y Subrahmanyam, Kaveri, a nombre del Cognitive Impacts of Digital Media Workgroup, "Digital Screen Media and Cognitive Development," *Pediatrics* 140 (suplemento 2) (noviembre de, 2017), S57-S61; DOI: 10.1542/peds.2016-1758C.
27. DeLoache, J. S., Chiong, C., Vanderborght, M., Sherman, K., Islam, N., Troseth, G. L. y O'Doherty, K., "Do Babies Learn from Baby Media?", *Psychological Science* 21 (2010), pp. 1570-1574. DOI: 10.1177/0956797610384145.
28. Barr, R y Hayne, H., "Developmental Changes in Imitation from Television During Infancy", *Child Development* 70 (1999), pp. 1067-1081. DOI:10.1111/1467-8624.00079.
29. Lerner, Claire y Barr, Rachel, "Screen Sense: Setting the Record Straight", Zero to Three (2014), p. 2. Recuperado el 15 de

diciembre de 2017 de https://www.zerotothree.org/resources/1200-screen-sense-full-white-paper.

30. Myers, L. J., LeWitt, R. B., Gallo, R. E. y Maselli, N. M., "Baby Face-Time: Can Toddlers Learn From Online Video Chat?", *Developmental Science* 20 (julio de 2017). DOI:10.1111/desc.12430.

31. *Ibid.*, p. 1.

32. "Building the Brain's Air Traffic Control System: How Early Experiences Shape Development of the Executive Function", Center on the Developing Child at Harvard University, documento de trabajo, No. 11 (2011), p. 1. Recuperado el 22 de diciembre de 2017 de https://developingchild.harvard.edu/resources/building-the-brains-air-traffic-control-system-how-early-experiences-shape-the-development-of-executive-function/.

33. Anderson y Subrahmanyam, "Digital Screen Media and Cognitive Development", pp. S57-S61.

34. Diamond, A., "Executive Functions", *Annual Review of Psychology* 64 (2013), pp. 135-168.

35. "National Survey of Children's Health," Centers for Disease Control and Prevention (6 de septiembre de 2017). Recuperado el 6 de diciembre de 2017 de https://www.cdc.gov/nchs/slaits/nsch.htm.

36. Alderman, Lesley, "Does Technology Cause ADHD?", *Everyday Health* (31 de agosto de 2010). Recuperado el 15 de diciembre de 2017 de https://www.everydayhealth.com/adhd-awareness/does-technology-cause-adhd.aspx.

37. Kardaras, Nicholas, *Glow Kids*, p. 125.

38. Shelley Glaze-Kelley (directora educativa de Journey School), entrevista personal con la autora, 15 de noviembre de 2017. Usado con permiso.

39. Glaze-Kelley, discusión.

40. Hurst-Della Pietra, discusión.

41. David Kleeman (vicepresidente de tendencias globales de Dubit), en discusión con la autora, 20 de febrero de 2018. Usado con permiso.

42. Kleeman, discusión.

43. "Technology and Interactive Media as Tools in Early Childhood Programs Serving Children from Birth Through Age 8, a Joint Position Statement", National Association for the Education of Young Children y the Fred Rogers Center for Early Learning and Children's Media at Saint Vincent College (enero de 2012). Recuperado el 30 de noviembre de 2017 de https://www.naeyc.org/sites/default/files/globally-shared/downloads/PDFs/resources/topics/PS_technology_WEB.pdf.

44. Dr. Chip Donohue (director de tecnología en el Early Childhood [TEC] Center at the Erikson Institute), comunicación por correo electrónico con la autora, 3 de diciembre de 2017. Usado con permiso.

45. "Key Messages of the NAEYC/Fred Rogers Center Position Statement on Technology and Interactive Media in Early Childhood Programs", National Association for the Education of Young Children and the Fred Rogers Center for Early Learning and Children's Media at Saint Vincent College (2012). Recuperado el 14 de diciembre de 2017 de https://www.naeyc.org/sites/default/files/globally-shared/downloads/PDFs/resources/topics/12_KeyMessages_Technology.pdf.

46. American Academy of Pediatrics, "New Recommendations for Children's Electronic Media Use", *ScienceDaily* 21 (octubre de 2016). Recuperado el 29 de noviembre de 2017 de www.sciencedaily.com/releases/2016/10 /161021121843.htm.

47. Donohue, comunicación por correo electrónico.

48. Paciga, K. A. y Donohue, C., "Technology and Interactive Media for Young Children: A Whole Child Approach Connecting the Vision of Fred Rogers with Research and Practice", Fred Rogers Center for Early Learning and Children's Media at Saint Vincent College (2017), p. 10. Recuperado el 30 de noviembre de 2017 de http://tec-center.erikson.edu/wp-content/uploads/2017/06/FRC-Report-2-1.pdf.

49. Donohue, comunicación por correo electrónico.

50. Davis, J., "Face Time: Class Acts," *Grok* (octubre de 2000), p. 26-36.

51. Newton, E. y Jenvey, V., "Play & Theory of Mind: Associations with Social Competence in Young Children", *Early Child Development and Care* 181.6 (2011), pp. 761-73.

52. "General Guidelines for Parents", Children and Screens: Institute of Digital Media and Child Development (s. f.). Recuperado el 15 de diciembre de 2017 de https://www.childrenandscreens.com/wp-content/uploads/2017/10/general-guidelines-for-parents.pdf.

53. Donohue, comunicación por correo electrónico.

54. Patti Connolly (especialista en desarrollo escolar), en discusión con la autora, 20 de diciembre de 2017. Usado con permiso.

55. Connolly, discusión.

56. Maheshwari, Sapna, "On YouTube Kids, Startling Videos Slip Past Filters", *The New York Times* (4 de noviembre de 2017). Recuperado el 22 de diciembre de 2017 de https://www.nytimes.com/2017/11/04/business/media/youtube-kids-paw-patrol.html.

Capítulo 2

1. Rogers, Fred, *You Are Special: Words of Wisdom from America's Most Beloved Neighbor* (Nueva York: Penguin Books, 1994), p. 89.
2. Molnar, Michele, "Half of K-12 Students to Have Access to 1-to-1 Computing by 2015-16". *Edweek Market Brief* (24 de febrero de 2015). Recuperado el 2 de diciembre de 2017 de https://marketbrief. edweek.org/marketplace-k-12/half_of_k-12_students_to_have_access_to_1-to-1_computing_by_2015-16_1/.
3. Sarigianopoulos, Rena, "Is Technology in Schools Making Our Kids Smarter?" KARE 11 (1° de noviembre de 2017). Recuperado el 2 de diciembre 2017 de http://www.kare11.com/news/is-technology-in-schools-making-our-kids-smarter/488159029.
4. *Ibid.*
5. Richtel, Matt, "A Silicon Valley School that Doesn't Compute", *The New York Times* (22 de octubre de 2014). Recuperado el 3 de diciembre 2017 de http://www.nytimes.com/2011/10/23/technology/at-waldorf-school-in-silicon-valley-technology-can-wait.html.
6. Jenkins, H., con Purushotma, R., Clinton, K., Weigel, M. y Robinson, A. J., "Confronting the Challenges of Participatory Culture: Media Education for the 21st Century", *The John D. and Catherine T. MacArthur Foundation Reports on Digital Media and Learning* (2006). Recuperado el 12 de diciembre de 2017 de http://www.newmedialiteracies.org/wp-content/uploads/pdfs/NMLWhitePaper.pdf.
7. Reilly, Erin, Jenkins, Henry, Felt, Laurel J. y Vartabedian, Vanessa, "Shall We Play?" USC Annenberg Innovation Lab (otoño de 2012). Recuperado el 23 de diciembre de 2017 de https://www.slideshare.net/ebreilly1/play-doc-01-15613677?from_search=3.
8. Erin Reilly (CEO y fundador de Reilly Works), en discusión con la autora, 11 de diciembre de 2017. Usado con permiso.
9. Reilly, Erin, Jenkins, Henry, Felt, Laurel J. y Vartabedian, Vanessa, "Shall We Play?"
10. Lewis, Paul, "'Our Minds Can Be Hijacked': The Tech Insiders Who Fear a Smartphone Dystopia", *The Guardian* (6 de octubre 2017). Recuperado el 20 de abril de 2018 de https://www.theguardian.com/technology/2017/oct/05 /smartphone-addiction-silicon-valley-dystopia.
11. Bernard, Zoe, y Tweedie, Steven, "The Father of Virtual Reality Sounds Off on the Changing Culture of Silicon Valley, the Impending #MeToo Backlash, and Why He Left Google for Microsoft", *Business Insider* (16 de diciembre de 2017). Recuperado el 24 de diciembre de 2017 de http://www.businessinsider.com/jaron-lanier-interview-on-silicon-valley-culture-metoo-backlash-ai-and-the-future-2017-12.

12. Alter, Adam, *Irresistible: The Rise of Addictive Technology and the Business of Keeping Us Hooked* (Nuevo York: Penguin Press, 2017), p. 2.
13. En el prefacio de la edición en rústica de Kardaras, Nicholas, *Glow Kids: How Screen Addiction Is Hijacking Our Kids and How to Break the Trance* (Nueva York: St. Martin's Press, 2016), pp. xx-xxi.
14. Faltas, discusión.
15. Kardaras, Nicholas, *Glow Kids*, p. 127.
16. Reilly, discusión.
17. Samuel, Alexandra, "Parents: Reject Technology Shame", *The Atlantic* (4 de noviembre de 2015). Recuperado el 23 de diciembre de 2017 de https://www.theatlantic.com/technology/archive/2015/11/why-parents-shouldnt-feel-technology-shame/414163/.
18. Connolly, discusión.
19. Reilly, discusión.
20. Prensky, Marc, *Teaching Digital Natives: Partnering for Real Learning* (Thousand Oaks, CA: Corwin, 2010), p. 12.
21. Davis, K., Katz, S., James, C. y Santo, R., "Fostering Cross-Generational Dialogues about the Ethics of Online Life", *Journal of Media Literacy Education* 2(2), 9 de noviembre de 2010, p. 126.
22. Crain, W., *Theories of Development: Concepts and Applications* (5a. edición) (Upper Saddle River, NJ: Pearson Prentice Hall, 2005), p. 118.
23. Donovan, Jay. "The Average Age for a Child Getting Their First Smartphone is Now 10.3 Years", *TechCrunch* (19 de mayo de 2016). Recuperado el 31 de diciembre de 2017 de https://techcrunch.com/2016/05/19/the-average-age-for-a-child-getting-their-first-smartphone-is-now-10-3-years/.
24. Blake, B. y Pope, T., "Developmental Psychology: Incorporating Piaget's and Vygotsky's Theories in Classrooms", *Journal of Cross-Disciplinary Perspectives in Education* 1(1), mayo de 2008, pp. 59-67.
25. Nucci, Larry, "Moral Development and Moral Education: An Overview", Domain Based Moral Education Lab de la Graduate School of Education, University of California, Berkeley. Recuperado el 26 de diciembre de 2017 de https://www.moraledk12.org/about-mde.
26. Crain, W., *Theories of Development*, p. 155.
27. Mercogliano, Chris y Debus, Kim, "An Interview with Joseph Chilton Pearce", *Journal of Family Life Magazine* 5(1), 1999. Recuperado el 27 de diciembre 2017 de https://iamheart.org/the_heart/articles_joseph_chilton_pearce.shtml.
28. Harding, Eleanor, "Six in Ten Parents Say They Would Let Their Children Lie About Their Age Online to Access Social Media Sites", *Daily Mail* (23 de enero de 2017). Recuperado el 18 de enero

2018 de http://www.dailymail.co.uk/news/article-4150204/Many-parents-let-children-lie-age-online.html#ixzz4WmrvHLyo.

29. Gates, Melinda, "Melinda Gates: I Spent My Career in Technology. I Wasn't Prepared for its Effect on My Kids", *The Washington Post* (24 de agosto de 2017). Recuperado el 1 de enero de 2018 de https://www.washingtonpost .com/news/parenting/wp/2017/08/24/melinda-gates-i-spent-my-career-in-technology-i-wasnt-prepared-for-its-effect-on-my-kids/?utm_term=.673f3502f09c.

30. Borba, Michele, "To Raise Kids with More Empathy, We Need To Do Everything Wrong", *Time* (19 de septiembre de 2016). Recuperado el 31 de diciembre 2017 de http://time.com/4495016/parenting-empathy/.

31. Konrath, S. H., O'Brien, E. H. y Hsing, C., "Changes in Dispositional Empathy in American College Students Over Time: A Meta-Analysis", *Personality and Social Psychology Review* 15(2), 2011, pp. 180-198. http://doi.org/10.1177/1088868310377395.

32. Konrath, S., "The Empathy Paradox: Increasing Disconnection in the Age of Increasing Connection", en Rocci Luppicini (ed.) *Hand book of Research on Technoself: Identity in a Technological Society* (IGI Global, 2012), pp. 204-228.

33. Michele Borba (psicóloga educativa y autora) en discusión con la autora, 10 de enero de 2018. Usado con permiso.

34. Swanbro, Diane, "Empathy: College Students Don't Have as Much as They Used To", *Michigan News*, University of Michigan (27 de mayo de 2010). Recuperado el 3 de diciembre de, 2017 de http://ns.umich.edu/new/releases/7724-empathy-college-students-don-t-have-as-much-as-they-used-to.

35. *Ibid.*

36. Borba, discusión.

37. *Ibid.*

38. Wolpert, Stuart, "In Our Digital World, Are Young People Losing the Ability To Read Emotions?", UCLA Newsroom (21 de agosto de 2014). Recuperado el 29 de diciembre de 2017 de http://newsroom.ucla.edu/releases/in-our-digital-world-are-young-people-losing-the-ability-to-read-emotions.

39. Pink, Daniel H., *A Whole New Mind: Why Right Brainers Will Rule the Future* (Nueva York: Riverhead Books, 2006), p. 115.

40. Rutledge, Pamela, "The Psychological Power of Storytelling", *Psychology Today* (16 de enero de 2011). Recuperado el 3 de enero de 2017 de https://www.psychologytoday.com/blog/positively-media/201101/the-psychological-power-storytelling.

41. Glaze-Kelley, discusión.

42. Brittany Oler (cofundadora de Kids Email), en discusión con la autora, 5 de enero de 2018. Usado con permiso.

43. Oler, discusión.

Capítulo 3

1. "Socrates Quotes", BrainyQuote.com. Xplore Inc, 2018. Recuperado el 19 de abril de 2018. https://www.brainyquote.com/quotes/socrates_385050.

2. Natanson, Hannah, "Harvard Rescinds Acceptances for At Least Ten Students for Obscene Memes", *The Harvard Crimson* (5 de junio de 2017). Recuperado el 21 de noviembre de 2017 de http://www.thecrimson.com/article/2017/6/5/2021-offers-rescinded-memes/.

3. "Kaplan Test Prep Survey Finds Colleges and Applicants Agree: Social Media is Fair Game in the Admissions Process", Kaplan Test Prep (17 de abril de 2018). Recuperado el 21 de abril de 2018 de http://press.kaptest.com/press-releases/kaplan-test-prep-survey-finds-colleges-applicants-agree-social-media-fair-game-admissions-process.

4. *Ibid.*

5. *Ibid.*

6. Wallace, Kelly, "Surprise! Social Media Can Help, Not Hurt, Your College Prospects", CNN (10 de febrero de 2017). Recuperado el 5 de diciembre de 2017 de http://www.cnn.com/2017/02/10/health/college-admissions-social-media-parents/index.html.

7. *Ibid.*

8. Alan Katzman (fundador y CEO de Social Assurity), comunicación por correo electrónico con la autora, 1 de diciembre de 2017. Usado con permiso.

9. *Ibid.*

10. *Ibid.*

11. *Ibid.*

12. *Ibid.*

13. *Ibid.*

14. *Ibid.*

15. Career Builder, "Number of Employers Using Social Media to Screen Candidates at All-Time High, Finds Latest CareerBuilder Study", *Cision PR News*wire (15 de junio de 2017). Recuperado el 16 de diciembre de 2017 de https://www.prnewswire.com/news-releases/number-of-employers-using-social-media-to-screen-candidates-at-all-time-high-finds-latest-careerbuilder-study-300474228.html.

16. Brooks, Chad, "Keep It Clean: Social Media Screening Gain in Popularity", *Business News Daily* (16 de junio de 2017). Recuperado

el 27 de diciembre de 2017 de https://www.businessnewsdaily.com/2377-social-media-hiring.html.

17. Singer, Natasha, "They Loved Your G.P.A. Then They Saw Your Tweets", *The New York Times* (9 de noviembre de 2017). Recuperado el 28 de diciembre de 2017 de http://www.nytimes.com/2013/11/10/business/they-loved-your-gpa-then-they-saw-your-tweets.html.

18. Bradley Shear (fundador y consejero general de Digital Armour), discusión con la autora, 29 de diciembre de 2017. Usado con permiso.

19. Shear, discusión.

20. "Digital Birth: Welcome to the Online World", *Business Wire* (6 de octubre de 2010). Recuperado el 16 de diciembre de 2017 de https://www.businesswire.com/news/home/20101006006722/en/Digital-Birth-Online-World.

21. Rose, Megan, "The Average Parent Shares Almost 1,500 Images of Their Child Online Before Their 5th Birthday", *ParentZone* (s. f.). Recuperado el 16 de diciembre de 2017 de https://parentzone.org.uk/article/average-parent-shares-almost-1500-images-their-child-online-their-5th-birthday.

22. Bennett, Rosemary, "Parents Post 1,500 Pictures of Children on Social Media Before Fifth Birthday", *The Times* (6 de septiembre de 2016). Recuperado el 16 de diciembre de 2017 de https://www.thetimes.co.uk/article/parents-post-1-500-pictures-of-children-on-social-media-before-fifth-birthday-wb7vmmg55.

23. Rose, Megan, "The Average Parent Shares Almost 1,500 Images of Their Child Online Before Their 5th Birthday".

24. Sue Scheff (autora y experta en reputación digital), discusión con la autora, 15 de noviembre de 2017. Usado con permiso.

25. American Academy of Child and Adolescent Psychiatry, "The Teen Brain: Behavior, Problem Solving and Decision Making", *Facts for Families*, núm. 95 (septiembre de 2016). Recuperado el 29 de diciembre de 2017 de https://www.aacap.org/App_Themes/AACAP/docs/facts_for_families/95_the_teen_brain_behavior_problem_solving_and_decision_making.pdf.

26. Jacobs, Tom, "Humblebragging Just Makes You Look Like a Fraud", *Pacific Standard* (18 de octubre de 2017). Recuperado el 29 de diciembre de 2017 de https://psmag.com/news/your-humblebrag-raises-a-red-flag.

27. Sezer, Ovul, Gino, Francesca, and Norton, Michael I., "Humblebragging: A Distinct-and Ineffective-Self-Presentation Strategy", *Harvard Business School Working Paper*, núm. 15-080 (abril de 2015).

28. Richard Guerry (fundador y director ejecutivo de The Institute for Responsible Online and Cell-Phone Communication), en discusión con la autora, 4 de enero de 2018. Usado con permiso.
29. Guerry, discusión.

Capítulo 4

1. Kamenetz, Anya, *The Art of Screen Time* (Nueva York: PublicAffairs, 2018), p. 10.
2. Anderson, Monica y Jiang, Jingjing, "Teens, Social Media & Technology 2018", Pew Research Center (31 de mayo de 2018). Recuperado el 10 de julio de 2018 de http://assets.pewresearch.org/wp-content/uploads/sites/14/2018/05/31102617/PI_2018.05.31_TeensTech_FINAL.pdf; Lenhart, Amanda, "Teens, Social Media & Technology Overview 2015", Pew Research Center (9 de abril de 2015). Recuperado el 17 de febrero de 2018 de http://www.pewinternet.org/2015/04/09/teens-social-media-technology-2015/.
3. Anderson, Monica y Jiang, Jingjing, "Teens, Social Media & Technology 2018".
4. Geng, Y., Su, L. y Cao, F., "A Research on Emotion and Personality Characteristics in Junior 1 High School Students with Internet Addiction Disorders", *Chinese Mental Health Journal* 23 (2006), pp. 457-470; Williams, Rachel, "China Recognizes Internet Addiction as New Disease", *The Guardian* (11 de noviembre de 2008). Recuperado el 4 de abril de 2018 de https://www.theguardian.com/news/blog/2008/nov/11/china-internet.
5. Common Sense Media, "Technology Addiction: Concern, Controversy, and Finding Balance", 2016, https://www.commonsensemedia.org/sites/default/files/uploads/research/csm_2016_technology_addiction_research_brief_0.pdf.
6. Joni Siani (profesora de medios y comunicaciones, cineasta y autora), en discusión con la autora, 19 de febrero de 2018. Usado con permiso.
7. Siani, Joni, *Celling Your Soul*, Createspace Independent Publisher (2013).
8. Siani, discusión.
9. American Psychiatric Association, "Diagnostic and Statistical Manual of Mental Disorders" (5a. edición) (Washington, D. C.: American Psychiatric Publishing, 2013).
10. Dr. David Greenfield, 2015, presentación en la Cumbre de la Ciudadanía Digital; y en discusión con la autora.
11. Greenfield, discusión.

12. Kardaras, Nicholas, "It's Digital Heroin: How Screens Turn Kids into Psychotic Junkies", *New York Post* (27 de septiembre de 2016). Recuperado el 1 de diciembre de 2017 de http://nypost.com/2016/08/27/its-digital-heroin-how-screens-turn-kids-into-psychotic-junkies/.

13. Sherman, Lauren E., *et al.*, "The Power of the Like in Adolescence", *Psychological Science* 27(7), 31 de mayo de 2016, pp. 1027-1035. http://journals.sagepub.com/doi/abs/10.1177/0956797616645673#article-CitationDownloadContainer.

14. Jensen, Frances E. y Ellis Nutt, Amy, *The Teenage Brain: A Neuroscientist's Survival Guide to Raising Adolescents and Young Adults* (Toronto: Harper-Collins, 2015).

15. Chambers, R. A., Taylor, J. R. y Potenza, M. N., "Developmental Neurocircuitry of Motivation in Adolescence: A Critical Period of Addiction Vulnerability", *American Journal of Psychiatry* 160 (2003), pp. 1041-1052. https://www.ncbi.nlm.nih.gov/pmc/articles/PMC2919168/.

16. Bergland, Christopher, "Why Is the Teen Brain so Vulnerable?", *Psychology Today* (19 de diciembre de 2013). https://www.psychologytoday.com/blog/the-athletes-way/201312/why-is-the-teen-brain-in-so-vulnerable.

17. Sitio web de Stanford Persuasive Tech Lab. Consultado el 17 de febrero de 2018 de http://captology.stanford.edu/about/what-is-captology.html.

18. MacKay, Jory. "Here's Why You Can't (or Won't) Delete Distracting Apps from Your Phone". *The Startup on Medium* (13 de febrero de 2018). Recuperado el 17 de febrero de 2018 de https://medium.com/swlh/heres-why-you-can-t-or-won-t-delete-distracting-apps-from-your-phone-ae1c50445f1e.

19. Fogg, B. J., *Persuasive Technology: Using Computers to Change What We Think and Do* (Boston: Morgan Kaufman Publishers, 2013), pp. 8-9.

20. Ouri Azoulay (ex CEO de PureSight), en discusión con la autora, 7 de julio 2017. Usado con permiso.

21. Gabe Zichermann (emprendedor, diseñador conductual, conferencista y autor) en discusión con la autora, 19 de marzo de 2018. Usado con permiso.

22. Zichermann, discusión.

23. Shafer, Scott, "Design Ethicist Tristan Harris on How to Fight Back Against Your Smartphone", KQED News (22 de agosto de 2017). Recuperado el 2 de abril de 2018 de https://www.kqed.org/forum/2010101861248.

24. *Ibid.*

25. Smith, Craig, "140 Amazing Snapchat Statistics and Facts (February 2018)", *DMR* (31 de marzo de 2018). Recuperado el 31 de marzo 2018 de https://expandedramblings.com/index.php/snapchat-statistics/.

26. Gelles, David. "Tech Backlash Grows as Investors Press Apple to Act on Children's Use", *The New York Times* (8 de enero de 2018). Recuperado el 2 de abril de 2018 de https://www.nytimes.com/2018/01/08/technology/apple-tech-children-jana-calstrs.html.

27. Gibbs, Samuel, "Apple's Tim Cook: 'I Don't Want My Nephew on a Social Network'," *The Guardian* (19 de enero de 2018). Recuperado el 30 de marzo de 2018 de https://www.theguardian.com/technology/2018/jan/19/tim-cook-i-dont-want-my-nephew-on-a-social-network.

28. Allen, Mike, "Sean Parker Unloads on Facebook: 'God Only Knows What It's Doing to Our Children's Brains'," *Axios* (9 de noviembre de 2017). Recuperado el 30 de marzo de 2018 de https://www.axios.com/sean-parker-unloads-on-facebook-god-only-knows-what-its-doing-to-our-childrens-brains-1513306792-f855e7b4-4e99-4d60-8d51-2775559c2671.html.

29. Kang, Cecilia, "Turn Off Messenger Kids, Health Experts Plead to Facebook", *The New York Times* (30 de enero de 2018). Recuperado el 2 de abril de 2018 de https://www.nytimes.com/2018/01/30/technology/messenger-kids-facebook-letter.html.

30. Sitio web de Wait Until 8th. Recuperado el 30 de abril de 2018 de https://www.waituntil8th.org/take-the-pledge/.

31. Sitio web de Center for Humane Technology. Recuperado el 30 de abril de 2018 de http://humanetech.com.

32. *Ibid.*

33. Zichermann, discusión.

34. American Academy of Pediatrics, "New Recommendations for Children's Electronic Media Use", *Science Daily* 21 (octubre de 2016). Recuperado el 29 de noviembre de 2017 de www.sciencedaily.com/releases/2016/10/161021121843.htm.

35. "The Common Sense Census: Plugged-In Parents of Tweens and Teens", Common Sense Media (2016). Recuperado el 10 de diciembre de 2017 de https://www.commonsensemedia.org/sites/default/files/uploads/research/common-sense-parent-census_executivesummary_for-web.pdf.

36. *Ibid.*

37. Siani, discusión.

38. Michele Whiteaker (escritora y guía interpretativa certificada) en discusión y comunicación por correo electrónico con la autora, 23 de abril de 2018. Usado con permiso.

39. Hill, Taylor, "Graffiti Artist Defaces 10 National Parks-and Instagrams It", *Take Part* (22 de octubre de 2014). Recuperado el 13 de mayo de 2017 de http://www.takepart.com/article/2014/10/22/one-person-decided-make-art-national-parks-and-post-it-all-over-social-media; Ortiz, Eric, "Ex-ScoutLeaders Who Knocked Over Ancient Rock Get Probation", NBC News (19 de marzo de 2014). Recuperado el 12 de mayo 2017 de https://www.nbcnews.com/news/us-news/ex-scouts-leaders-who-knocked-over-ancient-rock-get-probation-n56596.

40. Mazza, Ed., "Hiker Plunges to His Death While Taking a Selfie at a Waterfall", *Huffington Post* (31 de mayo de 2017). Recuperado el 15 de mayo de 2017 de http:// www.huffingtonpost.com/entry/selfie-waterfall-death_us_592e5a36e4b0c0608e8c7e8b.

41. Louv, Richard, Last *Child in the Woods: Saving Our Children from Nature-Deficit Disorder* (Chapel Hill: Algonquin Books, 2005). Impreso.

42. Siani, discusión.

Capítulo 5

1. Términos de uso de Instagram.

2. Suler, John, "The Online Disinhibition Effect", *CyberPsychology & Behavior* 7(3), junio de 2004, 321-326.

3. Olsen, Jan M., "Swedish Man Convicted Over 'Online Rape' of Teens Groomed into Performing Webcam Sex Acts", Independent (1 de diciembre de 2017). Recuperado el 27 de diciembre de 2017 de http://www.independent.co.uk/news/world/europe/online-rape-conviction-bjorn-samstrom-grooming-webcams-sex-acts-victims-uk-us-canada-uppsala-court-a8086261.html.

4. Londberg, Max, "A 14-Year Old Girl Sexted on Her Crush. She May Have to Register as a Sex Offender", *Kansas City Star* (23 de diciembre de 2017). Recuperado el 27 de diciembre de 2017 de http://www.kansascity.com/news/nation-world/article191405954.html#storylink=cpy.

5. Fucci, Robert, "Sutton Teen's Suicide Raises Awareness of Cyberbullying", *Millbury-Sutton Chronicle* (27 de diciembre de 2017). Recuperado el 27 de diciembre de 2017 de http://www.millburysutton.com/articles/sutton-teens-suicide-raises-awareness-of-cyberbullying/.

6. Myers, Russell, "Reports of Children Being Groomed on the Internet Have Increased Five Fold in Four Years", *Mirror* (12 de diciembre

de 2017). Recuperado el 27 de diciembre de 2017 de http://www.mirror.co.uk/news/uk-news/reports-children-being-groomed-internet-11681027.

7. Scheff, Sue, "Top Health Concerns for Parents: Bullying, Cyberbullying and Internet Safety", *Huffington Post* (22 de diciembre de 2017). Recuperado el 27 de diciembre de 2017 de https://www.huffingtonpost.com/entry/top-health-concern-for-parents-bullying-cyberbullying_us_5a3d7681e4b0df0de8b06522.

8. Erikson, Erik H., *Identity and the Life Cycle* (Nueva York: International Universities Press, 1959), p. 119.

9. Dra. Pamela Rutledge (profesora de psicología de los medios en la Fielding Graduate University y directora del Media Psychology Research Center), en discusión con la autora, 6 de diciembre de 2017. Usado con permiso.

10. *Ibid.*

11. *Ibid.*

12. Lenhart, Amanda, "Social Media and Friendships," capítulo 4 en *Teens Technology and Friendships*. Pew Internet (4 de agosto de 2018). Recuperado el 27 de enero de 2018 de http://www.pewinternet.org/2015/08/06/chapter-4-social-media-and-friendships/.

13. "Digital Friendships: The Role of Technology in Young People's Relationships", UK Safer Internet Center (6 de febrero de 2018). Recuperado el 26 de febrero de 2018 de https://www.saferinternet.org.uk/digital-friendships.

14. Kardefelt-Winther, Daniel, "How Does the Time Children Spend Using Digital Technology Impact Their Mental Well-Being, Social Relationships and Physical Activity? An Evidence-Focused Literature Review", *Innocenti Discussion Papers* núm. 2017-02 (2017), UNICEF Office of Research, Innocenti, Florencia.

15. Shapiro, Lauren y Margolin, Gayla, "Growing Up Wired: Social Networking Sites and Adolescent Psychosocial Development", *Clinical Child and Family Psychology Review* 17(1), 2014, pp. 1-18.

16. Teppers, Eveline, *et al.*, "Loneliness and Facebook Motives in Adolescents: A Longitudinal Inquiry into Directionality of Effect", *Journal of Adolescence* 37(5), julio de 2014, pp. 691-699.

17. McKenna, Katelyn Y. A., Green, Amie S. y Gleason, Marci E. J., "Relationship Formation on the Internet: What's The Big Attraction?", *Journal of Social Issues* 58(1), 2002, pp. 9-31.6.

18. Best, P., Manktelow, R. y Taylor, B., "Online Communication, Social Media and Adolescent Well-Being: A Systematic Narrative Review", *Children and Youth Services Review* 41 (1 de junio de 2014), pp. 27-36.

19. Weale, Sally, "Digital Media Can Enhance Family Life, Says LSE Study", *The Guardian* (5 de febrero de 2018). Recuperado el 9 de febrero de 2018 de https://www.theguardian.com/media/2018/feb/06/digital-media-can-enhance-family-life-says-lse-study.

20. "The State of the World's Children 2017: Children in a Digital World", UNICEF (diciembre de 2017), p. 64.

21. Rutledge, discusión.

22. Irvine, Martha, "Survey: Nearly Every American Kid Plays Video Games", ABC News (13 de febrero de 2018). Recuperado el 19 de febrero de 2018 de https://abcnews.go.com/Technology/story?id=5817835&page=1.

23. Lenhart, Amanda, "Teens, Technology and Friendships", Pew Research Center (6 de agosto de 2015). Recuperado el 28 de febrero de 2018 de http://www.pewinternet.org/2015/08/06/teens-technology-and-friendships/.

24. *Ibid.*

25. Kleeman, discusión.

26. Granic, Isabela, Lobel, Adam y Engels, Rutger C. M. E., "The Benefits of Playing Video Games", *American Psychologist* 69(1), enero de 2014, pp. 66-78. DOI: 10.1037/a0034857.

27. Forde, Killian y Kenny, Catherine, "Online Gaming and Youth Cultural Perceptions", *Slideshare*. Recuperado el 1 de marzo de 2018 de https://www.slideshare.net/KillianForde1/onlinegamingandyouthculturalperceptions.

28. Fox, Maggie, "World Health Organization Adds Gaming Disorder to Disease Classifications", NBC News (18 de junio de 2018). Recuperado el 10 de julio de 2018 de https://www.nbcnews.com/health/health-news/who-adds-gaming-disorder-disease-classifications-n884291.

29. "Grand Theft Auto V", sitio web de Common Sense Media. Recuperado el 16 de abril de 2018 de https://www.commonsensemedia.org/game-reviews/grand-theft-auto-v.

30. Weinberger, A. H., Gbedemah, M., Martinez, A. M., Nash, D., Galea, S. y Goodwin, R. D., "Trends in Depression Prevalence in the USA from 2005 to 2015: Widening Disparities in Vulnerable Groups", *Psychological Medicine* 1 (2017). DOI: 10.1017/S0033329171 7002781.

31. Twenge, Jean M., *iGen*, pp. 77-78.

32. Wong, C., Merchant, R. y Moreno, M., "Using Social Media to Engage Adolescents and Young Adults with Their Health", *Healthc* 2(4) (Amst), diciembre de 2014, pp. 220-224. DOI: 10.1016/j.hjdsi.2014.10.005.

33. Davis, K., Weinstein, E. y Gardner, H., "In Defense of Complexity: Beware of Simplistic Narratives about Teens and Technology", *Medium* (13 de agosto de 2017). Recuperado el 14 de febrero 2018 de https://medium.com/@kedavis/in-defense-of-complexity-beware-of-simplistic-narratives-about-teens-and-technology-f9a7cb59176.

34. Rutledge, discusión.

35. Twenge, J. M., Martin, G. N. y Campbell, W. K., "Decreases in Psychological Well-Being Among American Adolescents After 2012 and Links to Screen Time During the Rise of Smartphone Technology", *Emotion* (22 de enero de 2018). Publicación anticipada en línea. http://dx.doi.org/10.1037/emo0000403.

36. Przybylski, Andrew K. y Weinstein, Netta, "A Large-Scale Test of the Goldilocks Hypothesis: Quantifying the Relations Between Digital-Screen Use and the Mental Well-Being of Adolescents", *Psychological Science* 28(2), 2017, pp. 204-215. DOI: 10.1177/0956797616678438.

37. Madden, Mary, Lenhart, Amanda, Cortesi, Sandra, Gasser, Urs, Duggan, Maeve, Smith, Aaron y Beaton, Meredith, "Teens, Social Media and Privacy", Pew Research Center (21 de mayo de 2013). Recuperado el 27 de febrero de 2018 de http://www.pewinternet.org/2013/05/21/teens-social-media-and-privacy/.

38. Dunbar, R. I. M., "Coevolution of Neocortical Size, Group Size and Language in Humans", *Behavioral and Brain Sciences* 16 (1993), pp. 681-735.

39. Konnikova, Maria, "The Limits of Friendship", *New Yorker* (7 de octubre de 2014). Recuperado el 9 de febrero de 2018 de https://www.newyorker.com/science/maria-konnikova/social-media-affect-math-dunbar-number-friendships.

40. Koons, Stephanie, "Penn State Researchers Study Nuances of Social Media 'Likes'," *Penn State News* (23 de junio de 2016). Recuperado el 9 de febrero 2018 de http://news.psu.edu/story/415749/2016/06/23/research/penn-state-researchers-study-nuances-social-media-%E2%80%98likes%E2%80%99.

41. Yau, Joanna C. y Reich, Stephanie M., "It's Just a Lot of Work: Self-Presentation Norms and Practices on Facebook and Instagram", *Journal of Research on Adolescence* (12 de febrero de 2018), DOI 10.1111/jora.12376 [publicación electrónica antes de la impresión].

42. "Digital Friendships: The Role of Technology in Young People's Relationships", UK Safer Internet Center (6 de febrero de 2018). Recuperado el 26 de febrero de 2018 de https://www.saferinternet.org.uk/digital-friendships.

43. Koons, Stephanie, "Penn State Researchers Study Nuances of Social Media 'Likes'".

44. "Life in 'Likes': Children's Commissioner Report Into Social Media Use Among 8-12 Year Olds", Children's Commissioner (2017). Recuperado el 10 de febrero de 2018 de https://www.childrenscommissioner.gov.uk/wp -content/uploads/2018/01/Childrens-Commissioner-for-England-Life-in-Likes-3.pdf.

45. "Status of Mind: Social Media and Young People's Mental Health and Wellbeing", Royal Society for Public Health (2017). Recuperado el 19 de octubre de 2017 de https://www.rsph.org.uk/our-work/policy/social-media-and-young-people-s-mental-health-and-wellbeing.html.

46. *Ibid*.

47. "Life in 'Likes'".

48. Liz Repking (fundadora y CEO de Cyber Safety Consulting), en discusión con la autora, 16 de febrero de 2018. Usado con permiso.

49. Peter Kelley (director de divulgación de Cyber Civics), en discusión con la autora, 21 de octubre de 2017. Usado con permiso.

50. Kelley, discusión.

51. Mobile Guard Media, "California Laws Pertaining to Sexting in the State of California". Recuperado el 27 de enero de 2018 de http://mobilemediaguard.com/states/sexting_laws_california.html.

52. Madigan S., Ly A., Rash C. L., Van Ouytsel, J. y Temple, J. R., "Prevalence of Multiple Forms of Sexting Behavior Among Youth: A Systematic Review and Meta-analysis", *JAMA Pediatrics* (26 de febrero de 2018). Publicado en línea. DOI: 10.1001/jamapediatrics.2017.5314.

53. Dra. Michele Drouin (psicóloga del desarrollo y profesora de psicología en Purdue University Fort Wayne), en discusión con la autora, 23 de enero de 2018. Usado con permiso.

54. Drouin, discusión.

55. Hayworth, Bret, "Storm Lake Students Charged in Connection with Sexting of Nude Photos", *Sioux City Journal* (13 de febrero de 2018). Recuperado el 14 de febrero de 2018 de http://siouxcityjournal.com/news/local/crime-and-courts/storm-lake-students-charged-in-connection-with-sexting-of-nude/article_32d83af0-35a8-52fa-be30-48b5181f9d97.html.

56. Shropshire, Terry, "High School Teen Faces 10 Years in Prison for Sexting Female Classmate", *Michigan Chronicle* (28 de febrero de 2017). Recuperado el 14 de febrero de 2018 de https://michronicleonline.com/2017/02/28/high-school-teen-faces-10-years-in-prison-for-sexting-female-classmate/.

57. Duncan, Jericka, "20 Students Suspended in Long Island Sexting Scandal", CBS Evening News (11 de noviembre de 2015). Recuperado el 14 de febrero de 2018 de https://www.cbsnews.com/news/20-students-suspended-in-long-island-sexting-scandal/.

58. Rosenberg, Eli, "One in Four Teens Are Sexting, A New Study Shows. Relax, Researchers Say, It's Mostly Normal", The Washington Post (27 de febrero de 2018). Recuperado el 28 de febrero de 2018 de https://www.washingtonpost.com/news/the-switch/wp/2018/02/27/a-new-study-shows-one-in-four-teens-are-sexting-relax-experts-say-its-mostly-normal/?utm_term=.77847d5900fa.

59. Patchin, Justin, "You Received a 'Sext,' Now What? Advice for Teens", Cyberbullying Research Center Blog (22 de febrero de 2011). Recuperado el 9 de noviembre de 2017 de https://cyberbullying.org/you-received-a-sext-now-what-advice-for-teens.

60. Dr. Sameer Hinduja (codirector del Cyberbullying Research Center y profesor de criminología y justicia criminal), comunicación por correo electrónico con la autora, 28 de febrero de 2018. Usado con permiso.

61. Lenhart, Amanda, et al., "Teens, Kindness and Cruelty on Social Network Sites", Pew Research Center (9 de noviembre de 2011) Recuperado el 17 de abril de 2018 de http://www.pewinternet.org/2011/11/09/teens-kindness-and-cruelty-on-social-network-sites/.

62. Myers, Gene, "Family of 12-Year-Old Who Committed Suicide After Cyberbullying to Sue School District", USA Today (2 de agosto de 2017). Recuperado el 1 de marzo de 2018 de https://www.usatoday.com/story/news/nation-now/2017/08/02/mallory-grossmans-parents-say-school-district-didnt-do-enough-save-their-daughter/532165001/.

63. Eltagouri, Marwa, "A 10-year-old's Schoolyard Fight Was Posted on Social Media. She Hanged Herself Two Weeks Later", The Washington Post (1 de diciembre de 2017). Recuperado el 1 de marzo de 2018 de https://www.washingtonpost.com/news/education/wp/2017/12/01/a-10-year-olds-schoolyard-fight-was-posted-on-social-media-she-hanged-herself-two-weeks-later/?utm_term=.28540c25356e.

64. Almasy, Steve, Segal, Kim y Couwels, John, "Sheriff: Taunting Post Leads to Arrests in Rebecca Sedwick Bullying Death", CNN (16 de octubre de 2013). Recuperado el 1 de marzo de 2018 de https://www.cnn.com/2013/10/15/justice/rebecca-sedwick-bullying-death-arrests/index.html.

65. Ross Ellis (fundador de CEO of STOMP Out Bullying™), en discusión con la autora, 19 de febrero de 2018. Usado con permiso.
66. Hinduja, comunicación por correo electrónico.
67. Smith, Craig, "22 Musical.ly Statistics and Facts | By the Numbers", *DMR Business Statistics | Fun Gadgets* (10 de diciembre de 2017). Recuperado el 27 de diciembre de 2017 de https://expandedramblings.com/index.php/musically-statistics/.
68. Herrman, John, "Who's Too Young for an App? Musical.ly Tests the Limits", *Gulf News* (23 de septiembre de 2016). Recuperado el 27 de diciembre de 2017 de http://gulfnews.com/business/sme/who-s-too-young-for-an-app-musical-ly-tests-the-limits-1.1900779.
69. McPherson, Emily, "Predator Posing as Teen Star JoJo Siwa Asks Victorian Girl for Nude Videos", 9News (21 de diciembre de 2017). Recuperado el 31 de enero de 2018 de https://www.9news.com.au/national/2017/12/21/10/34/sexual-predator-posing-as-us-teen-star-targets-nine-year-old-victorian-girl.
70. Hinduja, comunicación por correo electrónico.
71. Lenhart, Amanda, *et al.*, "Teens, Kindness, and Cruelty on Social Network Sites".
72. *Ibid.*
73. Hinduja, comunicación por correo electrónico.
74. Ellis, discusión.
75. Van Evra, Jennifer, "Sarah Silverman's Response to a Twitter Troll is a Master Class in Compassion", CBC (3 de enero de 2018). Recuperado el 10 de marzo de 2018 de http://www.cbc.ca/radio/q/blog/sarah-silverman-s-response-to-a-twitter-troll-is-a-master-class-in-compassion-1.4471337.

Capítulo 6

1. Taplin, Jonathan, *Move Fast and Break Things: How Facebook, Google, and Amazon Cornered Culture and Undermined Democracy* (Nueva York: Little, Brown and Company, 2017), p. 150.
2. Blog de Shear and Social Media Law & Tech. Recuperado el 15 de febrero de 2018 de http://www.shearsocialmedia.com/2017/06/june-30th-national-student-data-deletion-day-k-12-schools.html.
3. Bradley Shear (fundador y consejero general de Digital Armour), discusión con la autora, 8 de marzo de 2018. Usado con permiso.
4. Herold, Benjamin, "Maryland Dad Wants June 30 to Be 'National Student Data Deletion' Day", *Education Week* (30 de junio de 2017). Recuperado el 28 de febrero de 2018 de http://blogs.edweek.org/edweek/DigitalEducation /2017/06/dad_wants_june_30_student_data_deletion_day.html.

5. Strauss, Valerie, "How the SAT and PSAT Collect Personal Data on Students-And What the College Board Does With It", *Washington Post* (30 de marzo de 2017). Recuperado el 12 de marzo de 2018 de https://www.washingtonpost.com/news/answer-sheet/wp/2017/03/30/how-the-sat-and-psat-collect-personal-data-on-students-and-what-the-college-board-does-with-it/?utm_term=.fc872303d185.

6. Herold, Benjamin, "Google Acknowledges Data Mining Student Users Outside Apps for Education", *Education Week* (17 de febrero de 2016). Recuperado el 15 de febrero de 2018 de http://blogs.edweek.org/edweek/DigitalEducation/2016/02/google_acknowledges_data_mining_GAFE_users.html.

7. Maheshwari, Sapna, "YouTube is Improperly Collecting Children's Data, Consumer Group Says", *The New York Times* (9 de abril de 2018). Recuperado el 15 de abril de 2018 de https://www.nytimes.com/2018/04/09/business/media/youtube-kids-ftc-complaint.html?mtrref=www.google.com.

8. Shear, discusión.

9. Hart Research Associates, "Parents, Privacy & Technology Use", Family Online Safety Institute (17 de noviembre de 2015).

10. Shauna Leff (vice presidenta de marketing y comunicaciones de PRIVO), discusión con la autora, 18 de marzo de 2018. Usado con permiso.

11. "Snap Inc. Términos de Servicio". Recuperado el 10 de julio de 2018 de https://www.snap.com/en-US/terms/.

12. *Ibid.*

13. *Ibid.*

14. "Your Brain on Tech: Technology and Teachable Moments", *NBC Today Show* (22 de marzo de 2018). Recuperado el 10 de julio de 2018 de https://www.today.com/video/the-average-teen-spends-more-time-online-than-they-do-sleeping-1192061507944.

15. Meyer, Robinson, "The Cambridge Analytica Scandal, in 3 Paragraphs", *The Atlantic* (20 de marzo de 2018). Recuperado el 22 de marzo de 2018 de https://www.theatlantic.com/technology/archive/2018/03/the-cambridge-analytica-scandal-in-three-paragraphs/556046/.

16. Leff, discusión.

17. Sunstein, Cass R., *Republic.com* (Princeton, NJ: Princeton University Press, 2002), p. 8.

18. Pariser, Eli, "Beware Online Filter Bubbles", video TED Ideas Worth Spreading (marzo de 2011). Recuperado el 19 de marzo de 2018 de https://www.ted.com/talks/eli_pariser_beware_online_filter_bubbles.

19. *Ibid.*
20. *Ibid.*
21. *Ibid.*
22. "New Survey: Snapchat and Instagram Are Most Popular Social Media Platforms Among American Teens", *Science Daily* (21 de abril de 2017). Recuperado el 19 de marzo de 2018 de https://www.sciencedaily.com/releases/2017/04/170421113306.htm.
23. "See the Moments You Care About", Términos de Servicio de Instagram (15 de marzo de 2016). Recuperado el 21 de marzo de 2018 de http://blog.instagram.com/post/141107034797/160315-news.
24. Delaney, Kevin, "Filter Bubbles are a Serious Problem with News, Says Gates", *Quartz* (21 de febrero de 2017). Recuperado el 21 de marzo de 2018 de https://qz.com/913114/bill-gates-says-filter-bubbles-are-a-serious-problem-with-news/.
25. "Teen Privacy and Safety Online: Knowledge, Attitudes, and Practices", Youth + Tech + Health, Digital Trust Foundation, and Vodaphone (2015). Recuperado el 25 de marzo de 2018 de http://yth.org/wp-content/uploads/Teen-Privacy-and-Safety-Online-Knowledge-Attitudes-and-Practices.pdf.
26. Puchko, Kristy, "15 Things You Should Know About *Self-Portrait with Thorn Necklace and Hummingbird*", *Mental Floss* (1 de junio de 2015). Recuperado el 28 de marzo de 2018 de http://mentalfloss.com/article/64204/15-facts-about-frida-kahlos-self-portrait-thorn-necklace-and-hummingbird.
27. "The Bright Side: Social Media, Selfies, and Gaming", *Better Worldians*, Podcast #144 (12 de febrero de 2018). Recuperado el 29 de marzo de 2018 de https://www.betterworldians.org/Dr-Pamela-Rutledge-The-Bright-Side-Social-media-selfies-gaming.
28. Rutledge, discusión.
29. Steinmetz, Katy, "Top 10 Everything of 2012", *Time* (4 de diciembre de 2012). Recuperado el 29 de marzo de 2018 de http://newsfeed.time.com/2012/12/04/top-10-news-lists/slide/selfie/.

Capítulo 7

1. Anderson, Janna y Rainie, Lee, "The Future of Truth and Misinformation Online", Pew Research Center Internet & Technology (19 de octubre de 2017). Recuperado el 2 de abril de 2018 de http://www.pewinternet.org/2017/10/19/the-future-of-truth-and-misinformation-online/.
2. Reilly, discusión.

3. Michelle Ciulla Lipkin (directora ejecutiva de la National Association for Media Literacy in Education), discusión con la autora, 2 de abril de 2018.

4. "Word of the Year Is…", sitio web de English Oxford Living Dictionaries. Recuperado el 2 de abril de 2018 de https://en.oxforddictionaries.com/word-of-the-year/word-of-the-year-2016.

5. Ciulla Lipkin, discusión.

6. Shearer, Elisa y Gottfried, Jeffrey, "News Use Across Social Media Platforms", Pew Research Center (7 de septiembre de 2017). Recuperado el 18 de marzo de 2018 de http://www.journalism.org/2017/09/07/news-use-across-social-media-platforms-2017/.

7. Silverman, Craig y Alexander, Lawrence, "How Teens in the Balkans are Duping Trump Supporters with Fake News", BuzzFeed News (3 de noviembre de 2016). Recuperado el 18 de marzo de 2018 de https://www.buzzfeed.com/craigsilverman/how-macedonia-became-a-global-hub-for-pro-trump-misinfo?utm_term=.gb-q7XBV3q#.uyy9QlZ87.

8. Silverman, Craig, "This Analysis Shows How Viral Fake Election News Stories Outperformed Real News on Facebook", BuzzFeed News (16 de noviembre de 2016). Recuperado el 3 de abril de 2018 de https://www.buzzfeed.com/craigsilverman/viral-fake-election-news-outperformed-real-news-on-facebook?utm_term=.pjMR7e-vdj#.mvY7AdMaq.

9. Stevan, Alex, "Pence: 'Michelle Obama Is the Most Vulgar First Lady We've Ever Had,' Newslo (14 de octubre de 2016). Recuperado el 18 de marzo 2018 de http://www.newslo.com/pence-michelle-obama-vulgar-first-lady-weve-ever/.

10. "Evaluating Information: The Cornerstone of Civic Online Reasoning", Stanford History Education Group (22 de noviembre de 2016). Recuperado el 3 de abril de 2018 de https://stacks.stanford.edu/file/druid:fv751yt5934/SHEG%20Evaluating%20Information%20Online.pdf.

11. Rheingold, Howard, Smart Mobs: The Next Social Revolution (Cambridge, MA: Basic Books, 2002), p. 194.

12. Rheingold, Howard, Net Smart: How to Thrive Online (Cambridge, MA: The MIT Press, 2012), p. 16.

13. Ibid.

14. Zeal, Cillian, "Shock Revelation: Obama Admin Actively Sabotaged Gun Background Check System", Conservative Tribune (16 de marzo de 2018). Recuperado el 10 de julio de 2018 de https://www.westernjournal.com/ct/obama-admin-gun-background/.

15. Sitio web "Media Bias/Fact Check". Recuperado el 10 de julio de 2018 de https://mediabiasfactcheck.com/about/.

16. Sitio web "Media Bias/Fact Check". Recuperado el 10 de julio de 2018 de https://mediabiasfactcheck.com/conservative-tribune/.

17. Gibbs, Samuel, "Apple's Tim Cook: 'I Don't Want my Nephew on a Social Network'", *The Guardian*, 19 de enero de 2018. Recuperado el 5 de abril de 2018 de https://www.theguardian.com/technology/2018/jan/19/tim-cook-i-dontwant-my-nephew-on-a-social-network; Gates, Melinda, "Melinda Gates: I Spent My Career in Technology. I Wasn't Prepared For Its Effect On My Kids", *The Washington Post*, 24 de agosto de 2017. Recuperado el 5 de abril de 2018 de https://www.washingtonpost.com/news/parenting/wp/2017/08/24/melinda-gates-i-spent-my-career-in-technology-i-wasnt-prepared-for-its-effect-on-my-kids/?utm_term=.8993865fd0be.

18. Johnson, Stephen, *Everything Bad is Good For You* (Nueva York: Penguin Group, 2005), p. xvi.

19. Reilly, discusión.

20. Jennifer Lynn Alvarez (autora de la serie *The Guardian Herd*), en discusión con la autora, 15 de abril de 2018. Usado con permiso.

21. Kirci, Hazal, "The Tales Teens Tell: What Wattpad Did for Girls", *The Guardian* (16 de agosto de 2014). Recuperado el 6 de abril de 2018 de https://www.theguardian.com/technology/2014/aug/16/teen-writing-reading-wattpad-young-adults.

22. Reilly, discusión.

23. Jenkins, *et al.*, "Confronting the Challenges of Participatory Culture Media Education for the 21st Century", The John D. and Catherine T. MacArthur Foundation (2009), p. 3.

24. Terdiman, Daniel, "Study: Wikipedia as Accurate as Britannica", CNET (16 de diciembre de 2005). Recuperado el 18 de abril de 2018 de https://www.cnet.com/news/study-wikipedia-as-accurate-as-britannica/.

25. Surowiecki, James, *The Wisdom of Crowds* (Nueva York: Anchor Books, 2005), p. xiii.

26. "Ski Cross" en Wikipedia. Recuperado el 10 de julio de 2018 de https://en.wikipedia.org/wiki/Ski_cross.

27. "Media and Technology at Journey School", sitio web de Journey School. Recuperado el 3 de mayo de 2018 de http://www.journeyschool.net/media-technology-at-journey-school/.

28. Glaze-Kelley, discusión.

29. Pennycook, Gordon, Cannon, Tyrone y Rand, David G., "Implausibility and Illusory Truth: Prior Exposure Increases Perceived Accuracy of Fake News but Has No Effect on Entirely Implausible

Statements", *Journal of Experimental Psychology* (próximamente). Recuperado el 16 de marzo de 2018 de https://ssrn.com/abstract=2958246 o http://dx.doi.org/10.2139/ssrn.2958246.

Capítulo 8

1. Monke, Lowell, "The Human Touch", *Education Next* 4(4), otoño de 2004. Recuperado el 11 de abril de 2018 de http://educationnext.org/thehumantouch/.
2. "Status of Mind: Social Media and Young People's Mental Health and Wellbeing", Royal Society for Public Health (mayo de 2017). Recuperado el 3 de diciembre de 2017 de https://www.rsph.org.uk/uploads/assets/uploaded/62be270a-a55f-4719-ad668c2ec7a74c2a.pdf.
3. Lanquist, Lindsey, "Instagram Launches 3 New Safety Features-Here's How to Use Them", *Self* (26 de septiembre de 2017). Recuperado el 3 de noviembre de 2017 de https://www.self.com/story/new-instagram-features.
4. Perez, Sarah, "Twitter Starts Putting Abusers in 'Time Out'", *TechCrunch* (16 de febrero de 2017). Recuperado el 11 de abril de 2018 de https://beta.techcrunch.com/2017/02/16/twitter-starts-putting-abusers-in-time-out/?_ga=2.37566819.23505104.1523456549-1685009490.1486857013.
5. Oldfield, Edward, "Facebook and Snapchat Trial New Features to Tackle Online Bullying in Campaign Headed by Prince William", *DevonLive* (16 de noviembre de 2017). Recuperado el 3 de noviembre de 2017 de http://www.devonlive.com/news/devon-news/facebook-snapchat-trial-new-features-785837.
6. *Ibid.*
7. Lucy Cadova (miembro del equipo de Faceup.com), en discusión con la autora, 6 de abril de 2018. Usado con permiso.
8. Matt Soeth (fundador de #ICANHELP), en discusión con la autora, 4 de abril de 2018. Usado con permiso.
9. Soeth, discusión.
10. Video de Maeve Repking. Recuperado el 10 de julio de 2018 de https://www.icanhelpdeletenegativity.org/maeve.
11. Liz Repking (fundadora y CEO de Cyber Safety Consulting), en discusión con la autora, 8 de abril de 2018. Usado con permiso.
12. Soeth, discusión.
13. Ciulla Lipkin, discusión.
14. Freidman, Thomas L., *Thank You for Being Late: An Optimists Guide to Thriving in the Age of Accelerations* (Nueva York: Farrar, Straus and Giroux, 2016), p. 31.
15. Ciulla Lipkin, discusión.

16. Soeth, discusión.
17. "Remarks by the President on Egypt", The White House (11 de febrero de 2011). Recuperado el 12 de abril de 2018 de https://obamawhitehouse.archives.gov/the-press-office/2011/02/11/remarks-president-egypt.
18. Parker-Pope, Tara, "Are Today's Teenagers Smarter and Better Than We Think?", *The New York Times* (30 de marzo de 2018). Recuperado el 12 de abril de 2018 de https://mobile.nytimes.com/2018/03/30/well/family/teenagers-generation-stoneman-douglas-parkland-.html?smid=fb-nytimes&smtyp=cur.
19. *Ibid.*

Índice analítico